Good Classroom 寻找中国好课堂

中国教育报刊社人民教育家研究院
明远未来教育研究院　组编

言语的森林

王良生长语文课堂12例

王良　著

开明出版社

图书在版编目（CIP）数据

言语的森林：王良生长语文课堂 12 例 / 王良著 .—北京：开明出版社，2022.8

ISBN 978-7-5131-7629-3

Ⅰ.①言… Ⅱ.①王… Ⅲ.①语文课 - 教学研究 - 中小学 Ⅳ.①G633.302

中国版本图书馆 CIP 数据核字（2022）第 138848 号

责任编辑：卓　玥

YANYU DE SENLIN WANG LIANG SHENGZHANG YUWEN KETANG 12LI

言语的森林：王良生长语文课堂 12 例

作　者：王良

出　版：开明出版社

（北京市海淀区西三环北路 25 号　邮编 100089）

印　刷：北京飞达印刷有限责任公司

开　本：787mm×1092mm　1/16

印　张：19.5

字　数：280 千字

版　次：2022 年 8 月第 1 版

印　次：2022 年 8 月第 1 次印刷

定　价：60.00 元

印刷、装订质量问题，出版社负责调换。联系电话：(010) 88817647

寻找中国好课堂

丛书编委会

总　顾　问：顾明远　史宁中
编委会主任：夏　越　吕同舟
编委会副主任：李有增　咸　平　张圣华　张天国
编　　　委：（以姓氏笔画为序）

于　漪	万玉霞	马　承	王　君
王红梅	王海兴	王崧舟	王瑜琨
支玉恒	任　勇	华应龙	关　超
孙双金	阳玉涓	李　桢	李素香
吴正宪	邱学华	余映潮	汪智星
汪瑞林	张天国	张玉新	张圣华
张齐华	张学伟	张新洲	陈　琴
陈雨亭	罗才军	周远生	赵谦翔
贲友林	咸　平	俞正强	祝　禧
夏　越	倪　花	徐　斌	徐长青
唐江澎	唐彩斌	龚雄飞	盛新凤
彭才华	董一菲	曾军良	赖配根
潘小明	潘建明	薛法根	魏书生

主　　　编：张新洲　赖配根
副　主　编：王瑜琨　齐林泉　汪瑞林　关　超
项　目　编　辑：田洪江　杨翠艳

中国教育报刊社人民教育家研究院
明远未来教育研究院　　组编

总序

寻找中国好课堂

《中共中央 国务院关于深化教育教学改革全面提高义务教育质量的意见》（以下简称《意见》）指出："强化课堂主阵地作用，切实提高课堂教学质量。"那么，为什么要强化课堂主阵地作用呢？

第一，课堂是实施教育教学的主要场所，课堂教学是完成国家课程标准的主要形式，而国家课程标准规定的内容是落实国家教育方针，为培养德、智、体、美、劳全面发展的社会主义建设者和接班人而制定的具体的教育内容，体现了国家意志。只有达到了课程标准的要求，才能完成育人的任务。课程标准的实施，关键在教师的课堂教学。教师必须认真学习研究国家课程标准和各学科的标准要求，认真上好每一节课，教好每一个学生。课堂教学做不好，国家课程标准就会落空。

第二，课堂教学是培养发展学生思维的主渠道。《意见》要求："教师课前要指导学生做好预习，课上要讲清重点难点、知识体系，引导学生主动思考、积极提问、自主探究。"就是说,课堂教学不只是简单地传授现有的知识,还要在教学过程中发挥学生学习的主体性,引导学生探索和思考,通过对课文的辨析,培养学生的思维能力。传统的课堂教学,往往只是教师提问,学生回答,很少让学生自己提出问题,自己探索寻求答案。有的教师把课文分析得很透彻,但学生接受多少却是一个未知数。只有会思考并能提出问题,才能培养学生的批判性思维、创新性思维。面对当前社会和经济的变革,科技的日新月异,许多研究表明,当今社会展开竞争的并不单纯是机器人,而是人类的头脑。只有不断突破思维定式,才能适应时代的变化。因此,课堂是帮助学生发展思维的主要场所。

第三,学习需要在集体中进行。当前有一种误解,认为个性化学习就是个别学习、孤立的自我学习。其实,学习需要在集体环境中进行。课堂是集体学习最好的场所,学生在课堂上与教师、同伴互相讨论、互相启发,甚至互相争论,能够促进思维的发展,以及对知识的深刻理解。同时,在与同伴共同学习中能培养学生的交流能力与合作精神。这是当今社会最重要的能力和品质。

第四,学习要靠教师引领和熏陶。教师不仅仅是知识的传授者、学习的组织者,教师的一言一行都在影响着学生。教师自身的知识魅力和人格魅力都会在课堂教学过程中展现出来,影响着学生。所以,立德树人的任务也主要通过课堂教学来实现。

课堂教学需要改革。《意见》指出:"融合运用传统与现代技术手段,重视情境教学;探索基于学科的课程综合化教学;开展研究性、项目化、合作式学习。精准分析学情,重视差异化教学和个别化指导。"在当今信息化、数字化、人工智能时代,传统的课堂教学已经不能适应形势的要求。课堂教学改革的核心是把教师的教转变为学生的学。要充分估计学生的潜力,发挥他们的潜能。教师要充分认识信息技术的差异性、开放性、互动性等特点，融合运用传统与现代技术手段，改变课堂教学的模式和方法。

因此，寻找中国好课堂，是新时代教育发展的需要，是全面提高教育质量的需要，是服务于"立德树人"目标的需要，是深化教育教学改革的需要。

中国基础教育从来就有许多好老师，从来就有许多好课堂。我们有1400多万名中小学教师，他们大多数人有教育情怀，深爱教育事业，真诚为孩子成长着想，探索创造了许多有效的教学方式和策略，有的甚至形成了自己的课堂风格，并提炼出自己的教学思想，影响、引领了众多教师超越自我，走向卓越。

好课堂扎根中国优秀传统文化土壤、遍布中国大地，需要我们用心去挖掘、去提炼。但是多年来，能够充分体现教师综合素质的精彩课堂常常被忽略。有的人习惯从国外引进一些时髦的教育理念，而忽略了总结我们本土一线的教书育人的成功经验。然而，有效的教育教学思想和方法往往是从本民族的传统文化中生长出来的，生搬硬套别国的做法是不可取的，结果都不理想。只有祛除"文化自卑"心态，我们才会真正地发现李吉林、王崧舟、窦桂梅、唐江澎等老师精彩的语文教学课堂，吴正宪、华应龙、唐彩斌等老师生动的数学教学课堂……这样的课堂我们还可以举出一大串，就如"寻找中国好课堂"丛书收入的课例，每一个都闪耀着教育教学智慧。我们应该认真总结中国课堂的经验，讲好中国教育故事。

中国教育报刊社人民教育家研究院组织编写"寻找中国好课堂"丛书，正是基于新时代、新课标、新课程改革，积极探寻符合学生成长需求和时代要求的教育教学规律，服务于全国的课堂教学改革。

"寻找中国好课堂"丛书，从"教学设计""课堂实录""课后反思"等方面（具体设计栏目每本有所差异），全景展示出优秀教师上好每一堂课的风采和他们的"工匠精神"。"寻找中国好课堂"丛书的一个可贵之处，就在于其呈现的课例都是经受深化教育教学改革的风雨，在我们中国这块广袤的土地上吸吮中华优秀传统文化的养料并与广大同行互动交流结出的硕果，因此它们不仅属于中国，也属于世界。

让我们走进课堂，走进教育的深处，走向中华民族伟大复兴的美好未来！

中国教育学会名誉会长

2020年元月

序言

爱与生长与教育的种种可能

刘维朝

教育，是一门关于可能性的艺术。

教育的理想，是理想的教育。什么是理想的教育？雅礼中学给出的回答——个性教育，涵养生命气象，为学生终身发展奠基。

雅礼，是一所影响一生的学校。三年雅礼，何以一生雅礼？因为个性教育，为学生的终身发展，提供了种种可能；一个人的生命气象越宏大，他的人生之路就越宽阔，桥都坚固，隧道都光明，坎坷也能化成坦途。

同时，雅礼中学也为教师成长，提供了种种可能。在雅礼教育的沃土上，成长了一批有着高远教育理想、深厚教育情怀、丰富教育思想、卓越教育实绩的优秀教育工作者，王良老师，无疑是其中的突出代表。

王良老师在雅礼中学工作近二十年，教语文，当教务主任，后来又担任长沙市怡雅中学校长。他一直是一个教育的理想主义者，一直在追寻着教育的理想。

他的教育理想，是"爱与生长"。爱与生长，是一种理念，更是一种生动的实践，是他的语文课，是他治理的怡雅中学，是他这个人本身。

正是爱和生长，赋予了教育种种可能。

王良老师的语文课，是学生毕业多年后还在回忆和叙说的语文课，是老师们经常谈论着的语文课。教育部名校长领航工程专家团来雅礼，清华大学招生组来雅礼，教学开放日老师们来雅礼……大家在王良老师的课堂上，感受着雅礼的滋味、语文的滋味，感受着师生的动人魅力。你看，当他上《同中求异》时，师生就是曹雪芹的知音，发现文本奇妙幽微的风景，也掌握一种发现人、发现世界的策略；当他上《变形记》时，师生体察着格里高尔，演绎着变虫和失语的异化与孤独，并希望在困境中去找到一把火；当他上《游园不值》时，师生是在字里行间的游春人，与一枝红杏相遇，与一片春色相遇，与一种更从容更诗意的人生相遇；当他上《破阵子·为陈同甫赋壮词以寄之》时，师生是挑灯看剑的英雄，对话辛弃疾，感受天下事、身后名的能量和分量，懂得英雄如稼轩，白发与宝剑不违和，悲与愤同样有力量。他是老船夫，他是哈姆雷特，他是字词句篇，他是起承转合，他用自己，向学生演绎着语文的丰富与美好，于是，学生也在王良老师的语文课上，抵达了更远的地方，实现了诗意的栖居。

这样的语文课，师生真诚、开放、勇敢，彼此关心、理解、尊重、接纳、欣赏。这样的语文课，灵动自在，有意思，有意义。有意思，并非空洞的搞笑，而是师生能全身心投入，充满期待、热情，充满活泼泼的生气和生趣；有意义，也并非仅仅是有实效，而是如王良老师所追求的，实现认知意义与价值意义的整全生长，文本意义、交际意义、自我意义的和谐生长。这样的语文课，就是"爱与生长"的语文课，是"知识人格化"的语文课。

达乎此种境界，除了教师自己的热爱和生长，我不知道，还有没有其他途径。

王良校长理想的怡雅中学，是一所有尊严、有个性的学校。有尊严，因为自强；有个性，所以自由。在我主持的教育部名校长工作室的研讨会、总结会上，王良校长的分享让我至今记忆深刻。他将怡雅教育描画成了自己心中的教育之树：树根有两条，一是"爱"，一是"成长型思维"；而树干，则是"生长"，是基于自主的"组织生长"和"知识生长"。"知识生长"的理想形态即"知识人格化"。这是王良校长治校的理念和结构，学生熏染其中，确实就在为终身发展蓄积厚实基础和不竭动力。爱与生长，怡雅有无限可能，青春生命有无限可能。怡雅中学在短短的几年时间里实现跨越式发展，不断创造传奇。一大批优秀学子，在这里绽放光华，很多生动的教育故事，被人称道。如王良校长设计露天的、亲民的梦想舞台，让每一个学子登台出彩；发起"一医一生一封信"活动，组织每位同学给支援武汉抗疫的湖南医务工作者写一对一私信，学生收到三百多封回信。前者，是对每一个孩子的尊重与鼓舞；后者，是引导学生群体性参与到社会和时代中，是播下爱和勇敢的火种。

爱与生长，唤醒、激发一所学校的温暖和力量。

上好一堂课，治理好一所学校，二者有很多可以迁移的共通之处。最关键的共通处是，成长为一个好的人。王良先生的好，是丰富，纯粹，有思想，有情怀。我跟王良先生共事多年，看见他由一个好老师而至于一个好校长，看见他身上书卷气和行政艺术互为表里、语文教学和行政工作相得益彰。不由感慨好学校、好校长、好老师和好的人本是多位一体，理想的教育，就是应该培养好的人。自立，立人；自觉，觉人。老师好了，教育就好了；每一个个体的人都好了，清明的、洋溢着善意的好的世界，就成为可能了。

在这里，有两件事不得不提。在繁忙的行政工作之余，王良先生坚持上语文课；在行政和教学之余，王良先生还经营微信公众号"爱与生长王良说"。每篇文章，都是精品，颇可一观。王良先生，用文字传播爱与生长的理念，当然，更是用文字，与世界深度相拥。朱光潜说："过一世生活好比做一篇文章，完美的生活都有上品文章所应有的美点，一篇好文章一定是一个完整的有机体，而'修辞立其诚'是文章的要诀……"这用来形容王良老师，再合适不过。语文老师、学校校长、写作者……相互成全，王良先生的丰富不可定义；爱教学、爱学校，爱文字……为爱努力，王良先生的纯粹一望可知。爱，生长，王良先生自己就是这样。

生生之谓易，中国文化，是关于生长性和可能性的文化。王良先生这本集子，取名"言语的森林"，很中国，也很怡雅，当然，也很王良。

森林，正是一个生机勃勃、无限可能而又万物各得其所的生态存在。十年树木，百年树人，培育言语的森林，培育理想的人的森林，是教育人终生的事业。我很欣喜地看到，王良先生乐此不疲，孜孜不倦；雅礼教育，正培育这样的森林，郁郁葱葱，生机勃勃，蔚为大观。

抵达教育的种种可能，别无他途，唯有爱与生长。

谨以此祝贺王良老师新书出版。

（刘维朝，原长沙市雅礼中学校长。特级教师，正高级教师，国家督学，第十三届全国人民代表大会代表，教育部卓越校长领航工程首期中小学名校长领航班学员。享受国务院政府特殊津贴专家。）

自序

生长言语的森林

我理解的好的教育，即知识人格化。

知识人格化，即知识和人相生相成，知识不外在于人，而活化为生命养分和人格成分；人发现和建构知识的个体意义，产生思维、情感、态度、价值观及行为等变化。

具体到语文学科，知识人格化表现为语文人格化，即语文的人化和人的语文化。

语文的人化，即言语内容和形式，化为师生生动的言语经验，化为师生的言语能力和言语生命。人的语文化，即人成为言语的存在。人之为人，总在思考、交流、审美、创造。言语是人的存在方式，言语结构就是人的精神结构，言语面貌就是人的精神长相。

语文人格化，也就是立言和立人统一，发展言语能力和丰富言语生命并重。实现语文人格化的过程，就是文本意义、交际意义、自我意义融合生长、和谐生长的过程。

好的教育，需具生长性。生长，意味着自主、丰饶、联结、流动。一篇文本，就是一座言语的森林，一个言说的人，就是一座言语的森林，一堂语文课，就是一片言语生长的森林。

语文教育，应该致力于生长言语的森林，语文课，应该树木丛生，百草丰茂。

一

言语的森林,是意义的世界。什么是生长丰富的文本意义、交际意义、自我意义呢?

以我在第二届中国诗词教学大会上执教《游园不值》的片段说明之。

课上,一生朗读"春色满园关不住,一枝红杏出墙来",读出了兴奋、欢喜之意。我追问:"诗人为什么兴奋起来呢?"有学生指出,本来以为园子进不去了,打算回去了,突然看见一枝红杏,所以就兴奋欢喜。接下来师生对话:

生1:我觉得有一种久旱逢甘霖的感觉。

师:怎么说?

生1:就是您之前说过了,小扣柴扉久不开。然后他突然就看到红杏,就是久旱逢甘霖。

师:久旱逢甘霖,意思上是有点相通的,对吧?在一种长期失落、不那么如意的情况下,突然得到了很美好很想要的东西。但是,我建议还是不要用这个词。因为这首诗表现的是刹那的情绪波动,对吧?园主人没开门,没有严重到久旱的程度,是不是?方向是对的,分寸感还差了一点点。

生2:我觉得这里的红杏,它已经不仅仅只是一枝红杏了,它同样也是春天里生命力的象征。这一枝红杏,唤醒了诗人,心底里在历经"久不开"的小惆怅之后,突然迸发出一阵欢喜。

师:你应该去写篇文章,我觉得大学生不一定有你说得这么漂亮。太漂亮了。

这一片段,以及整个《游园不值》的教学,首先是文本意义的充分生成。师生讨论"诗人何以变得兴奋起来",在讨论中领会诗歌意脉的变化,即由"不开"而"关不住";领会叶绍翁一段完整的、变化的情绪,即可能的小小惆怅,及惆怅后的发现和欣喜。在充分的言语实践中,诗歌生命的意趣、滋味、气息,在课堂上洋溢开来。

文本意义生成的过程,是言语及言语背后的诗人、学生、老师对话的过程。

生1"久旱逢甘霖"的回答，无疑受到此前师生讨论的启发，说明该生投入了课堂，思维和情绪活跃。不过这一理解有偏差，怎么办？不能简单否定。首要的是尊重、体察学生，所以我追问"怎么说"，希望学生呈现其思考的理由和路径。于是学生说了他思考的过程。果然，虽有偏差，也自有其思考的逻辑。从"久不开"到"久旱"，从"一枝红杏出墙来"到"逢甘霖"，这是学生类比的思维路径。然后肯定学生合理之处，即二者确实有相通之处，感受的方向是对的。最后指出，分寸感还差了一点点，虽然其实不止差了一点点。我们要百倍呵护学生思维中有价值的嫩芽，期待它在时间中长成言语的大树。最后给出合理解释：本诗表达的是刹那的情绪波动。对此处的教学处理，孙绍振先生在课评中指出："分寸感，把握得也很准确。学生的'久旱逢甘霖'，太夸张了。违背了诗的微妙意境，王先生的纠正很到位。"

生2扣话题准，理解准，表达生动，所以老师热情赞美。

在对话的过程中，师生体验着"开放、尊重、理解、接纳、欣赏、批判"等交际美德，这是交际意义的生长。在对话的过程中，师生自觉或下意识地将文本与自己过去的生活或将来的生活联结起来，（此前教学，安排了"同学们遇到'久不开'会怎样的"讨论）领悟自己遇到人生的"久不开"情况，应该持怎样的态度，这是自我意义的生长。

交际意义和自我意义的生长，植根在文本意义之上；而文本意义的生长，正是为了给学生的交际提供资源、场景、手段等，并最终共同促成学生的自我成长。

二

文本意义、交际意义、自我意义的和谐生长，是立言和立人的统一，终极追求是立人。立人，是教育的共同追求，但语文立人，须得是以语文的方式即"立言"来完成。

所以，语文教学，基础的、中心的工作，是实现文本意义的生长。

每一个文本，其实是物态化了的言语实践，是一个个鲜活生命个体的言语过程和言语成果。语文教学，就需要激活言语作品蕴含的生命意味，需要牢牢抓住言意的矛盾统一，抓住言语形式和言语内容的矛盾统一。前边谈到的《游园不值》教学，实质是抓住了诗歌结构和诗人情绪变化的关系来讨论的。这是从言语篇章结构这一宏观角度来切入的。

宏观上需如此，微观上也需如此。

比如教学《祝福》这几句，"年年如此，家家如此，——只要买得起福礼和爆竹之类的——今年自然也如此"，就应该引导学生注意言语形式的单调以及这种单调的言语形式蕴含的意义，即人面对社会一成不变所感觉到的失望、无聊。

有时候经典作品的一词一句，看起来似乎并无明显的形式特征，但却成为作家表现自己情感的最恰切的选择。一个和情感高匹配的词，是一口井，深挖下去，便会生发出无穷的文本意义。在第三届全国诗词教学大会上，我执教《破阵子·为陈同甫赋壮词以寄之》，对"了却"一词的挖掘，便是如此。先是把这个词放在整体语境中感受，在"马作的卢飞快，弓如霹雳弦惊"的场景中，辛弃疾和将士们燃烧起火一样的激情，呐喊出"了却君王天下事，赢得生前身后名"的壮烈理想，这是高昂情绪的顶峰。然后比较"了却"和"完成"两词语的区别，平常说"了却"某事，其事是很有难度、很重要的，完成此事的愿望是由来已久的，一旦完成是格外快慰的。接下来梳理辛弃疾的一些名句，来印证他要"了却"的北伐之事是"由来久、难度大、很重要、一旦完成足慰平生"的特点。在课堂上，带着学生读一读、品一品、比一比，这样，一个压抑太久、矢志不渝、火热赤诚的辛弃疾的形象，就深入人心，震撼着感染着学生。围绕一个词语的教学，却也一定程度上实现了清华附中王君老师在课评中谈到的课堂教学的终极目标——"还在于利用文本训练语文能力，还在于'立人'，在于帮助学生收获心灵的丰盈和强壮"。

作者煞费苦心地锤炼词句段篇的过程，就是实现言与意、言语形式和内容的矛盾统一的过程。这种矛盾统一，是意义生长的动力，是培育言语森林的肥沃土地。

所以语文教育的对话，应当立足于这种矛盾统一，立足于作者如何以合适的形式表现合适的内容。

三

意义从关系中生长。关系建立了，意义便生长了。

好的教育，就是建立关系，建立文本、作者、学生、教师之间的关系。生长的动力，就是对话，就是言与意、言语形式和言语内容的矛盾统一。

言与意、言语内容和形式的关系，是最基础的关系。基于此，发现文本内外关系，才能生长丰富的文本意义。维特根斯坦认为，所谓理解，就是看到联系。

发现文本的外关系，目的是"在宽广的背景中读出文本个性"。

其背景，可以是横的宽广，包括或同或不同的体裁、类型、作家等。比如教读《荷塘月色》《故都的秋》《我与地坛》，首先都需用教散文而不是教小说的方式去教——教散文，最重要的是教出散文中的"我"，教出"我"的独特生命体验和个性化的言说方式；然后都需教出同类散文中"这一篇"的不同，比如，人物对待景物的姿态不同、景物之于人的意义的不同。以"景物之于人的意义的不同"来说，朱自清在荷塘片刻解脱，郁达夫在故都深深沉醉，史铁生在地坛自我救赎，三者的情感差别是很大的，万一老师都只教"表达了作者对景物的喜爱之情"，可怎么得了！

其背景，可以是纵的深邃，一种是时代和文学史的纵深感。比如教读《短歌行》《兰亭集序》《归园田居》《归去来兮辞》《春江花月夜》《滕王阁序》《春夜宴从弟桃花园序》等，我们可以以"生命意识与气象"统整这些篇章，又尤其需教出特定时代和特定文学风气中的"这一篇"。一种是解读史的纵深感。经典作品，是和围绕它的解读史和接受史共存的。

比如我教读范仲淹《渔家傲·秋思》，注意到欧阳修"尝呼为穷塞主之词"，也注意到不同时代词评家对此词的评价，综合这些，我作出了既尊重前人又有所超越的解读，并以"穷塞主？""穷塞主！""真元帅！"来组织推进教学，可以说既有历史感，又翻出了新意。

还需要指出的是，教材修订，对一些内容的不同处理，也是值得我们关注的教学背景。这大致也算是解读史的一部分。比如《归园田居》，现在统编教材对"守拙"一词的注解是：持守愚拙的本性，即不学巧伪，不争名利。而前一轮人教社教材对"守拙"一词的注解是：不随波逐流，固守节操。执教者如有解读史的眼光和素养，就能将两种注解都呈现出来，请学生品评高下。将"守拙"解释为"守节操"，是儒家的，是道德说教的，其实大大窄化了原词的意义。同时，"守节"一词，有一种潜在的与生活对抗的意味，这和作品的本意抵牾。不同于写作《归去来兮辞》时，作《归园田居》时的陶渊明，已经将自己的身心安顿得比较好了，作品表现的是挣脱束缚后的自然之趣，宁静、安然、恬淡、自得。将"守拙"解释为"持守愚拙的本性，即不学巧伪，不争名利"，是道家的、审美的，既符合陶渊明其人"质性自然"的特点，也更符合《归园田居》的自然之旨、悠然之乐。守拙，是守朴、守性，正是见素抱朴任自然的意思。

四

发现文本内关系，有两个角度。一是发现词间、句间、段间关系，发现词句段篇如何发生关系而生成意义。二是发现材料和作品的关系，即依据作品这一言语的结果，还原材料，发现材料如何生成意义。

先来谈发现词句关系，——段篇关系是扩大了的词句关系。发现词句关系，是阅读最基本的功夫，在各学段都应着力训练。

我曾和小学生一起学习《泊船瓜洲》。课上，孩子们囿于生活经验和地理常识，不理解瓜洲是在长江南还是长江北。这需要整合诗句"春风又绿江南岸"和诗题"泊船瓜洲"，才能判断出瓜洲是在长江之北。这就需要老师带领学生在词句之间穿梭、流连，寻觅词句的顾盼呼应。

和高中生一起学习《变形记》，发现词句关系就很具有挑战性了。格里高尔醒来发现自己变成了甲壳虫，他没有什么惊骇，倒是满脑子在想着工作的事。这就是矛盾。后来，格里高尔发现自己失去声音后，他却"不禁吓了一大跳"。这就更矛盾了。把变了躯体和变了声音关联起来，就能认识到，"变形"包括了"变躯体"和"变声音"两部分，并进而追问，格里高尔面对前者很平静，却被后者惊吓到了，这是怎么回事？这样，可以更好地理解格里高尔全面的异化、绝望的孤独，以及认识到"失语"这一设计在文本中的重要作用。如此在词句段篇之间勾连、探寻，就能推动学生积极而丰富的思考。

发现词句关系，是进入文本的基本路径。有时候为了抵达文本最深处，即矛盾统一处，言意交融处，还需要发现材料和作品的关系。这时，我们可以运用孙绍振先生提出来的还原的方法。

还原的目的是构成比较，使分析可以展开。个人认为，文本解读应还原生活材料、初始情境和写作过程。

还原生活材料，可以揭示原生形态和作品形象之间的差异，在比较中体会创造的妙处。比如教学《庖丁解牛》，请学生解释"奏刀騞然"。学生将"奏刀"解释为进刀，这是对的，教材注解也是这么说的。"进刀"，就是生活材料，是原生形态，它和作品形象"奏刀"有什么区别呢？为了引导学生，可请学生组词，演奏、奏乐、小提琴独奏等，我们发现，奏，都与乐器、与艺术表演关联。可是文本中却是奏刀宰牛。这样，"奏"一词一般的生活形态和文本所描述的形象，构成矛盾。深入分析并解决这个矛盾，还得发现词句关系。庖丁奏刀"莫不中音""合于《桑林》之舞，乃中《经首》之会"——原来，庄子就是将解牛当作了一场艺术表演的。此例说明了还原材料，还原生活，可以体会作者创造形象的妙不可言。妙不可言而明言之，文本意义丰富了，言语森林茂盛了。

还原创作初始情境，可以体察生活触发和倾吐对象对写作内容的激发和形式的规定。《陈情表》有言："臣欲奉诏奔驰，则刘病日笃；欲苟顺私情，则告诉不许：臣之进退，实为狼狈。"这一句话直接揭示了李密的创作初始情境。教学中，从这句话入手，体会李密说了什么、怎样说、为什么说这些和为什么这样说，自然就是很好的教学选择。

还原过程，可以体悟思路展开与言语生成的奥妙。引导学生将假定、想象和分析结合起来，就能一定程度上去接近作者思考的过程。比如我执教《说"木叶"》，把前三段的学习作为重点。师生揣想林庚发现问题、聚焦问题的独特过程，并将这一过程命名为"腾挪"。林庚从诗人多用"木叶"说起，联想到"树叶"很少见，而概念上"木叶"就是"树叶"，这就出现了矛盾；又猜想是不是因为追求洗练而不用"树叶"，然后否定了自己的猜想；进而谈到"落木"也为诗人喜爱，这是思维的纵深推进；在同类或不同类的现象关联中，在相似或相异的比较中，最终将关键点确定在一"木"字上面。伴随思维纵横腾挪的，是大量问句的使用，林庚真实地展现了自己学术思考、学术追问的过程——而这个"怎么说"的过程，从长远来说，可能比文本"说什么"更有意义。对这一处理，郑桂华教授在课评中指出，这是"把分析作者发现问题、解决问题的研究意识和方法作为重点目标"，把"如何发现作者学术研究的意识立场与方法路径"作为重要的教学定位。诚哉斯言！

还原，是解读文本的一种基本方法。阅读教学，不可以只讲解老师的解读所得，老师解读文本的思想、过程、策略，才是最有生长力的资源。领会解读的思想、过程、策略，才可能有曲径通幽的深致，旁逸斜出的惊喜，峰回路转的舒缓，柳暗花明的豁然。简言之，就有了生长性。

发现文本的内外关系，就是发现这一词、一句、一段、一篇、一类与那一词、一句、一段、一篇、一类的相关、相似、相异，就是发现"这一个"在更大系统中的独特性甚至唯一性。这独特性、唯一性，最是文本意义所在。

发现相关，就能产生意义；并往往可以通过相关，发现相似、相异，于是我们辨同析异，展开比较。这过程，实质就是发现矛盾、制造矛盾、分析矛盾，因而使文本意义生长得更为丰富、立体、多元，更近乎森林的生态。文本和课堂，就是一片森林，挑逗着我们探索的欲望，引领着我们穿越的脚步。

五

写作，是言语的综合实践，也是言语森林风景独好处。

文本意义、交际意义、自我意义的和谐生长，在写作中是怎样体现的呢？写作者在真实情境中表达意义，与潜在或直接的交际对象对话，与自己对话。每一次表达，都是一次自我的实现和创造。所以写作的过程和结果，生长着、包含着丰富的意义。

如何让学生愿意写并写出意义更丰富的文章呢？

首先，开展情境写作，在真实或拟真的情境中，为需要而写。通过写作，解决为人、为人生的需要，才有真正的写作动力。写作动力问题、欲望问题，是首要的问题，是先于写作实践的。实用类、论述类写作自当如此，文学类训练也当如此。我执教《让我们学会"啰唆"》一课，借助经典文段，首先是和学生特别讨论清楚形式单调、近乎"啰唆"的"繁复"笔法具体运用在怎样的生活情境中，然后引导学生交流相关生活经验。学生思维活跃，谈及等车、查中考成绩等，后来写出了精彩的文段。激活生活经验是如此重要，正如童志斌教授在课评中强调的，"学生的生活经验的激活与否，恰正是写作教学效益与写作应用能力的决定性因素"。

其次，针对学生写作中存在的问题，教一点需要的、用得上的方法。我执教《说说吃狗肉的那些事》，发现学生对"爱狗人士围堵狗肉餐馆大门"这一行为，在性质、影响、原因等角度，有很多分析，但角度和层次还是比较单一。所以，我就重点教了"还原生活场景""揣想反对者观点"两种方法，学生对事件的分析就更具体、更辩证了。

中学写作教学，应注重应用性和针对性，为解决复杂情境中的真实问题而展开写作，过程中遇到问题，再教一点针对性的、用得上的、可操作的方法。

写作，就是以言语来满足需要，完成交际，创造自己。

我言即我在，关系即意义。生长言语的森林，生长丰饶的意义，从而可以立言立人。

王 良

2022年2月于长沙

目录

课例1　当遭遇"久不开"的时候

　　——《游园不值》（统编语文六下"古诗词诵读"）／001

　教学设计

　　当遭遇"久不开"的时候／001

　教学实录

　　课堂怡和生春意，一枝红杏照古今／006

　教学反思

　　让诗歌意义流动起来／025

　专家评点

　　课脉随文脉搏动（孙绍振）／030

课例2　一条大河波浪宽么

　　——《泊船瓜洲》（统编语文六下"古诗词诵读"）／031

　教学设计

　　一条大河波浪宽么／031

　教学实录

　　身在瓜洲渡，心向江南行／037

　教学反思

　　探寻小学生可能抵达的深广／048

　专家评点

　　以终为始，瞄准核心素养教（卢望军）／050

课例3 播下不死的英雄梦想的火种

——《破阵子·为陈同甫赋壮词以寄之》（统编语文九下第12课）／055

教学设计
　　论剑·解梦·理白发／055
教学实录
　　鼓舞学生的热爱和勇毅／064
教学反思
　　播下不死的英雄梦想的火种／079
专家评点
　　这堂课是一位书生校长对语文不灭的英雄梦想（王君）／084

课例4 是穷塞主，还是真元帅

——《渔家傲·秋思》（统编语文九下第12课）／090

教学设计
　　是穷塞主，还是真元帅／090
教学实录
　　闭守孤城非穷塞主，腹有甲兵是真元帅／095
教学反思
　　合理运用材料，优化课堂活动／103
专家评点
　　聚焦和沉潜，让深度学习在教学中发生（谭嘉慧）／105

课例5　何妨，且作少年狂

——《江城子·密州出猎》（统编语文九下第12课）／109

教学设计

说狂说惘说何妨／109

教学实录

何妨，且作少年狂／114

教学反思

把苏轼带进学生的生命里／126

专家评点

语文老师的浪漫，中学校长的风雅（张良田）／128

课例6　一片木叶的诗与思

——《说"木叶"》（统编语文高中必修下第9课）／131

教学设计

在思维的腾挪中聚焦和解决问题／131

教学实录

一片木叶的诗与思／137

教学反思

学术性随笔教学内容的选择和创生／150

专家评点

凸显学术随笔的多重学习价值（郑桂华）／153

课例7　黑暗边上，门开着

——《变形记》（统编语文高中必修下第14课）／155

教学设计

变虫平静失语慌／155

教学实录

黑暗边上，门开着／162

教学反思

找到撬动文本和学生的关键点／174

专家评点

看得见的课堂生长（徐昌才）／177

课例8　如果烛之武推托

——《烛之武退秦师》（统编语文高中必修下第2课）／182

教学设计

如果烛之武推托／182

教学实录

致敬烛之武的担当和智慧／185

教学反思

让学生的自我审视，变得非同寻常／193

专家评点

将课堂真正的还给学生（刘晓军）／195

课例9　在情境中共情

——《陈情表》（统编语文高中选择性必修下第9课）/ 198

教学设计
　　在情境中共情 / 198
教学实录
　　忠孝两难孝为上，理情融贯情尤深 / 202
教学反思
　　还原创作的初始情境 / 210
专家评点
　　看似自然却精致（易海华）/ 213

课例10　一支桨橹巧，欸乃山水绿

——《同中求异》（整合统编语文高中必修下第六、七单元内容）/ 216

教学设计
　　如何写出特点 / 216
教学实录
　　一支桨橹巧，欸乃山水绿 / 220
教学反思
　　一种沟通阅读、表达和生活的策略 / 230
专家评点
　　灵动有趣的课堂，丰富的生长（邓志刚）/ 236

课例11 有趣的"啰唆"

——《让我们学会"啰唆"》（整合统编语文《木兰辞》《祝福》等）/ 240

教学设计
有趣的"啰唆"/ 240
教学实录
"啰唆"，一种有意义的繁复 / 243
教学反思
在阅读中找到激活生活的方法 / 248
专家评点
成功激活并提升学生经验的写作教学（童志斌）/ 253

课例12 狗肉吃和不让吃，是一个问题

——《说说吃狗肉的那些事》（统编语文高中思辨性表达训练）/ 257

教学设计
狗肉吃和不让吃，是一个问题 / 257
教学实录
立言立人，生长丰富的意义 / 263
教学反思
为需要而教 / 273
专家评点
聚焦写作情境，开展深度学习（黄尚喜）/ 276

课例 1

当遭遇"久不开"的时候

——《游园不值》（统编语文六下"古诗词诵读"）

教学设计

当遭遇"久不开"的时候
——《游园不值》教学设计

教学目标

1. 理解诗人对"久不开"的解释，感受诗人的体贴、从容、风趣。
2. 体会诗人情绪的变化，感受诗人"忽然发现"的欢喜。
3. 分析"一枝红杏"的丰富意蕴。

教学难点

理解诗人对"久不开"的解释。

教学重点

体会诗人的情绪变化，分析"一枝红杏"的丰富意蕴。

教学方法

设置情境、改写诗句、引入资料，以比较之、讨论之、朗读之。

教学时间

1课时。

教学过程

一、解题与情境引入

1. "不值"即不遇。据"久不开"可知。
2. 遇到"久不开"的情况，一般人可能会有怎样的表现？

二、体会"久不开"的情况下，诗人的情绪态度

（屏显）

请结合"一般人"的表现，读一、二句，谈谈叶绍翁的表现。

1. 感受"捶门"与"小扣"的区别。

2. 体会对"久不开"原因的解释。

（1）理解"怜"。

"怜"字好，但不太好解释。解释为"怜爱"，放在句中，字面意思讲不通。"怜"本有怜惜意，可引申为心疼，"应该是怜惜屐齿印苍苔""应该是心疼屐齿印苍苔"。

（2）苍苔的特点是？它暗示和意味着什么？

补充：叶绍翁在西湖边过了很长一段时间的隐逸生活，这园主人可能也是个隐士。

（3）园主人不开门，可能是不愿意别人打扰自己的幽静生活吧，诗人对园主人不开门，是理解的，并且体贴到园主人对苍苔、对幽静生活的一腔情意。

（4）比较品评用词。

（屏显）

应**怜**屐齿印苍苔，小扣柴扉久不开。

应**嫌**木屐**踏**苍苔，小扣柴扉久不开。

（5）比较品评对"不开门"的原因的解释。

一般而言，我们敲别人的门，别人不开，我们会觉得"应是主人不在家"或者"应是春睡唤不醒"，与解释为"应怜屐齿印苍苔"相比，你喜欢哪种解释？为什么？

前一种其实更客观，可能性更大，这是从现实因果的角度去考虑，少了诗意。叶绍翁超越现实，带有强烈情感意味的理由，显得有趣一点，美一点。

（6）读用词、标点不同的诗句，读出不同的味道。

应**嫌**木屐**踏**苍苔，小扣柴扉久不开。（粗暴、生硬）

应怜屐齿印苍苔，小扣柴扉久不开。（深情、体贴）

应怜屐齿印苍苔？小扣柴扉久不开。（风趣、情趣）

第三句，将逗号改为问号，读这一句，脸上带着的表情应该是？对园主人笑笑，打趣，体贴；对自己笑笑，有一点儿自我解嘲。

3.小结：怎样解释这个世界，就有怎样的人生。

（屏显）

诗意：对物的亲近，对人的体贴，一种从容中的风趣。

三、体会"关不住"的情况下，诗人的情绪变化

（屏显）

"春色满园关不住，一枝红杏出墙来。"诗人的情绪是怎样的？

1.朗读：应读出那种兴奋，惊喜，特别注意读出"关不住"三字蕴含的那种小得意。

2.讨论：诗人为什么会变得兴奋、欣喜呢？

点拨：可以联系"青苔""久不开""关不住""满园"等词来谈，发现一枝红杏何以带来惊喜。

（屏显）

兴奋……

一枝红杏

"不开"时发现一枝红杏

"不开"即关，关—关不住

关人—关春色

3.链接。体会想象的飞跃。

（屏显）

且就洞庭赊月色，将船买酒白云边

感觉是谁的作品？为什么？这两句诗，和关人—关春色有相似处吗？

李白天才的想象，体现在"且就洞庭赊月色"这一句。"买酒"，到"买月色"，到"赊月色"，多么烂漫，多么有趣。

"且就洞庭赊月色""春色满园关不住"，诗意的生动，都在于想象的飞

跃，活泼，新鲜，美，洋溢着情感。

4.小结：刹那的情绪波动，飞跃的想象，涌动的诗意。

（屏显）

诗意：想象的飞跃，忽然发现的兴奋与欢喜……

四、讨论：一枝红杏的丰富

游园而不遇，扣门而不开，一枝红杏，让诗人和我们都兴奋起来，欢喜起来。这不知名园子的著名的红杏，究竟是一枝怎样的红杏呢？

（屏显）

这究竟是一枝怎样的红杏？

设想：

层次一：

这是一枝艳丽的红杏。

这是一枝热闹的红杏。

点拨：红杏本来给人的感受。

层次二：

这是一枝有一点儿招摇的红杏

这是一枝充满活力的红杏。

这是一枝有好奇心的红杏。

这是一枝善解人意的红杏。

点拨：关与出，词句的呼应和张力；勃勃生气，阻遏不了的活力。

层次三：

这是一枝引人遐想的红杏。

点拨：一枝还是数枝好？园子里可能是怎样的景象？诗歌以实带虚，以少胜多。这"实"和"少"，须得是极具特征的，典型的，才能带出虚和丰富，才显出艺术的张力。

（屏显）

诗意：

生命的力

最动人的一角，引逗着无限美好

五、拓展比较

"艳丽、充满活力、善解人意"等词语,可以用来阐释陆游的这一枝红杏吗?

(屏显)

杨柳不遮春色断,一枝红杏出墙头。

点拨:形象的鲜明、情感的激发力量,陆游的诗似乎不如叶绍翁的诗,为什么?注意二人的红杏分别出现在怎样的背景与情境中。

六、小结

(屏显)

一枝红杏,照亮了诗人;

诗人,照亮了一枝红杏。

叶绍翁的红杏,可能是中国诗歌里最美的、意蕴最丰富的一枝红杏啊。

游园不值,游园不遇,但我们要说,这个下午,诗人遇见了很多,遇见了一枝红杏。这一枝红杏呀,照亮了那个清晨或黄昏,照亮了那个园子,更重要的是,照亮了诗人自己!或者说是诗人照亮了一枝红杏。活泼的精神,充沛的情感,飞动的想象,滋养着这枝红杏。诗人对园主人充满情趣的理解和体贴,发现"春色满园关不住"的兴奋和小得意,这种种生命的美好和有趣,才让这枝红杏神采飞扬!一个美好而有趣的灵魂,就会让平常生活,诗意盎然!

板书设计:

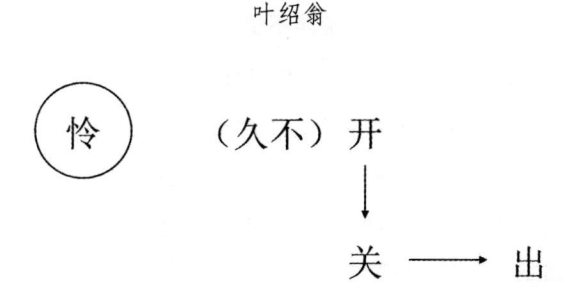

游园不值

叶绍翁

㊑怜　　(久不)开
　　　　　　↓
　　　　　关 ——→ 出

教学实录

课堂怡和生春意，一枝红杏照古今
——《游园不值》教学实录

随文评点：孙绍振

上课学生：长沙市怡雅中学初一年级学生

诺贝尔摇篮达德小学学生

一、解题与情境引入

（屏显）

游园不值

[宋] 叶绍翁

应怜屐齿印苍苔，小扣柴扉久不开。

春色满园关不住，一枝红杏出墙来。

师：诗题当中的"不值"两个字，是什么意思？

生：没有遇到。

师：你怎么发现的？

生：在诗中，作者写到"应怜屐齿印苍苔，小扣柴扉久不开"。证明诗人是没有遇到园主人的。所以，我觉得"不值"的意思应该是没有遇到。

师： 从一、二句特别是从"久不开"一词，你发现"不值"的意思可能是不遇。我们以前学过一首小诗叫《寻隐者不遇》，"游园不值"就是"游园不遇"。

师： 同学们想想，有时候去敲人家的门，敲了老一阵，还不开。粗鲁的人可能会怎么样？

（生作踹门状）

生（笑，自由回答）：太粗鲁了，太粗鲁了。

师： 我以为你们说拍门，捶门。你们一上来就是踹门，你们真会这样吗？

生（笑，自由回答）：不会。

师： 除了踹门，有些人可能心里还会嘀咕。老不开门的时候，会嘀咕什么呢？

生（自由回答）：到哪里去了？

师： 你们还比较温和。到哪里去了，长沙话怎么讲？"死哪里去了呢"，是这样说的吧？

（生大笑）

二、体会"久不开"的情况下，诗人的情绪态度

（屏显）

请结合"某些人"的表现，读一、二句，谈谈叶绍翁的表现。

师： 在别人不开门的时候，叶绍翁做了什么？想了什么？

生： 一般人发现没有人来开门，可能会有一点不开心，甚至有点郁闷，有点暴躁。但是，叶绍翁文雅有礼，他没有去拍啊，捶啊，而只是扣了几下。

师： "扣"是什么意思？

生： （做动作）就是这么敲。

师： 扣，一般手心向前。（示范动作）小扣呢，简单说就是轻轻地敲门的意思。

专家评点："生活情景"的设计甚好，好在：调动学生的感知，触动情绪。

第一，老师的设问，缩短古代诗人与现代青年在时间和心理上的距离。在空间上，从远程不同空间转化为现场共同空间，让学生进入诗的境界，从而提高人文修养。

第二，为下面"久不开"在意脉中的功能做铺垫，古典文论中叫作"蓄势"。

师：诗人"小扣"柴扉，等到的是"久不开"。诗人情绪如何？想些啥呢？

生：他发现没有人来开门，并没有觉得心情不快，反而想得非常新奇。他认为可能是因为主人怜惜苍翠的青苔，所以不舍得来给他开门。

专家评点：学生的答案不一定妥当，但这是对学生最有效的探底。摸到了这个底，老师才能有的放矢。

师：明白她（指向同学）的意思没有？很有想法，她用"新奇"来描述叶绍翁的推测，因为怜惜苍苔，喜欢苍苔，就不来开门，对吧？那么苍苔有什么特别处？有什么可爱的地方呢？

生：青苔生长在潮湿的地方。

生：清静。

师：你看他敲门都是小扣，可能就是不愿意破坏那种清静，对吧？一个不愿意破坏别人清静的人，他可能就理解了，对方不开门，原因可能也是不愿意别人打扰。叶绍翁确实就是一个喜爱清幽生活的人，他在西湖边上隐居了十多年。这个园子的主人，也可能是个隐士哦。

专家评点："对方不开门原因，可能也是不愿意别人打扰"这事实上是纠正了学生因为怜惜苍苔而不开门的误读。好在，很委婉，不生硬。让我眼前一亮的是，老师的学养：叶绍翁隐居西湖十多年。这很细致，很可贵。一般老师，包括本人都没有注意到叶绍翁的身份。

师：叶绍翁的表现：第一，虽然别人久不开，他也只是轻轻地敲门，温和有礼；第二，对园主人不开门，他给予理解，给对方找了一个理由。他体

课例1　当遭遇"久不开"的时候
——《游园不值》

会到园主人对苍苔的喜爱，对那种幽静生活的喜爱。当然作者自己也会是喜爱的。这种喜爱在文字当中也流露出来。你们觉得这里哪些字眼，特别能够表达那种情意？

生：怜。

生："应怜屐齿印苍苔"的"应"。

师：非常好。老师将诗句改了一下，大家比较比较。

（屏显）

应怜屐齿印苍苔，小扣柴扉久不开。

应**嫌**木屐**踏**苍苔，小扣柴扉久不开。

生：我认为"嫌"字没有"怜"字用得好，"怜"是怜惜，他是喜欢苍苔的。"嫌"有一种嫌弃，他不希望这个鞋子来踩花了他的苍苔，会有点讨厌的意思在里面。"踏"字比"印"字的动作要刻板一点，程度更深一点，"印"，只是轻轻踩上去。

师：你刚才说到一个力度的问题，同学们想象一下哪个动作的力度要大一些？

生（自由回答）：踏。

师：你们的脚踏一踏，它是什么感觉？如果是印呢？

生：轻轻踩上去。

师：你觉得心里面都比较温柔吧，做这个动作的时候，心里就涌起对青苔的那种怜惜、那种疼爱吧？

师：来读一读，你先读原作。

生：应怜屐齿印苍苔，小扣柴扉久不开。

师：好，我要找一个男同学读改动的那一句。

生：应嫌木屐踏苍苔，小扣柴扉久不开。

师：可以再粗暴一点吗？

（生笑，生再读）

师：就准确一些了。我们齐读叶绍翁的句子，体会那种理解和体贴，体会那种深情和怜惜。

（生齐声朗诵原诗）

专家评点：这里表面上是抠字眼，反反复复，如果一直停留在原文的字眼上，可能让学生兴奋度降低，产生所谓审美疲劳。这里的好处在始终把字眼和诗人的情感心态紧密地联系在一起。

对经典之作，用"改词法"。一般人不敢，弄不好，可能糟蹋经典。在杭州"千课万人"的教学展示上，有过弄巧成拙的教训。王先生有修养，分寸把握得很好。

改诗的设计，功能是比较。有比较才有鉴别，有鉴别，学生的想象才能调动起来，主体性才能从自发提升到自觉的层次。

师：我们感觉到体贴和怜惜。还可以换一个角度来想想这两句诗，我们平常敲门，如果久不开，会认为什么原因呢？

（生自由回答）

师：嗯，不在家，在睡觉。那么，你们看老师改一下，"主人外出不在家，小扣柴扉久不开"；再改一下，"主人春日睡太沉，小扣柴扉久不开"。你笑了，你为什么笑，你瞧不起老师，是吧？

生：我觉得它过于口语化了，应该显得更加诗意。

生：我想提出另外一个观点：如果第一句直接突出了园主人，那么诗人此刻的想法可能没有那么凸显，我们就不能强烈地体会到诗人的情感。

师：老师的改作，其实也不是直接写园主人，还是在讲诗人对园主人不开门原因的一种判断，但主人外出不在家，是诗人比较绝对的判断，对不对？你刚才有一点说得很对，老师那两个句子好像情感不够。

生：园主人因为外出或者是因为睡得太沉了，没来开门，这个可能不是园主人自愿的。但是，假如是"应怜屐齿印苍苔"的话，那就是屋主人知道有客人来的情况下，他还不开门。

师：很有道理，这是园主人主动的选择，他太爱苍苔了。这是个重要发现。

专家评点：这句话可能说得太绝对了，因为爱惜苍苔所以不开门，是不是重要发现，值得讨论。因为一开头，老师已经肯定"不值"是"没有遇

课例1 当遭遇"久不开"的时候
——《游园不值》

到"。现在又说,因为太爱惜苍苔,所以不管什么人来都不开门。但是,诗题是"游园不值",不言而喻是来游园的,是有约的,是朋友,并不是陌生人。这里解读成,明知朋友敲门甚久,就是不开,把苍苔看得比朋友还重要。这是不是背离了起码的朋友之道?诗的意境是不是遭到破坏?

生:主人睡太沉或者主人出门不在家,是一件稀松平常的事情了。平时没开门,我们就会认为主人不在家。而作者写的,更体现事情的特别性,也更能体现主人的那种怜惜苍苔的情感。

专家评点:说主人沉睡,这样的解读,在诗中并未暗示。当然,不能排除这种很小的可能性,但是把它变成必然性,就牵强了,在学术上,就是过度阐释了。

其实都不是诗所要表达的,不管主人在家不在家,我久扣不开,还是在等待,是一种持续的失落然而又是平静的心情,然后忽然被一枝红杏的发现所转化。

对怜惜苍苔这一个意象,解读并不太准确,纠缠太多了。

师:说得太好了,很有水平。如果是老师的两句,就很平常,对不对?老师句子的原因,是现实的原因,客观的原因。同学们就感觉比较平常,比较平淡。(面向一同学)也就是你体会到的,情感不强烈。诗歌应该超越一点,超现实一点,在想象世界里面找到解释世界的理由,强烈的情感就会洋溢出来。不开门,竟然是因为爱惜园子里的青苔,是不是比较特别?比较美?比较有趣?此前我们朗读这两句诗,读出体贴和理解。现在来读得有趣一点,可以怎么读?

(生活泼地朗诵)

师:语气非常活泼,听出来没有!句子的语气有变化,可以把逗号改一下,改成什么?

生:感叹号。

师:感叹号表达强烈的情感,而"应怜屐齿印苍苔"是一种推测,不特别确定,用感叹号不大好。

生:我觉得用问号比较合适。"应怜屐齿印苍苔?小扣柴扉久不开。"

师：我们这样读的时候感觉在问自己是吧？别人不开门，我对自己说这样一句话。

生：心理安慰。

师：对自己心理安慰。我觉得是有道理的。另外，你不给我开门，为什么呀？"应怜屐齿印苍苔？"（语调上扬），这是啥意思？是责备吗？

生：这样子的话，应该是有点调侃的意味。

师：明白了没有？调侃打趣。所以，再读一下，要求：或读出深情和体贴，或读出风趣。

（生读出不同的味道）

（屏显）

小结一

诗意：对物的亲近，对人的体贴，一种从容中的风趣。

师：这样的不同处理，叶绍翁应该也不会怪我们。因为我们读这个句子真的是感受到盎然的诗意。这里边有对物的亲近，哪怕是一片小小的苍苔。有对人的体贴，不给我开门，那是可以理解的。别人不给我开门的时候，我不烦躁，我不一脚踹过去。因为，平静和从容，就显出一些风趣，或者是自我解嘲，或者是打趣他人，这就是诗意。

三、体会"关不住""出墙来"的情况下，诗人的情绪变化

（屏显）

"春色满园关不住，一枝红杏出墙来。"诗人的情绪是怎样的？

师：我们看看三、四句又传达出诗人怎样的情绪呢？我希望通过朗读来表现。好，就这位同学，你笑得这么可爱。我最喜欢你们笑了。

（生开心朗诵）

生：（身体语言丰富，越说越兴奋）作者看到园主人没有开门，觉得园主人想把一片片青苔关在屋中，恰好有一枝红杏跑了出来，溜了出来。作者有一种兴奋、惊奇。

师：兴奋。你们看她说这个词时的动作，看到没有？我学不出来，小女孩特有的兴奋。你的身体姿态，你的身体语言，带出了你后面的这个词语

课例1　当遭遇"久不开"的时候
——《游园不值》

"兴奋"。你还说了一个词叫"惊奇",我觉得换一下,换成——

生:惊喜。

师:真好,惊喜。那你再兴奋一点,再惊喜一点,重读这两句,好吧?

生:春色满园关不住,一枝红杏出墙来。

师:笑得多可爱,你看掌声为你响起来。

师:我要问一问大家,诗人为什么变得兴奋起来呢?

生:因为,他本来以为看不见园子里面了,然后他准备往回走,却看见一枝红杏从墙内伸出来。

专家评点:这就对了。抓住了要害。王先生的解读说明:诗的情感并不是只在苍苔这一个意象中,而是在一系列意象的群落中,在苍苔和红杏之间。

诗以情动人,但是,要把这个"情"分析出来,是有难度的。因为诗里的情感是微妙的,并不在字面上,不是显性的,而是藏在意象的群落之中,是隐性的。要在意象群落中,抓住隐性的情绪的变化。隐性的情绪变化,在我的体系中叫作"意脉"。

意脉在这里,表现为从失落到惊异,或者说得夸张一点,惊喜,这就是以情动人的"动"。"动"就是变动,就是心灵微妙的、一刹那的触动。

师:有道理的推测。首先,发现一枝红杏。红杏什么颜色?

生:红色。

师:我提了一个不成问题的问题吗?红色就会让我们怎么样?(生自由答)嗯,它很亮,它很热情,它很热闹,让人兴奋。前边这位同学还说了一点,什么情况下发现的红杏?诗人自己说的是"久不开",你想象是可能准备回去了,也可能还有点点小失落。现在,忽然发现了这一枝红杏,当然是有一些得意。

专家评点:把"红"字讲得这样突出,这是王先生的创造。

生:我觉得有一种久旱逢甘霖的感觉。

师:怎么说?

生:就是您之前说过了,小扣柴扉久不开。然后他突然就看到红杏,就

013

是久旱逢甘霖。

师：久旱逢甘霖，意思上是有点相通的，对吧？在一种长期失落（**专家评点**：失落，这个词用得特别准确，最好放到前面的论述中去）、不那么如意的情况下，突然得到了很美好很想要的东西。但是，我建议还是不要用这个词。因为这首诗表现的是刹那的情绪波动，（**专家评点**：刹那的情绪波动，说得太棒了。）对吧？园主人没开门，没有严重到久旱的程度，是不是？方向是对的，分寸感还差了一点点。

专家评点：分寸感，把握得也很准确。学生用"久旱逢甘霖"，太夸张了。违背了诗的微妙意境，王先生的纠正很到位。

生：我觉得这里的红杏，已经不仅仅只是一枝红杏了，它同样也是春天里生命力的象征。这一枝红杏，唤醒了诗人，心底里在历经"久不开"的小惆怅之后，突然迸发出一种欢喜。

师：你应该去写篇文章，我觉得大学生都不一定有你说得这么漂亮。太漂亮了。

生：主人把门关起来了，不想让任何客人进去，不想让人踩踏青苔。但是，作者看到了一枝红杏，相当于看到了一片春色，"春色满园关不住"。

师：你们听明白他说的话没有？他将来应该成为一个诗人，他发现了一个什么问题呢？"不开"的意思就是什么？就是"关"。然后，第三句诗又说"关不住"，你要把青苔关起来，你要把我关在外面，结果现在怎么样？"关不住！"来，读一读。

（生朗诵，读出得意）

师：哈哈。挺好。

生：我的想法比较奇特。

师：我就喜欢听你们奇特的想法。

生：可能，因为他觉得园主人把他关在了外面，但是这枝红杏就是为他而来，不想看到他那么失落。这样作者就会有一种兴奋得意的感觉。

师：你的体会就更好了。"关"这个词很重要，在第二句当中也有"关"的意味。关谁啊？关青苔，也可以理解为关叶绍翁，关我，对不对？第三句

课例1　当遭遇"久不开"的时候
——《游园不值》

当中"关"什么？关春色，有点意思没有？如果你们是诗人，由关"人"想到关"春色"的时候，你一定会很兴奋的。人跟春色有不同吗？

生：人是活生生的，而春色是抽象的。

师：人是活生生的，春色是抽象的，很好的体会。"关"春色，那春色就变成了什么？就变成了活生生的东西。

专家评点：由"关人"到"关春色"，这个分析很棒。关人是具体的，而春色是抽象的概念，可是"关"字的具体功能性，让春色之"关"，有了强烈的感性。

（屏显）

兴奋……

（1）一枝红杏

（2）"不开"时发现一枝红杏

（3）"不开"即关，关—关不住

（4）关人—关春色

师：诗人的这样一种跨越，往往能够成就精彩的诗句。举个例子。

（屏显）

且就洞庭赊月色，将船买酒白云边

师："赊"，什么意思？（生答：借）是这个意思，我读一下。

师：（深情朗诵，台下有掌声）我觉得有点小面子，那么多掌声给了同学们，也给老师一点了。感觉像谁的作品？（李白）哪里看出来？酒，月，白云，好像都是李白家的，是不是？能体会出什么呢？

生：我觉得，有种李白的豪放。

生：李白的浪漫。

师：李白的豪放，李白的浪漫，李白的性情，好！

生：还有李白对月色的格外喜爱。他写过一篇"举杯邀明月"。月不只是月，一种又奢侈又像朋友的月，有对于他来说弥足珍贵的东西。

师：太厉害了，太厉害了！是奢侈的，又像朋友，弥足珍贵。这个句子你一定要回去写下来，没有人这么说过。这种浪漫，我觉得跟李白的想象是

015

有关系的,并且这种想象跟前边的由"关"人到"关"春色的路径是一致的。有体会吗?

生:这里的"赊月色"跟前面的"关春色"也是一样的。赊月色也是一种虚的行为,而买酒就和之前的关人一样,酒和人都是实实在在存在的。

专家评点:学生分析出"赊月色",由虚而实,学生的才气被调动出来了,这是教学成功。王先生从理论上作了提升,也到位。

师:很清晰。关人、买酒都是具体的实在的东西。"买"和"赊"平时指向的对象,比如酒、一辆自行车,都常见,都满足人的实际需要。

生:我顺着这位同学说的说。李白认为月亮是一个朋友。所以,他向月亮奢求的是月色,他需要月色来照耀他的独酌。

师:你是顺着这个意思来的。李白需要的跟我们一般人需要的不一样,我们需要的是酒,是自行车,是房子,是人民币。李白需要的是月色。这两种需要的区别在哪里?

生:一是物质上的,一是精神上的。

师:有道理吗!有些没用的东西,其实,对我们的精神生命是有价值的,是不是?我们想幸亏李白只是赊月色,他要是买月色怎么办?他买走了,我们后来人怎么办?我怀疑那夜的月色很美、很温柔。李白他就知道自己不能够一个人独占。当然,还有可能是他的钱不够哈。所以,今天,老天爷依然为我们留住了一片月色,一片浪漫。我们一起把这两句再读一下。

(生齐声朗诵)

师:其实这么说来,春色满园也有一些浪漫,对不对?一起来读一下。

(生齐声朗诵)

生:我认为这是用了虚实相生的修辞手法。

师:你还懂虚实相生?!

生:洞庭赊月色里面的月色是真的有的,但是你向洞庭赊月色,是赊不到的,这就说明了李白的狂放。"将船买酒白云边",买酒是实的,白云边是虚的,因为你不可能飞到白云边上去。

师:真的是诗人,我抱你一下。太厉害了,他前面问过我一句,他说:

课例1　当遭遇"久不开"的时候
——《游园不值》

老师认为李白真的能够赊到月色吗？以我们常人的眼光，月色怎么赊得到？但是李白在他的情感世界里，在他的想象世界里，就可以赊到月色。由关人而关春色而关不住春色，由买酒、喝酒而赊月色，这都是情感世界里想象的飞跃。

专家评点：学生分析出"赊月色"，由虚而实，王先生从理论上作了虚实相生的提升，加上李白一点"浪漫"，也到位。最好再回到叶绍翁的《游园不值》，它的意脉很微妙，没有李白那样豪迈，那样浪漫。说出风格的区别来，就更精彩了。

（屏显）

小结二

诗意：想象的飞跃，忽然发现的兴奋与欢喜……

师：想象的飞跃总是让我们激动，让我们得意。一枝红杏带给我们这么多的欢喜和兴奋。那，我们兴奋地，欢喜地，为自己也得意一把，把这两句诗再读一遍。

（生齐声朗诵）

四、讨论，一枝红杏的丰富

（屏显）

这究竟是一枝怎样的红杏？

师：带给我们兴奋和欢喜的这一枝红杏，应该说是改变了很多东西。这一枝美好的红杏，一直开在了后人的心中。那个不知名的园子里面，却养育了这么一枝著名的红杏。这是一枝怎样的红杏呢？这一次我想请同学们讨论讨论，三个人一小组，给出一些理解，然后说明理由，争取每个小组能够给出4~5个解释。注意角度的区别，好吗？开始了。

（生分组讨论，师巡视参与）

师：我们先停下来。我先看看哪一个小组举手的最多。有五个的举手，有六个的举手。

生：我觉得这是一枝代表春天的红杏。因为"春色满园关不住"，一枝红杏出来了，这一枝红杏可以代表春天。

师：红杏是一个代表，很有道理。红杏能够代表春天吗？有多少关于春天、关于红杏的诗？

生：红杏枝头春意闹。

生：深巷明朝卖杏花。

师：春天的消息就在杏花的颜色和状态里，对吧？所以你说它代表春天很有道理。

生：叶绍翁敲门，人没出来，但是红杏出来了。

师：你说这是一枝什么样的红杏呢？

生：……

师：哪个同学帮一帮小弟弟？这么多人要帮你！

生：一枝调皮可爱的红杏。

生：园主人把红杏关在园子里，"春色满园关不住，一枝红杏出墙来"，虽然园主人关着它，但是它自己非常想去外面的世界看一看。

生：一枝热情的红杏。

师：怎么说呢？你要顺着刚才小弟弟的那个话讲，他说主人不出来，红杏出来了，你怎么说是热情的红杏？

生：主人可能没有听到，或是他干脆就不想见，而红杏被赋予了一种人的情怀，红杏觉得既然有客人，我就应该去迎接他吧。

师：要去迎接客人。妙！

生：一枝善良的红杏。因为诗人在之前"小扣柴扉久不开"，所以心里就有一些小失落。这枝红杏就出来安慰他，来热情地迎接他。

师：善良的红杏，出来安慰诗人的红杏。

生：首先，我觉得这是一把像钥匙一样的红杏。因为作者"小扣柴扉久不开"，就证明了园主人有不想见的心理，也可能是没听见。

师：一枝像一把钥匙一样的红杏，这是我从来没有想过的，像一把钥匙一样的红杏。你说出了一点道理，好像还有些味道没说出来。谁能够把这个"一把钥匙一样"说得更清楚呢？——你来说，同小组的。

生：一把钥匙，它打开的，其实更是诗人心里的一种无限想象的空间，

课例1　当遭遇"久不开"的时候
——《游园不值》

他遇见这一枝红杏，从而发现这一枝红杏，探索这一枝红杏对心的启迪。这对于他来说是一种发现，也是一种感悟。同时，也是让他一步一步、一点一点，由惆怅到欣然的一个转折点。

师：太妙了！这是一枝打开了诗人想象空间的红杏，是一枝打开诗人心灵空间的红杏，所以说它是一把钥匙。我绝对没有在任何地方看到，有把这一枝红杏解释为一把钥匙的，这是你们的创造。

生：这是一枝引人遐想的红杏，因为作者由这一枝红杏，想象到整片园子的春色。所以我认为这也是一次想象的飞跃。

专家评点：学生都有自己的感受，但是，水平并不是同样的，相比起来这个学生的最好，因为他触及了这首诗作为意象的红杏，还有个潜在量很大的意味，那就是"一枝"。

生：其他的植物都没有出来安慰叶绍翁，但是这枝红杏出来了。所以我认为这也是一枝独特的、通人性的红杏。

师：你说了两点，通人性的和独特的。（面向更早回答问题的同学）小同学，你注意到没有，刚才这个哥哥其实呼应了你的问题，你不是说红杏要代表春天吗？要去代表春天的事物一定是独特的。

生：我觉得这枝红杏是特别珍贵的。因为诗人一开始想，园主人你不把你的苍苔给我看，但是你的红杏跑出来了。我觉得这里就体现了红杏的珍贵！也有一点深沉的风趣在里面，你不给我看西瓜，我却看到了金子！

师：孩子，你是不是惊叹到下面的老师了？有一点风趣的红杏，"春色满园关不住，一枝红杏出墙来"，有趣的一枝红杏。

师：前边有同学说一枝红杏引发我们想象满园春色，如果把"一枝"改为"数枝"，大家读一下，看好不好？

专家评点：这个启发太好了，一枝是最少的，少得不能再少了，但是引起的联想却是无限的"满园"。

生：春色满园关不住，数枝红杏出墙来。

师：改成"一树"，读一读。

生：春色满园关不住，一树红杏出墙来。

师：改成"好多"，读一读。

生：春色满园关不住，好多红杏出墙来。

师：可不可以？哈哈，迫不及待了，你来说。

生：如果是改成"数枝"，就没有看到一枝的时候那么惊喜，那么激动，没有那种盎然的兴奋，就体现不出春天的弥足珍贵。

生：改成"好多好多"，就显得红杏俗。如果只有一枝的话，就有一枝独秀的感觉。

生："好多好多"，让人没有想象的空间和余地，一枝的话就会让人想得更多一点。

生：一枝红杏，更可以发现它的美。因为我们只有一枝可看，通过这一枝，我们更加发现红杏的饱满，红杏的颜色，红杏的姿态，我们能更好地观赏这枝红杏，更能想象园子里面的春色。

师：一枝红杏，就可以把我们的情绪都集中到那里去。我们可以调动所有的感觉器官，去看这枝红杏，去听这枝红杏。只有聚焦，才会有艺术的生命力。好多红杏就反而让我们觉得比较平淡，就没有什么想象的空间了。正如一鳞半爪，可以激发我们去想象一条龙。如果龙的全样我们都看到了，想象的空间就没有了。所以一枝红杏可以触发我们很多的想象，好多好多红杏，还想什么呢？在想象的世界里面，有特征的少就是珍贵的，在触发想象方面，少就是——

生：少就是多的。

师：有个性的，有特征的，能够聚焦我们全部审美的经验和情绪的，才可能具有强大的号召力、触发力。少，就是多，"一枝"和"满园"形成鲜明的对比，对吧？我觉得关于这一个问题，说的差不多了，回到前面那个问题，这是一枝怎样的红杏？

专家评点：这里把"一枝"和"满园"对立起来分析，真正抓住了要害。从极少到极多。这是诗人的想象瞬间触动，改成"一树"，或者改成"万千"红杏，都不如"一枝"能够表现诗人微妙的情感转折。

建议，引用唐人齐己的诗，让学生比较。

课例1 当遭遇"久不开"的时候
——《游园不值》

前村深雪里,昨夜数枝开。

据《唐才子传》记载,唐人齐己曾以律诗《早梅》求教于郑谷,诗的第二联原为"前村深雪里,昨夜数枝开。"郑谷读后说:"'数枝'非'早'也,未若'一枝'佳。"齐己深为佩服,便将"数枝"改为"一枝",并称郑谷为"一字师"。

生:这是一枝非常古灵精怪的红杏,红杏精灵,某种意义上说,园主人是红杏的主人。主人不想见叶绍翁,但是红杏却不听主人的意愿,突出重围,出墙去看。叶绍翁觉得它还非常古灵精怪,很调皮。

师:好,古灵精怪!

生:我觉得这是一枝追求自由和新事物的红杏。

师:追求自由,还有新事物?说来听听。

生:因为它的园主人把这一枝红杏关在园子里面。

师:嗯,联系这个"关"字,你就解读出这可能是一枝追求自由的红杏。

生:这枝红杏有自己的想法,它想伸出墙外,想看一看外面的世界,所以我觉得它是一枝追求自由和新事物的红杏。

师:好。联系"关"和"出",我们能够解读出自由,很好。还跟大家说一句,其实后来这两句诗获得了普遍的意义,有了哲理的意味,美好的新生事物,我们是阻遏不住的。

生:我们组有一个观点:就是这枝红杏是一枝不拘束缚的红杏。我个人认为园主人用灰墙将这满园春色关起来,其实是一种不那么明智的行为!老旧的灰墙不能与红杏的生命力抗衡。所以,我觉得这枝红杏是敢于冲破自己的红杏。

师:你刚才说克服束缚,跟前面的向往自由就有相通之处。你刚才还说到了一个词,它是有着"生命力"的。你是怎么想象着说出"生命力"这个词的?

生:因为我在想,如果有一堵围墙,把红杏整个视线、生长空间,还有其他的一切条件都束缚起来的情况下,你还有生命力,还有勇气去探出来,这就是很可贵的了。

师：听明白了没有？"关"，我们平时关的都是什么？小猪、小狗、小马，还有你们这些小孩子。但是，把门一开，你们就冲出去了。你们特别有活力，特别有力气。

生：其实我有一个跟大家不太一样的角度。我觉得这枝红杏，可能也就是一枝普通的红杏。不过是我们人的情感，赋予了这枝红杏不一样的意义。

师：你发现了艺术的一个重要的秘密或者是一个创作的重要的秘密。这可能就是一枝普普通通的红杏，谁让它变得不普通？

生（自由回答）：诗人。

师：大家看我们刚才从几个角度说了很多。我们怎么理解出来的？归结一下：因为"关"，我们觉得这红杏是善解人意的，是体贴的；因为"关"，我们觉得红杏是调皮的；因为"关"我们觉得红杏是很有活力的。另外，前面你们说到一枝红杏，引人遐想，这也是抓住了三、四句的关系来谈的。刚才这个同学还说到一点也重要，原本是一枝普通的红杏，是诗人让它变得不同，是叶绍翁让这一枝红杏格外特别！红杏与围墙、与诗人、与读者，都是思考的一些角度。

师：接下来看另外一位大诗人的一句诗，我们一起读一下陆游的句子。

（屏显）

杨柳不遮春色断，一枝红杏出墙头。

艳丽？充满活力？善解人意？

师：刚才我们用这些词，解读叶绍翁的红杏。当然"艳丽"这个词大家没有直接用到。这三个词可以用来解读陆游的句子吗？

生：首先，"善解人意"就不行。因为之前的红杏是出墙去迎接诗人，我们可以从这里体会到善解人意，而这一句并没有体现。

师：也就是说，有"久不开"这个背景，有小失落，才谈得上红杏善解人意。

生："艳丽"这个词也不行。因为他这里说的是"春色断"，一片原野，是姹紫嫣红的景象，而一枝红杏就没有什么，它也就不是艳丽的。

师：你等一下，这里有点儿意思。说红杏是艳丽的，原本是没有问题

课例1　当遭遇"久不开"的时候
——《游园不值》

的。但是你发现，有了连绵春色这一背景，说红杏艳丽，就不那么合适了。大家体会一下，有道理没有？

生： 在特别有活力、生机勃勃的场景中，一枝红杏的艳丽就不是特别突出。

师： 好，你说一下这是什么道理？

生： 像你电视看久了，就会觉得电视很无聊一样。你春色看久了，你也会觉得春色很无聊，这是一种视觉疲劳的现象。

生： 之前的红杏，它在一片灰白的墙上，然后一枝红杏、一抹鲜红迸发出来，它就会形成一种视觉的冲击感，会有一种非常鲜明的感觉。

师： 形成视觉的冲击感，红杏的形象显得非常的鲜明，因为它有一个背景，可能是灰白的墙，对不对？它的颜色不复杂，比较纯净，所以给红杏就提供了一个非常好的背景。

生： 这一个"杨柳不遮春色断"，已经是春色体现了，已经是生机勃勃了，再一枝红杏，可能就不会有那么明显的一种对比感。

师： 说得非常好。我原来还以为"艳丽"这个词形容陆诗中的红杏还可以。你们却发现没有叶绍翁那枝红杏艳丽。你们很了不起。"充满活力"这个词——

生： 我觉得也不对，因为《游园不值》里他写的是"关不住"，而这里他写的是"不遮"，就像是这一群杨柳在为他让道一样。所以红杏自身不像是那么有活力，像一个娇弱的美人，自己就这么颤巍巍地立在那。

师： 你就觉得陆游的红杏好像弱一点，力量不是那么强。由哪个字看出来的？"不遮"，遮一下，没遮住那个事物。红杏只不过是露出来了。而叶绍翁的红杏，前面是说把它"关"起来，你要突破"关"，就需要有力气。所以叶绍翁的红杏特别充满活力，而陆游的这枝红杏就只能说有点活力。其实陆游的作品也是很好的。但要说最独特，最特别的红杏，还是叶绍翁这一枝。它让我们体会到盎然的诗意，生命的活力。是最动人的一枝，引出我们无限美好的遐想。

专家评点： 老师的比较方法用得很自觉，很彻底，看来是有理论自觉的。从方法论来说，审美价值高低的品味，仅仅在一首诗中孤立地进行，是很难深化的，最好的办法，就是比较。从某种意义上万物皆有可比性，比较是无限可能的，但是，比较的最基本的出发点乃是不同事物之间的可比性。同类可比性是现成的，因而多用；异类之比较可比性不是现成的，因而需要很高的抽象度。故一般教学研究多用同类比较。老师在这里以红杏为类，分析其不同语言审美效果之异同，现场感性效果很显著。

这样的教学设计，对一线老师当有相当的启发性。有些老师有时也不时运用比较方法。但是，水平参差不齐。这是由于在理论上缺乏自觉。鲁迅在《不该那样写》中说过：一般大作家的经典之作，都在显示应该这样写，这样写是好的。但是，光知道应该这样写，还是不能真正理解如何写得好，必须知道，不应该那样写，那样写不好的。才可能彻底理解应该如何写。老师这样反复运用比较方法，说明对于把比较作为基本方法，老师在理论上成竹在胸。

一般老师对王先生的课程记录感到精彩是不难的，但是真正理解其精彩的缘由，却是需要从方法论高度去获得启发。

（屏显）

小结三

诗意：生命的力；最动人的一枝；引逗着无限美好。

五、总结：红杏与诗人相互照亮

师：我们今天的学习，我觉得非常愉快。我想请同学们一起把这首诗，再读一遍，带着我们刚才种种丰富的感受和体验来读它。

（屏显）

游园不值

［宋］叶绍翁

应怜屐齿印苍苔，小扣柴扉久不开。
春色满园关不住，一枝红杏出墙来。

（生齐声诵读）

师：好的。游园不值，游园不遇，但我们又觉得，其实诗人遇到了很多，发现了很多，特别是发现了那一枝红杏。这一枝红杏，让平常的日子变得不同，它照亮了某个下午或者是清晨，也照亮了那一个简陋的园子。我们也可以说，红杏照亮了诗人自己；其实还可以说，是诗人照亮了一枝红杏。诗人活泼的精神，丰富的情感，自由的想象，滋养了这一枝红杏。

（屏显）

一枝红杏，照亮了诗人；

诗人，照亮了一枝红杏。

师： 叶绍翁对园主人的那种理解和体贴，发现的兴奋和欢喜，才让这一枝红杏熠熠生辉；一个丰富的，有趣的，美好的叶绍翁，才让这一枝红杏熠熠生辉。生活其实大多很平常，但一个灵魂美好和情感丰富的人，就会让平常变成诗，诗意盎然。下课，再见。

生： 谢谢老师，老师再见。

师： 谢谢同学们。

教学反思

让诗歌意义流动起来

——《游园不值》教学反思

一

诗歌教学，应该让诗歌意义流动起来。这样说，基于一个前提、一种追求。

一个前提，我觉得一首好诗就是一个活人。

这不单指诗的背后有一个情感和精神非常丰富活泼的诗人。诗歌本身是一个生命体。中国文论里边有一个观点，叫文以气为主。其实人有气，人才可以活。文有气，文才可以活。天地赋气，生人；诗人赋气，生诗歌。诗人是将自己的生命，将自己的精神，将自己的意志倾注到他的篇章里面去。好的作品，总应该是气韵生动的。

好的诗歌，就是一个以语言形式存在的、气韵生动的生命体。这是一个认识前提。

一种追求，知识人格化，丰富的意义生长。

让诗歌文本本身的意义充分地释放出来，老师和学生的经验，变得越来越丰富，变得越来越深刻，变得越来越精致，这就是我所谓的意义生长。形象一点描述就是，我们学完一首诗，这首诗变得不同了，学习者变得不同了。今天教学《游园不值》，我有这样一个期待，通过学习，我们觉得《游园不值》原来是这样呀，每一个学生，也包括我自己的生命也有一些不同。

基于这样的前提和追求，我主张要在还原创作情境和过程中生发意义。这一主张颇受孙绍振老先生的启发，也是我多年教学实践的感悟。新课程也有一个重要理念，即应该帮助学生经历知识发生的关键过程。语文教学，则应该帮助学生尽可能地理解文本发生的过程。

每一个文本，其实都是一个结果，一个看起来静态的结果。所以，有时候我们拿着文本没有办法。可行的路径就是，还原到作家创作这一文本的具体情境和过程当中去。在源头上理解人，在源头上理解作品。这样，人和作品的意义就可能充分地释放。还原情境和过程，最终的目的是什么呢？是人的还原和创造。《游园不值》的教学，就是希望还原在具体的时间、具体的地点中的具体的叶绍翁，也可以讲是要创造在具体的时间、具体的地点中的叶绍翁。

在还原和创造的过程当中，找寻生活和艺术的逻辑起点非常重要。

《游园不值》，生活和艺术的起点在哪里？"久不开"。生活中对"久不开"这样一件事情的处理，反映一个人的性情。在创作的时候，怎么处理"久不开"，反映一个作家的艺术才情。要还原到一个逻辑起点上面，在这个起点上去看作家的性情和才情，去看作家的艺术创造的个性。所以整个教学，就是在体会叶绍翁是怎么解释"久不开"的，体会叶绍翁在"久不开"的情况下，发现一枝红杏时刹那的情绪波动。学段更高的孩子，可以尝试梳理生活的本来结构，即"小扣柴扉久不开，揣想是'应怜屐齿印苍苔'，忽然发现'一枝红杏出墙来'，感悟到'春色满园关不住'"，对比现在叶绍翁的创作，辨析生活结构和艺术结构的差异，更好地懂得诗歌之妙。

课例1 当遭遇"久不开"的时候
——《游园不值》

还原情境和起点的同时,在词句关系中、在文本结构中生发意义。

意义总是蕴含和生长在关系中。有机的词句关系,形成生命化的文本结构,形成生命化的文本组织,诗歌文本尤其如此。

不能破碎地、孤立地解读词句。要引导学生"连",关注词句的"左顾右盼",引导学生"浸",依据直觉和想象,种种自身的生命经验和情感,把诗歌的味道给浸泡出来。

抓住关系和结构,抓住意脉,抓意象群,诗歌文本才会是通体生动的。抓住意脉,诗歌就会通体生动,就会意象明而意境成,而意义生。

"关不住"是意脉的关键点。诗歌最关键的意脉变化是,"久不开",然后却发现了"一枝红杏出墙来"。第三句的"关不住",在结构上是如此重要。"久不开",就是"关",关门,关苍苔,关住了人不让人进来,关住了春色不让春色出来。所以"关不住"既和前文"久不开"暗含的"关"的意思勾连,又呼应后文一枝红杏的"出墙来"。其实恰是"一枝红杏出墙来"使诗人体会到"满园春色关不住"。再细细品味,"关苍苔""关人"而"关春色",这是想象的飞跃。"春色满园"意味着力量的蓄积,"春色满园"和"满园春色"不一样,"满园春色"是静态的描述,"春色满园"是蓄积着力量的,"春色满园"四字一出,就逼出了"关不住",又引发出后边的"出墙来"。所以,这一个"关不住"是意脉最重要的一个变化点,真真"顾盼生辉",它和"久不开"一样,成为《游园不值》最重要的结构要点。这样两个要点就支撑起了整个艺术结构。

孙绍振先生指出绝句的变化关键在第三句。我的徒弟王迎说,其实是诗人在刹那之间的一段情绪,一段情绪的波动,需要找到一个恰切的结构,需要在第三句的时候发生变化。

以还原情境、体会意脉为基本功夫,展开结构化教学。环节一:请结合"一般人"可能的表现,来谈谈"应怜屐齿印苍苔,小扣柴扉久不开"中诗人的情绪态度。环节二:体会"春色满园关不住,一枝红杏出墙来"中诗人的情绪变化。环节三:讨论这一枝红杏的丰富。教学内容的有机组织和过程的逻辑展开,才有利于学生接受,有利于学生认知结构的优化,有利于整全的意义的生长。

在这一过程中，展开师、生、文本的生动对话。比如"一枝怎样的红杏"，话题很普通，很平常，但其实是个颇具结构感的教学话题，能以少统多，能引导学生从多个角度体会红杏的特点，比如从围墙的角度理解红杏，从满园春色的角度理解红杏，从"关—出"的角度理解红杏，从"满园"的角度理解红杏，从红杏之于诗人的角度理解红杏，从诗人之于红杏的角度理解红杏等等。课堂上，生成了很多精彩的见解，不乏让人兴奋、惊喜的见解。调皮可爱的、古灵精怪的红杏，充满活力的红杏，热情的、善良的、善解人意的红杏，独秀的红杏，独特的红杏，特别引人注意的红杏，摆脱束缚、敢于突破自己、追求自由的红杏，引人遐想的红杏，一把钥匙一样启迪心灵、开启诗人想象空间的红杏……很难想象，这些竟然是初中生、小学生探讨出来的。有两处，尤其震撼了我："原本普通但被诗人赋予情感意义的红杏"，这有创作论的高度了；"一把钥匙一样启迪心灵、开启诗人想象空间的红杏"，从来没有人这么阐释这枝红杏，新奇又贴切。师生和文本，相互激发，生成如此丰富的见解，生成如此丰富的意义。

有价值的对话，需要设计有思维挑战的问题或话题。我的教学设计，都基于学情的研究，一般都注重突破学生的疑难和困惑。"应怜屐齿印苍苔"，学生似知而不知，"应怜屐齿印苍苔"中看得出叶绍翁对"久不开"的态度么？问题有价值、有难度，这个比从"小扣柴扉久不开"看叶绍翁的情绪和态度难多了。体贴、理解、疼爱、怜惜、调侃、打趣等，正是这个句子可能具有的丰富意味。再如将陆游的"杨柳不遮春色断，一枝红杏出墙头"与"春色满园关不住，一枝红杏出墙来"比较，也有难度，学生的一些见解也令人惊叹。比如学生认为，陆诗，在一派盎然春意背景下，一枝红杏反不那么突出；叶诗呢，"在一片灰白的墙上，然后一枝红杏，一抹鲜红迸发出来，它就会形成一种视觉的冲击感，会有一种非常鲜明的感觉"。我真为学生的才华倾倒！所谓对话，不就应该是有一些新鲜的、有价值的东西启发了你吗！

二

在第二届全国诗词教学大会上执教《游园不值》，得到孙老的精彩课评，很激动、很快乐、很喜欢、很亲切。领略孙老超卓的眼光，精深的功底，专

课例1　当遭遇"久不开"的时候
——《游园不值》

业的指点，涌起熟悉的感受，那是约二十年来常读孙老的书和论文的感受：厉害，对味，受用！譬如，我和学生讨论《游园不值》想象的飞跃，引李白"且就洞庭赊月色，将船买酒白云边"补充说明之。孙老这样评：

  学生分析出"赊月色"，由虚而实，王先生从理论上作了虚实相生的提升，加上李白一点"浪漫"，也到位。最好再回到叶绍翁的《游园不值》，它的意脉很微妙，没有李白那样豪迈，那样浪漫。说出风格的区别来，就更精彩了。

真让人叹赏久之。

课评中，孙老有很多的赞誉，有四点建议，这都是对后辈的鼓励与指导。读孙老书这么多年，现在有机会得到孙老一对一的指导，幸何如之。我反复品读，受用很多。当中有一小点，我理解得还不是很透彻。

学生谈到，因为喜爱苍苔而不开门，这是园主人的主动选择。我给予了充分肯定。对此，如孙老所说，认可学生时"可能说得太绝对了"，并且对"怜惜苍苔这一意象""纠缠太多了"。我觉得孙老感受是敏锐的，特别是"纠缠太多了"。相关联的，孙老觉得，"明知朋友敲门甚久，就是不开，把苍苔看得比朋友还重要。这是不是背离了起码的朋友之道？诗的意境是不是遭到破坏？"

这一点，我想再请教。我的想法的理论依据，恰还是孙老的思想，即现实逻辑和情感逻辑。

首先，这是叶绍翁的有趣的想象，是一种自得其乐的调侃，并非现实的原因分析。如果一般人，完全依照现实逻辑，对不开门的原因的推测，可能就是，主人不在家吧，等等，这就没什么诗味了。也可能推测，主人是太爱清静了，所以不开门，这就有点味道了。叶绍翁呢，完全超越了现实，他打趣，"是因为爱苍苔，心疼屐齿印坏了苍苔吧"。这不是对不开门之事实的现实的判断，而是审美的想象，遵循的是情感的逻辑，表现了某一刹那一种对生活诗化的感受。

我们是在解读叶绍翁诗意的想象，不是解读园主人不开门的现实的、真实的理由。

其次，园主人有没有一点可能，是真的太喜爱苍苔而不开门呢？

也还是有可能的。这先要看"不值"怎么理解，是必须有约在先而不遇，才叫不值，还是兴起寻访，不入其园，不见主人，也可以叫不值？"值"是"碰到""逢着"的意思，比如，"荀巨伯远看友人疾，值胡贼攻郡"。这里，荀巨伯就不会先约着胡贼，是偶然逢着的。

如果后一种理解成立，那么园主人并无邀约，又癖好苍苔，性喜清净，所以不开门，也是有可能的。这样的园主人，隐逸之士，风雅之士，持一种别致的、精微的生活态度，过的是一种审美的生活。这样的人，可能会和叶绍翁是同道人。

当然，园主人也可能完全不是这样的人，这不重要，重要的，是叶绍翁是怎样的人。读此诗第一、二句，重要的，是想象叶绍翁的想象，推测叶绍翁的推测，而读出叶绍翁是怎样的人。

后来，我将这些想法报告孙老，再次请教。孙老回复说：

诗无达诂，贵在入境。诸家众说，自成一体，引人入境者为上。王先生别出心裁，虽与吾说有异，颇有新意，奇趣共赏。遥致同行敬意。

感谢孙老的指导！"引人入境者为上"，是也是也。依据文本，体察诗心，能有些"新意"这也就是应该追求的意义生长吧。

专家评点

课脉随文脉搏动

孙绍振

（具体内容，见"教学实录"版块随文"专家评点"）

（孙绍振，福建师范大学文学院教授、博士生导师，中国文艺理论学会副会长）

课例 2

一条大河波浪宽么

——《泊船瓜洲》（统编语文六下"古诗词诵读"）

教学设计

一条大河波浪宽么

——《泊船瓜洲》教学设计

教学目的

1. 朗读、背诵诗歌。

2. 通过朗读、比较、讨论，引导学生感受王安石隐藏在"一水间""只隔""又绿"等词语中的深沉的情感。

3. 通过引入不同的资料，深入理解"绿"字的形象性、情感性。

教学重点

品长江之"窄"，析春风之"绿"。

教学难点

引导学生发现诗人创作的秘密，即诗人情感对现实世界的变形力。

教学时间

1课时。

教学过程

一、导入新课

1.出示王安石的生平资料，加粗提示日期，明确今天上课的特殊意义——王安石今天生日，他一千岁了。

（屏显）

王安石（1021年12月18日—1086年5月21日），北宋著名的思想家、政治家、文学家、改革家。

2.学生自由读诗歌一遍。

（屏显）

泊船瓜洲

［宋］王安石

京口瓜洲一水间，钟山只隔数重山。

春风又绿江南岸，明月何时照我还。

3.通过自由朗读，你读懂了什么？你还有什么不懂的地方？引导学生自由而充分地发言。

二、整体感知诗歌

1.思考讨论：诗人泊船于瓜洲，有啥心事呢？

明确：明月何时照我还。

2.学生默读诗歌，画出诗歌提到的几个地名。

3.学生在本子上画一画长江和几个地名的位置关系。同时老师在黑板画一条河道，让学生上黑板标出几个地点的位置，引导学生充分说说这样标记的理由。

4.诗人泊船于瓜洲，主要的心事是想回家，那么，前面三句的意义和作用何在？

先讨论一、二句。难点在第一句的"一水间"，可借助第二句的"只隔"理解第一句。

然后讨论第三句。

此处学生只需大致聊一聊，相机推进教学。

三、辨析远近难易

1.理解"钟山只隔数重山"，让学生读一读，说一说自己想重读的词语。

预设：

应该重读"只"，写出距离近；

课例2　一条大河波浪宽么
——《泊船瓜洲》

可不可以重读"数"呢?"数重"的含义,到底是几重还是多重?

明确:瓜洲离家挺近的,回家挺容易。

2.理解"京口瓜洲一水间"的"间"字的意味。

(1)"间"字怎么读?

(屏显)

京口瓜洲一水间(jiàn)

京口瓜洲一水间(jiān)

老师提供判断标准"在诗意上通不通,在平仄上合不合",引导学生判断。

预设:

读jiān。

理由一:从平仄上看,首句三连仄收尾,不合适。(该班学生对诗歌平仄有一定认识)

理由二:从诗意上,读第一声和第四声都通。读第一声呢,"一水间",大意就是一水的间距而已,是窄窄的一条水。读第四声呢,"隔着",尚可。

(2)从诗意理解,为什么"一水间"强调江水是"窄窄的"?

(3)从"间"字造字来理解。

(屏显)

(4)引入资料,帮助理解"一水间"的距离之近。

(屏显)

河汉清且浅,相去复几许!

盈盈一水间,脉脉不得语。

明确:这"一水"是窄窄的,挺容易过去的。

3. 制造矛盾：这"水"，诗歌中指长江。那长江，到底是窄还是宽呢？

（屏显）

潮平两岸阔，风正一帆悬。

——［唐］王湾《次北固山下》

北固山，在镇江（即京口）北。据记载，唐时，此处江面宽约20公里。

明确：现实的长江，是宽的；而王安石此刻心中的长江，是窄的。诗人极为思念家乡，总想着回去，所以觉得近；在泊船瓜洲的时候，举头南望，他的目光，总在家乡和瓜洲之间来来回回地流连，也觉得家乡并不遥远。

4. 小结：诗人写作的秘密。

诗人总是写他感受到的生活；诗人的情感，让生活发生变异。长江水面是宽阔的，而钟山与京口的距离，实际也比较遥远。古时候不比现在交通发达，过水翻山并不容易，可诗人却说得似乎不费吹灰之力。

四、品"绿"之精妙

1. 初品"绿"。

"春风又绿江南岸"历来为人传诵，尤其是"绿"字。关于这个字，有这样的记载。

（屏显）

王荆公绝句云："京口瓜洲一水间，钟山只隔数重山。春风又绿江南岸，明月何时照我还？"吴中士人家藏其草，初云"又到江南岸"，圈去"到"字，注曰"不好"，改为"过"；复圈去而改为"入"，旋改为"满"；凡如是十许字，始定为"绿"。

——［南宋］洪迈《容斋续笔》卷八

这个"绿"字到底好在哪里呢？

预设：色彩鲜明，写出了动态变化之感，写出了江南无边光景一时新的勃勃气象。春风是一双温柔手，她在抚摸着江南大地。

2. "绿"字也平常。

（屏显）

钱钟书在《宋诗选注》说道：但"绿"字这种用法在唐诗中早见而亦屡

课例2 一条大河波浪宽么
——《泊船瓜洲》

见。丘为《题农父庐舍》的"东风何时至？已绿湖上山"；李白的"东风已绿瀛洲草"；常建的"主人山门绿"。

3.在语境中辨析"绿"字之好。

（1）"春风又绿江南岸"和"明月何时照我还"有啥关系？

预设：家乡的美好，召唤着、吸引着诗人回去。

（2）我们想象一下，王安石在草稿纸上修改这个字的时候，眼前会浮现什么样的江南之景？你能够用古诗文来回答吗？引导学生自己回答江南美景的诗句，教师拓展，引导学生声情并茂地朗读。

（屏显）

书湖阴先生壁

［宋］王安石

茅檐长扫净无苔，花木成畦手自栽。
一水护田将绿绕，两山排闼送青来。

钟山即事

［宋］王安石

涧水无声绕竹流，竹西花草弄春柔。
茅檐相对坐终日，一鸟不鸣山更幽。

（屏显）

春晚绿野秀，岩高白云屯。——［东晋］谢灵运《入彭蠡湖口》

千里莺啼绿映红，水村山郭酒旗风。——［唐］杜牧《江南村绝句》

长江春水绿堪染，莲叶出水大如钱。——［唐］张籍《春别曲》

（3）"绿"与"又绿"的区别。

明确：又是一年春好处，又是一年芳草绿，又是一年相别离，又是一年不在家乡，又是一年不和那些美景、那些好朋友在一起啊。时序更迭，又过去一年，人又老了一岁。绿，又绿，江南的明媚美好和远离家乡的伤感，以及年华老去的惆怅，交织在一起，才体现出这个句子的动人力量。

（4）联系时代背景理解"又绿"。

这首诗究竟写于何时，难以完全确定。

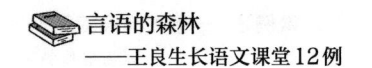

（屏显）

王安石主要从政经历

熙宁二年（1069），任参知政事，次年拜相，主持变法。因守旧派反对，熙宁七年（1074）罢相。一年后，熙宁八年（1075），被宋神宗再次起用。旋又罢相，退居江宁。

一般认为，这首诗写于熙宁八年（1075）二月，正是王安石第二次拜相进京之时。王安石时年55岁。

讨论、明确： 如果这首诗确实是写于王安石第二次拜相进京之时，那么，我们大约可以体会诗歌末两句意蕴的丰厚。家乡的明媚美好，对家乡的眷恋思念，对年华老去的伤感，对未来政治事业的担忧，都是有的。所以"春风又绿江南岸"，"绿"字之所以好，不仅仅是描摹景物的生动鲜明，更在于这深沉的、动人的情感力量。

五、结课

家和故乡，总在召唤游子。人生不过居家、出门和回家三件事。我们害着一种灵魂的思家病。纵然是峭拔孤直、"虽千万人，吾往矣"的王安石，也是这样。在他心里，长江窄窄的，回钟山不过分分钟的事。人老了，家乡的春天真美呀，回家吧，回家吧。王安石的春风，绿了江南九百多次了。钟山的那轮明月，你应该还记得那天晚上，瓜洲渡口，一个中年男人对你的深情凝望和殷勤询问吧。

板书设计：

泊船瓜洲

王安石

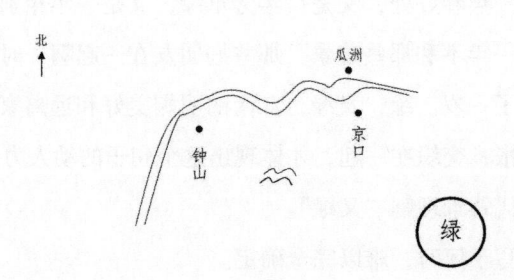

课例2　一条大河波浪宽么
　　　　——《泊船瓜洲》

教学实录

身在瓜洲渡，心向江南行

——《泊船瓜洲》教学实录

上课学生：诺贝尔摇篮达德小学六年级学生

一、为什么今天学这首诗呢？

师：孩子们好！给你们这么大的孩子上课，我又期待又好奇，课上会发生一些什么有趣的事呢？我们今天要学习的《泊船瓜洲》，作者是王安石。看看屏幕，想一想，我们为什么选择在今天学习这首诗呢？

（屏显）

王安石（1021年12月18日—1086年5月21日），北宋著名的思想家、政治家、文学家、改革家。

生：今天是王安石诞辰一千周年。

师：今天确实是一个特别的日子，今天是王安石一千岁的生日。我们以前看一些旧的小说、戏曲，会说到千岁大人。王安石今天就是千岁大人了。先请一位同学，将这首诗朗读一遍。哪位同学来？

（指名一生朗读）

师：读得挺好的，我们可以给他一点掌声。这首诗其实不太好读，你能够读成这样，挺了不起的。

二、小朋友们读懂了多少呢？

师：我们再看一看诗歌，想一想，你读到了什么？懂得了什么？还有哪些是你不懂的？

生：京口、瓜洲是什么意思？

师：不急，待会你会知道的。

生：我不知道"春风"是什么意思。

师：春风呀，你其实还是知道的，我猜，你是想问春风这个词写出了啥味道，是吧？

师：老师也有一个问题。读诗歌，要特别注意标题，"泊船瓜洲"的"泊"是啥意思？

生：停泊。泊船就是停船。

师：把船停在水边、渡口。我们再朗读一遍，想一想，王安石那天晚上把船停在瓜洲，想了些啥，做了些啥？

（生自由读）

生：他把船停泊在瓜洲，看见远处风景很漂亮，想写一首诗。

师：停船的时候就想写一首诗，有趣。

生：我认为此时王安石正在思念一个地方。

师：先看第一个同学的回答。他说得有趣，一泊船就想作诗。这可能是漂泊在外的旅人的一个习惯。回忆回忆，我们有没有学过这种跟泊船有关的诗歌？

生：《枫桥夜泊》。

师：张继一停船，就写了《枫桥夜泊》，就经典永流传啊！我们一起背诵一遍。《枫桥夜泊》，唐，张继——

生：月落乌啼霜满天，江枫渔火对愁眠。姑苏城外寒山寺，夜半钟声到客船。

师：与泊船有关的诗歌，还有孟浩然的《宿建德江》。

生：移舟泊烟渚，日暮客愁新。野旷天低树，江清月近人。

师：有一个叫苏舜钦的诗人，他一停船也写诗："夜泊孤舟古祠下，满川风雨看潮生。"没有听懂？不要紧，将来还可以去读。还有一个同学们比较熟悉的，就是杜甫，他看到别人停船，他也要写两句。谁记得吗？

生：窗含西岭千秋雪，门泊东吴万里船。

师：将来你还会读到杜甫的《旅夜书怀》，读到其中"星垂平野阔，月涌大江流"这样的名句。所以，孩子，我觉得你真的是有一个非常了不起的发现——中国古人在旅途中一停船，肯定要写诗。大概常年漂泊在外，船停

课例2　一条大河波浪宽么
——《泊船瓜洲》

泊靠岸的时候，特别能够触发一些心事，就有写诗的想法了。后面那位男同学，你刚才说王安石在想念、在思念某处。那，是思念哪一处？

生：家乡。

师：你从哪里看出来的？

生：明月何时照我还。还，就是回到家乡的意思。

师：王安石的家乡是哪里？用诗歌中的地点回答。

生：京口。

生：钟山。

师：王安石的家乡到底是哪里呢？我们首先要理一理这些地点的位置关系。首先我们看到船停泊的这一条水，是什么水？

生：瓜洲。

师：瓜洲是一个古渡口。瓜洲这个地方可不得了，是一个人们到这里就想要写诗的地方。"汴水流，泗水流，流到瓜洲古渡头，吴山点点愁。"读过吗？"流到瓜洲古渡头"，所以瓜洲是个渡口，它不是江水。

生：这条水是长江。

师：是的。我来画一个长江的示意图，你们也在自己的本子上画一画。找到你们刚才说到的几个地点，京口，瓜洲，还有钟山，想一想它们的位置关系。你们要读诗歌，根据诗歌句子的意思，辨析判断几个地点之间的关系。

（生画示意图）

师：根据上北下南的方位，判断一下你们的位置标对了没有。我请一个同学上黑板来画，其他同学看。

（一生上黑板画，把"京口"画在江水之北，把"瓜洲"画在江水之南，还标了一个"江南岸"）

师：你们觉得他画得怎么样？

生：我觉得瓜洲是在南面的。

生：我认为江南岸不是一个具体的地名，所以，写江南岸的地方，我觉得应该改成钟山。

师：瓜洲到底应该画在江南还是江北？

生：瓜洲在南面，京口在北面。

生：我的意见相反，京口在南面，瓜洲在北面。

师：孩子们，我们先来看，哪个地方才是王安石心里认为的故乡？

生：钟山。

师：如果钟山是他的故乡，他的故乡应该是在江北还是江南？

生：江南。

师：哪个地方告诉我们的？

生：春风又绿江南岸。

师：所以，我们在江的南岸标记钟山，是有道理的。接下来我们要注意标题，王安石泊船瓜洲，看对面的"江南岸"，说明瓜洲就在长江的——北岸。然后，他的目光似乎越过京口，越过数重山，看到了钟山。这样一来，这个位置关系就清楚了，也就是说王安石泊船长江之北的瓜洲，望着对面的京口，心里想的其实是比京口更远一点儿的家乡钟山。他不禁抬头向天问月，明月何时照我还？那他能不能很快回家呢？他的家，远不远呢？

生：嗯，不清楚……

三、距离家乡远还是近呢？回家乡容易还是不容易呢？

师：我们换个角度思考，你们觉得"钟山只隔数重山"这一句要朗读的话，应该怎么读？

生：钟山只隔数重山。

师：你想要特别强调一下哪个字？

生：隔。

生：钟山只隔数重山。

师：你想强调哪个字？

生："钟山"和"数重山"。

师：你为什么要这么强调？

生：因为钟山是他心里想的地方。

师：你为什么还要强调"数重山"？

课例2 一条大河波浪宽么
——《泊船瓜洲》

生：因为钟山隔了很多山，他想到那里去，路途很远，所以要强调。

师："数重山"是啥意思？

生：很多山。

师：你认为是很多山。这个问题要再想想。

生：我认为应这句话应该重读"只"字，钟山只隔数重山。

师：你重读"只"字是想表达什么？

生：没想好。

师：比方说，你做题目，只剩几道题了，是什么意思？

生：指很少。

师：这里没几道题了，很快就做完的。你要做的事情，不是一个很困难的事情。王安石说"钟山只隔数重山"，是讲回家这个事情困难还是不困难？

生：回家很简单。

师：回家很简单。"只隔"，表明回家容易，"只隔数重山"，"数重山"的意思就应该是"几座山"，山不多，回家才容易哦。为什么他要表达回家很容易呢？

生：我觉得他是想用以此来衬托自己不能回家的心情。

师：钟山只隔数重山，因为回家容易，但是却又不能够回家，所以就有点惆怅、有点忧伤了。我再问大家，你们觉得这条长江容易过，还是不容易过？

生：不容易过。

生：容易过。

（屏显）

京口瓜洲一水间（jiàn）

京口瓜洲一水间（jiān）

师：先来看，这个是读"jiàn"好还是"jiān"好？

生：读第一声好。

师：很好。同学们学过一些平仄的知识，应该知道首句三连仄收尾不合适。

师：你们觉得王安石认为长江是宽的还是窄的？

生：很窄的，只有一水的间距。

师：王安石为什么这么认为呢？

生：他很想回家。

师：想家的人心里，长江就是窄的。另外，"间"字，古人是怎么写的？我们看一看。

（屏显）

师：这个"间"字，看起来像什么？

生：门。

师：然后上面有一个这样的东西，像个什么？

生：像个月亮。

师：从门里面看到月亮，这个不管读四声还是读一声，它的意义都从这个意思出来，一条窄窄的缝隙。京口瓜洲一水间，京口和瓜洲之间，就是一条水的间距，只隔着窄窄的一条河。也就是说，他要到对面的京口去，是一件很容易的事情。如果本来隔得很远，不回去就算了，可这个明明很容易过去，从京口到我的家乡钟山，也只不过几座山而已，但是就是不能够去。真惆怅！这个理解我们还可以找另外一个例子证明一下。

（屏显）

盈盈一水间，脉脉不得语。

师：这是讲牛郎和织女的故事的。你们觉得这一条银河，是宽还是窄？

生：刚才分析了一水间的味道，所以，我觉得它应该是窄的。

师：我们的理解对不对呢？我们看看前面两句话，连起来读一下。

（屏显）

河汉清且浅，相去复几何？

课例2 一条大河波浪宽么
——《泊船瓜洲》

盈盈一水间，脉脉不得语。

师：银河边上一个牵牛星，一个织女星，诗人觉得这一条银河是窄窄的浅浅的，可是牛郎织女就是过不去，好遗憾啊。我们联系这样一个例子，可以说明我们对"京口瓜洲一水间"的理解，应该是正确的。说到这里，王老师有一个问题，京口到瓜洲之间的长江，在现实中，到底是宽还是窄？我们在王安石这里读到的是窄窄的，我们再看两句写长江的诗。读一读。

（屏显）

客路青山外，行舟绿水前。

潮平两岸阔，风正一帆悬。

师：好样的！你们读出了长江的气势。这是王湾的《次北固山下》。也是一停船，就写诗啊。你们知道北固山在哪里吗？跟我们今天学的诗歌里的一个地方有关系哦。

生：北固山在江南。

师：而且就在京口。京口就是今天的镇江，镇江有一座山叫北固山，北固山上有一座楼叫北固楼，北固楼上曾经有一个非常著名的男人。知道叫什么吗？

生：北固男。

师：哈哈！叫辛弃疾，他在这里写了几篇流传千古的词作，所以我说瓜洲和京口这样的地方，你来了以后不做点诗，你都对不起观众，对不起后人，对不起我们今天诺贝尔的小朋友啊。我们把王湾这两句诗再读一下。

生：潮平两岸阔，风正一帆悬。

师：这条河好宽阔的，对不对？《春江花月夜》里边也有这样的句子。

（屏显）

春江潮水连海平，海上明月共潮生。

师：有人认为张若虚写的就是这一带到出海口的长江，江面宽阔。

（屏显）

北固山，在镇江（即京口）北。据记载，唐时，此处江面宽约20公里。

师：真实的京口和瓜洲之间的距离，大约是20公里，可是王安石却把

043

它写得窄窄的，把这个距离看得很小，京口瓜洲一水间。长江在王湾笔下是"潮平两岸阔，风正一帆悬"，可是到了王安石那里就是窄窄的"一水间"，那么诗人不就有点瞎胡闹吗？

生：我觉得这个江本来很宽，但是在王安石的眼里却很窄。

师：真实的长江很宽，但王安石眼里的长江和心里的长江很窄，说得棒极了。我们说，王安石说"钟山只隔数重山"，你想想那时候王安石又没有开一辆什么奔驰、奥迪，要越过那几座山，你说容易吗？

生：不容易。

师：但是这点距离在心里呢？

生：很容易。

师：所以，真实的生活是一回事，诗人感受到的生活又是一回事。孩子们，我们今天就发现了诗人创作的一个小秘密：诗人写诗的时候一定是写在什么？

生：诗人写的应该都是自己的感受，而不是真实的生活。

师（惊喜地）：现实在诗人眼里就会发生一些变化，诗人总是写他感受到的生活。我觉得你们真是了不起的小学生，这么高深的理论，你们都总结出来了。

师：从瓜洲到京口，江水很宽，可是王安石却说只是"一水间"；从京口到钟山，就是今天的南京，也蛮远，他也轻飘飘地说只隔"数重山"。王安石把距离说短、说容易，都源于他特别想要回家，但是他又回不了家，透露出一股深深的怅惘。这两句诗我们就学到这里，我们再读一遍诗歌。

生：京口瓜洲一水间，钟山只隔数重山。春风又绿江南岸，明月何时照我还。

四、"绿"字究竟好在哪里呢？

师：品析"绿"字，是学习这首诗的规定动作。

（屏显）

王荆公绝句云："京口瓜洲一水间，钟山只隔数重山。春风又绿江南岸，明月何时照我还？"吴中士人家藏其草，初云"又到江南岸"，圈去"到"字，注曰"不好"，改为"过"；复圈去而改为"入"，旋改为"满"；凡如是

课例2 一条大河波浪宽么
——《泊船瓜洲》

十许字，始定为"绿"。

——［南宋］洪迈《容斋续笔》卷八

生：我觉得这个"绿"字好在形容得特别形象。

师：是什么东西显得很形象？

生：只要是春风吹到的地方，都嫩绿嫩绿的。

生："绿"让这句话变得更形象，更有深度，让一个本来平凡的句子，瞬间高深。

师：瞬间高深！很有喜剧性的回答。

生：大概是说春风将江南岸的那些草又变绿了，可他还是不能回家乡。

师：我们可以想象一下，春风又绿江南岸，这到底是什么景象？春天来了，草地嫩绿嫩绿的，一大片一大片满是的，树发芽了、开花了，所以这个句子确实形象鲜明，写出了春风给大地带来的变化，朱熹有一句诗叫——

生：无边光景一时新。

师：我觉得就可以用来形容"春风又绿江南岸"的味道。我们说这句诗写得非常好，但是也有人认为，这句诗其实也一般般哦。

（屏显）

钱钟书在《宋诗选注》说道：但"绿"字这种用法在唐诗中早见而亦屡见。丘为《题农父庐舍》的"东风何时至？已绿湖上山"；李白的"东风已绿瀛洲草"；常建的"主人山门绿"。

师：钱钟书说"绿"字这种用法，在唐诗中早见而且屡见。"屡见"是什么意思？

生：经常见。

师：你看他随便就举个例子："东风何时至？已绿湖上山。"似乎跟"春风又绿江南岸"用法和感觉差不多，它都是一个形容词做动词。但这些句子老师不跟你们说你们都不知道，而十个中国人，起码有九个人都知道"春风又绿江南岸"这句话。为什么呢？

生：春风又绿江南岸，表达了情感。

生：故乡，大片的草绿油油的，开花了，可能还有好朋友可以在一起，

045

约着出去玩一会,这样的故乡是美好的。

生：故乡是令人期待的。

师：是的，令人期待的，我们可以想象王安石在修改这个字的时候，他可能会想起故乡的许多景象，心里充满了美好的情感。王安石还这样写过他的故乡钟山，我们读一读。

（屏显）

书湖阴先生壁

［宋］王安石

茅檐长扫净无苔，花木成畦手自栽。

一水护田将绿绕，两山排闼送青来。

钟山即事

［宋］王安石

涧水无声绕竹流，竹西花草弄春柔。

茅檐相对坐终日，一鸟不鸣山更幽。

（生声情并茂诵读）

师：而江南，是这样的美丽啊，我们读——

（屏显）

春晚绿野秀，岩高白云屯。——［东晋］谢灵运《入彭蠡湖口》

千里莺啼绿映红，水村山郭酒旗风。——［唐］杜牧《江南村绝句》

长江春水绿堪染，莲叶出水大如钱。——［唐］张籍《春别曲》

师：你看，如此美好的故乡，充满期待的江南，可能就一直召唤着泊船瓜洲的王安石，使他特别想家。但是他却要离开家，又有一年不能在家乡了，又有一年不能够跟那些美好的景物、跟自己好朋友待在一块了，想到这里，他的情感就变得深沉和丰富起来。

师：我们还要联系这首诗的写作时间来考虑。

（屏显）

王安石主要从政经历

熙宁二年（1069），任参知政事，次年拜相，主持变法。因守旧派反对，熙宁七年（1074）罢相。一年后，熙宁八年（1075），被宋神宗再次起用。

课例2　一条大河波浪宽么
——《泊船瓜洲》

旋又罢相，退居江宁。

一般认为，这首诗写于熙宁八年（1075）二月，正是王安石第二次拜相进京之时。王安石时年55岁。

师：如果《泊船瓜洲》确实是写于王安石第二次拜相进京的时候，我们就会感觉"春风又绿江南岸"背后的情感，更复杂了。因为前面已经被排挤过一次，所以对第二次入朝作相主持政务，他可能内心是担忧的，对不对？所以这个句子里边，它就既有故乡景物的明媚美好、故乡对自己的召唤，也有自己对未来的担忧、自己回不去的忧愁等。此时的王安石，已经是55岁了，春风又一次吹遍大江两岸，也就意味着诗人的年龄又大了一岁，于是增添了一丝年华老去的惆怅。种种情绪夹杂在一起，引出来的最后一句话"明月何时照我还"，就格外动人，格外深沉。这一个"绿"字，它不仅仅表现了一种鲜明明媚的景象，尤其表达了诗人那个时候复杂深沉的情感，像春草一样茂盛，漫山遍野。

师：好，我们把最后两句再读一遍。

生：春风又绿江南岸，明月何时照我还。

师：有人说，人生其实也就只是居家、出门、回家这样三件事。回家，是人一生的大事。所以"虽千万人，吾往矣"的王安石，在政坛上叱咤风云的王安石，在朝廷中锐意改革的王安石，也不例外。泊船瓜洲的时候，他感受到的长江是窄窄的，从京口到钟山，也是很容易的。可自己年纪已大，此去朝堂又充满担忧，故乡的风物是那样的明媚美好，所以还没有到朝廷，就已经开始想回家了。这种深沉的情感，你们读懂了吗？

生：嗯，懂了。

师：孩子们，王安石的春风，在江南岸已经吹过1000次了，而且，还将继续吹拂着大地和我们的心。钟山的那一轮皎洁的明月，不知道是不是还记得当年泊船瓜洲的王安石，还记得这样一个中年男人对它的深情凝望和询问。我们再读一遍诗歌，再读一遍王安石的心情。《泊船瓜洲》，起——

（在生齐声诵读中下课）

教学反思

探寻小学生可能抵达的深广
——《泊船瓜洲》教学反思

在王安石一千岁生日的这一天，我给诺贝尔摇篮达德小学的孩子们上《泊船瓜洲》。作为一个长期在高中任教的老师，必然遇到的一个问题，就是如何把握教学设计的深和浅。

深入深出、雾里看花当然不妥，但浅入浅出、平面滑行也是对课堂的大不敬，浅入深出事实上也不可能。那深入浅出，便是相对来说的最优策略了。

深入浅出，不仅是教学策略，依我看，也是诗人至少是王安石创作《泊船瓜洲》的策略。

中国有很多明白晓畅而又意味悠长的经典好诗。如"举头望明月，低头思故乡""夜来风雨声，花落知多少""烽火连三月，家书抵万金"等。这些诗歌的广泛流传，实际上正得益于诗歌本身的语浅情深。诗人把细微的心思、复杂的情愫，通过千锤百炼，凝结成明白晓畅的诗作。《泊船瓜洲》正是这样一首典型的诗作。

设计这种语浅情深的诗歌教学，某种程度上，是先逆流而上，从浅语中

课例2　一条大河波浪宽么
——《泊船瓜洲》

品咂出深意,然后顺流而下,把深意浅浅托出,呈给学生。

因此,用孩子可以接受的、喜欢的方式,帮助孩子的思考更积极深入一些,体验更丰富立体些,体察王安石细微的心思,发现《泊船瓜洲》美好的诗意,便是我执教此课的追求。我设计了两个以思辨为核心指向的课堂活动,抵达目标。

其一,画一画,在活动中理解诗歌地点的关系。

教学设计中,我预估学生因为缺乏相关地理知识,而且受惯性思维影响,在整体思考不够的情况下,可能根据"京口瓜洲一水间,钟山只隔数重山"地名出现的顺序,将京口和瓜洲的位置搞反。我的教学策略是,引导学生关注标题"泊船瓜洲",琢磨"春风又绿江南岸,明月何时照我还",逐渐得出"瓜洲"在长江北岸的结论。如果对"京口""瓜洲""钟山"的位置关系模糊,不能说真正理解了诗歌的内在结构和情感脉络。教学过程中,我发现学生的确在京口和瓜洲的位置关系上搞不清楚。当然,教学设计的时候,我也可以以一幅地图直接抛出结论,但是,以一个简单的答案,取消问题思考的过程,对于培养学生的高阶思维来说,是不可取的。

其二,议一议,在矛盾辨析中感受诗人的思乡之情。

矛盾一,王安石诗中的长江是窄窄的,地理上的长江却是宽阔的。如何理解这矛盾?一方面理解"窄"。先是品读诗意,理解"一水间"是窄窄的"一水的间距"之意,然后借助"间"的大篆写法来增进理解——所谓间,就是一条裂口。在思乡人的心里,长江真是一道窄窄的水湾,一如台湾海峡在余光中心里也是"浅浅"的。接着引用"盈盈一水间,脉脉不得语"佐证之。另一方面理解"阔",调动大家对长江的感性印象,并引入"潮平两岸阔,风正一帆悬"这同样写京口瓜洲段的长江的句子,让学生感受他人笔下长江的开阔。如何理解这种矛盾呢?在咬文嚼字、对比辨析中,小学生慢慢自己发现了一个抽象的普遍的文学创作规律:作家总是写主观体验到的生活,而不是纯粹的客观生活。

矛盾二,"春风又绿江南岸",着一"绿"字而成千古名句;而在唐时,"东风已绿瀛洲草"之类的句子就并不少见了,别的诗人也用"绿"字,却并没有成为名句，为什么呢？当课堂形成了矛盾，问题就有了冲击力，学生的思维就活跃了，课堂上便生发出了很多有价值的理解。因为课堂以抵达学生的思维深处为目的，所以，课堂上学生的状态，就如这被春风吹绿的江南岸，生机勃勃而万紫千红了。学生的生命力，一定是源自心灵深处的蓬勃能量；课堂的生命力，亦是如此，必定是源自老师带着学生在文本深处沉潜涵泳之后的豁然开朗和左右逢源。

诗歌语言的清浅背后，是诗人思考的深沉。以学生的可接受为前提，小学语文课堂可能抵达的深度和广度，是一个无限大的未知数。

专家评点

以终为始，瞄准核心素养教

卢望军

一个高中老师教小学生、教一首广为人知的诗歌，怎么教？怎么把握深浅？怎么教得与众不同？我想，王良老师的《泊船瓜洲》，应该提供了一个比较好的范例。

这个范例充分说明，任何学段、任何课文的教，首先要明确你想到达的目的地，剩下的，就是路径选择的最优化。

用一个流行词来说，这种教学策略，叫"以终为始"。

一、学生认知的终点，是教学环节的起点

《泊船瓜洲》是王安石的名作，可谓家喻户晓，对于诗教立校的诺贝达德小学的孩子们来说，更是烂熟于心。因此，这一课的教学起点，显然不应该从零开始，而应该从学生的已知开始。我们看到王老师课上第一个和诗歌本身有关问题，便是"你读懂了多少"。这个问题，显示出王老师教学追求的自觉，即学生认知的终点，是教学环节的起点。这个问题，看似很随意，实为课堂把脉，旨在问出两类问题：

其一，学生真正不知道的。

课例2　一条大河波浪宽么
——《泊船瓜洲》

其二，学生以为自己知道其实并不知道的，即孙绍振先生所谓"看似一望可知实际一无所知"的。

学生真正不知道的，其实是问不出来的。因为一个人对一件事一无所知的话，这件事就相当于不存在，就不会出现在他的认知中。所以，学生所有能够提出来的问题，都是自己有些体会而朦朦胧胧觉得另有深意的问题。课堂上，孩子们问了两个看似不成问题的问题：京口、瓜洲是什么意思？春风是什么意思？

王老师的理答，潇洒从容：不着急，你待会儿就知道了；你是想问"春风"这个词写出了啥味道，是吧？

前者，引而不发，为课堂下一个环节蓄势；后者，轻轻一拨，让学生含混的表达，明晰起来。

二、语文素养的终点，是教学设计的起点

轻轻一问，探知学生根底，接下来，便是走一步再走一步，登堂而入室。王老师这堂课，很明显，是瞄准了语文教学的终点来教的，即全面提升学生的语文素养。

在语言建构与运用、思维发展与提升、审美鉴赏与创造、文化传承和理解这四个维度上深深着力，全面提升学生的语文素养，这是语文老师的共同追求。怎么到达，是技术，更是艺术。王良老师举轻若重，深入浅出，课堂因此而别有天地，趣味横生。

遇到多地名，不轻轻放过。一首七绝，总共才二十八个字，王安石却罗列了三个地名：京口、瓜洲、钟山，如果加上虚指的"江南岸"，更有四个之多。稍稍一想，便知道，这不是简单罗列，而是王安石的匠心独运。与李白"夜发清溪向三峡，思君不见下渝州"、与杜甫"即从巴峡穿巫峡，便下襄阳向洛阳"，有异曲同工之妙。地点的转换，是情绪的转换，更是目光和神思的穿梭。王良老师在了解学情的基础上，敏锐感知到学生对京口、瓜洲和钟山之间的位置关系，可能存在困惑。他没有以一幅地图来解决这个困惑，而是让学生上黑板画一画，说一说。这个过程，学生果然犯了很多错误。王老师把学生的错误当作教学的资源，最终，学生获得的，不仅仅是瓜

洲在长江北岸的知识，更在心中建立起了王安石站在长江北岸深情眺望南岸之钟山的艺术图像。这样的处理方法，可以预期的一个效果便是，学生以后遇到瓜洲、遇到京口，眼前，都会有一条河，浩浩汤汤流过。

王良老师对这首诗中"绿"字的品析，也是不同寻常。不仅提供正向材料——"绿"字用得精妙，也提供反向材料——"绿"字用得寻常。通过正反思辨，学生明白，"绿"字的妙处，如水草，在水中才会润泽、丰盈，摇曳多姿。"绿"字之所以好，是"绿"字所附着的情感和记忆美好，是在"春风"和"江南岸"构筑的思家念家的情境中的美好。这实际上涉及了诗歌鉴赏的一个基本方法：在具体情境中分析。"绿"字，是一个启蒙，"又绿"的时候，将会特别多。

思维的发展与提升，一定不依赖于答案的简单获得，不依赖于直奔主题，而得益于学生在探究答案过程中的跌跌撞撞，旁逸斜出。旁逸斜出，方有可能左右逢源，生成精彩。

遇到多音字，不轻轻放过。"京口瓜洲一水间"的"间"，到底读第一声还是第四声，从意义理解上，似乎都可以；从音韵上，读第四声平仄不协。至此，老师其实完全可以一锤定音：读第一声。但是，王良老师偏不。他以百倍的耐心，带着孩子们慢慢品咂这个"间"：从造字法的角度，有"间"的甲骨文字样图；从旁证的角度，有"盈盈一水间，脉脉不得语"；从反证的角度，有"潮平两岸阔，风正一帆悬"；从实证的角度，有现代地理测量数据。真可谓使尽浑身解数。至此，学生明白，王安石是故意把这波涛汹涌的江面，写得轻轻浅浅啊。轻轻的"一水间"，似乎是王安石轻轻的叹息：山不长，水不阔，奈何，我却回不去……诗歌语言的神奇，就在于它不仅仅是表面的意义，甚至完全不是表面的意义。

学生对诗歌语言的潜在意义未必有理论自觉，但是，课堂上这种咬文嚼字、这种涵泳浸润，会提升他们语言的敏感，化作将来阅读此类作品时的似曾相识，怦然心动。

遇到矛盾处，不轻轻放过。长江很宽，王安石却说是"一水间"，这不是很矛盾吗？当课堂水到渠成地生成了这个问题，学生有了精彩的感知：

课例2　一条大河波浪宽么
——《泊船瓜洲》

"诗人写的应该都是自己的感受，而不是真实的生活。"王老师给予了热情的肯定。确实难得，这是高深的文艺理论，在学养深厚的王老师的引导下，小学生感知到了。

不需要直接给出"变异"的概念。这是对的，这是小学的语文课。学生感受诗句即可。又如"两岸猿声啼不住，轻舟已过万重山"，舟何曾轻？尤其是这种需要穿行在三峡的激流险滩中的船。是李白遇赦的畅快，减轻了舟的重量。是心轻，而非舟轻。诗人情感对现实生活的变异，是诗歌创作的一个典型现象。王老师在这里有意埋下一颗种子，一颗审美鉴赏的种子。将来，学生读到"春风知别苦，不遣柳条青"，读到"只恐双溪舴艋舟，载不动许多愁"，也许能从中感受出诗人变异现实的诗心和才情吧。

发现一个文本的教学价值，需要基于学养的敏锐眼光；而为实现这些价值，搭建支架，让他们通向学生语文素养的提升，需要的是基于经验和智慧的教学艺术。研读文本，举轻若重；设计教学，举重若轻，这大概就是王良老师所追求的"深入浅出"吧！

三、课堂教学的终点，是文化传承的起点

《泊船瓜洲》为什么享誉千年，绿在一代又一代人的心上？与其说，是因为它的艺术成就达到的高度，不如说是它的情感所引起的普遍共鸣。

这普遍共鸣，依赖的是"长江""春风""明月""江南"这些意象。而这些意象，是累积无数代人的生活经验而成，是无数人都能在其中找到自己的。江上之清风，山间之明月，风到这里就是黏的。江南，哪一样，不属于我们每一个人？所以，中国人的清风明月，不仅仅是物质存在，更是一种精神载体。《泊船瓜洲》的广为流传，与这些普适度高的意象，不无关系。

但这只是其中之一。《泊船瓜洲》的动人心弦，更重要的秘密，藏在课堂上一个学生不经意的一句话间：

他把船停泊在瓜洲，看见远处风景很漂亮，想写一首诗。

王老师说，一停船，就写诗，有趣。然后，举了张继《枫桥夜泊》、孟浩然《宿建德江》、苏舜钦《淮中晚泊犊头》以及杜甫《旅夜书怀》的例子。我们固然可以说是王良老师饱读诗书、旁征博引，但我们不更应该说，这的

确说明着中国诗人一停船就写诗这一现象么？

为什么会有这样一种现象？

赶路，泊船。在漫长的旅途劳顿中，泊船，是一种暂时的、片刻的安稳，为情思化为诗句，提供了客观的可能。"人生如逆旅，我亦是行人"，这种时刻在路上、太阳升起又要即刻启程的漂泊感，又使诗歌中的情感，大概总是紧张的、局促的、求安稳而不得的。张继"月落乌啼霜满天，江枫渔火对愁眠"是如此，杜甫"飘飘何所似，天地一沙鸥"是如此，王安石的"春风又绿江南岸，明月何时照我还"也是如此。

因此，读王安石《泊船瓜洲》而心有戚戚焉的，怕不是这些课堂上天真活泼的孩子们，而是，那些旅途劳顿、辛苦辗转的游子迁客吧。

但是无妨，一堂课，本来不需要教给学生所有知识，而是埋下一颗种子，一颗文化的种子。

我相信，这颗种子，会在时间里开花。

熊培云说："如果三月播种，九月将有收获，焦虑的人啊，请你不要守着四月的土地哭泣。土地已经平整，种子已经发芽，剩下的事情交给时间来完成。"

做一个播种者吧，在四季如春的语文课上。

（卢望军，长沙市怡雅中学教师，王君青春语文名师工作室成员。曾获湖南省首届教师文学奖·散文奖，出版个人专著《教育的温度》。）

课例 3

播下不死的英雄梦想的火种

——《破阵子·为陈同甫赋壮词以寄之》（统编语文九下第12课）

教学设计

论剑·解梦·理白发
——《破阵子·为陈同甫赋壮词以寄之》教学设计

教学目标

感受词作沉郁而豪壮的风格，品读辛弃疾不死的英雄梦想，亲近一种人格：以天下为己任的阔大，打压不了的热烈，消磨不了的坚毅。

教学方法

创设贯穿始终的情境：为长沙营盘路辛弃疾纪念馆选取主题句；以"论剑""解梦""理白发""立'人'"为教学主线；咬文嚼字、精当链接、比较辨析、指导朗读。

教学时间

1课时。

教学过程

（原词呈现）

破阵子·为陈同甫赋壮词以寄之

[宋] 辛弃疾

醉里挑灯看剑，梦回吹角连营。八百里分麾下炙，五十弦翻塞外声，沙场秋点兵。

马作的卢飞快，弓如霹雳弦惊。了却君王天下事，赢得生前身后名。可怜白发生！

【学生活动】课前自由读诗词，借助注释，读懂大意。

一、导入

1.先出示执教者和辛弃疾雕塑合影，然后出示雕塑基座的人物介绍照片、石壁词作照片。说明拍摄于湖南宾馆外边营盘路边上。

问：都认识吗？

【学生活动】朗读雕像基座的有关辛弃疾的介绍。

师：雕像后边，小广场最重要的一块石壁上，刻着一首词，就是我们今天要学习的《破阵子》。这是辛弃疾写给他的好朋友陈同甫的词。

【学生活动】请从词中选择一句（或两句）壮词，做营盘路辛弃疾纪念馆的主题。可以简要说说理由。

预设：可能选择"醉里挑灯看剑"，可能不会选择"可怜白发生"，可能从写梦的句子中选择某一句。

师：指出做主题的句子，应该有代表性，能表现辛弃疾人生的主要方面或重要特点。可以说明"梦回吹角连营"一句的理解。

二、论剑

1.引导学生发现"醉里挑灯看剑"一句里的两种情感，发现辛弃疾的矛盾。可提示：想的是什么？这种愿望强烈吗？情绪怎样？

【学生活动】想象"挑灯看剑"的辛弃疾，心里在想些什么？

预设1：上阵，杀敌，建功，立业。辛弃疾看的不仅是剑，更是功业，是理想。

预设2：在深夜，在醉酒的时候，还在挑灯看剑，说明上阵杀敌、建功立业的愿望是强烈的，醉里夜里都是你，念念不忘你。

预设3：这样的剑，我为什么只能在喝醉酒的深夜，挑亮灯芯看了又看呢？说明现实是压抑的。

预设4：看剑的双眼，可能有时射出灼热的光芒，可能有时含着英雄的热泪。

师：一个句子，写出了冲天的热情和沉重的压抑。（板书：剑；画箭头）

【学生活动】读"醉里挑灯看剑"，或读得感慨意味浓一些，或读得激昂

课例3　播下不死的英雄梦想的火种
——《破阵子·为陈同甫赋壮词以寄之》

一些。

2.引导学生了解这种矛盾常常出现在辛弃疾的作品中。

【学生活动】朗读辛弃疾四组写"剑"的作品。

（屏显）

举头西北浮云，倚天万里须长剑。

——《水龙吟·过南溪双剑楼》

剑指三秦，君王得意，一战东归。

——《木兰花慢·席上送张仲固帅兴元》

短檠灯，长剑铗，欲生苔。雕弓挂壁无用，照影落清杯。

——《水调歌头·严子文同傅安道和前韵因再和谢之》

镆铘三尺照人寒，试与挑灯仔细看。且挂空斋作琴伴，未须携去斩楼兰。

——《送剑与傅岩叟》

师：同学们看，一是挥剑扫荡"西北浮云"的得意，一是宝剑只能挂在墙上的痛苦。这种矛盾，是辛弃疾豪放词作的基本内容。"醉里挑灯看剑"一句，就体现了这种矛盾。看剑，是辛弃疾的标志性形象，是辛弃疾的人生符号，可不可以作为纪念馆主题？

三、解梦

1.学生朗读。

师：如果说，"醉里挑灯看剑"，展现的是压抑的豪情，那么，在梦里，辛弃疾就充分释放了自己的豪情。

【学生活动】请一同学朗读写梦的句子。

2.讨论梦境的特点。

（屏显）

你就是辛弃疾，就是将士们，置身沙场，你在做什么？你会看到什么？听到什么？心里会涌起怎样的感受？

请结合具体的词句，发挥想象，谈一谈。

【学生活动】结合一句或几句，读一读，谈一谈，可以只回答一点，可以综合着回答。老师过程评点，宜精要。

057

示例一：

八百里分麾下炙：大碗喝酒、大口吃肉、大呼小叫，喧哗，热烈，豪迈。

示例二：

沙场秋点兵：

黄尘滚滚，天地荒凉

铁骑如潮浩浩荡荡

宝剑出鞘，铁甲凛凛生光

"沙场秋点兵"，读时"沙场"要拖长，沙场意思是战场，味道却不同，它总让人想起天地荒凉、黄尘滚滚的样子。要读出威武、阔大、庄严、雄壮的气象。

示例三：

马作的卢飞快，弓如霹雳弦惊：

马蹄急，万箭齐发，弓弦拉响如霹雳，破空而来。此句不同于"沙场秋点兵"，要读得凌厉、迅捷、骁勇。

3.深入领会"了却君王天下事，赢得生前身后名"的壮烈宏伟。

（1）总结性评点，诵读，突出这两句。

喝酒吃肉时那样热烈，点兵时那样威武，厮杀时那样骁勇。雄壮的军乐像潮水一样翻滚拍打过来。战士们的心中——

好像住着一头虎，

烧起一团火。

他们打一场摧枯拉朽的仗，打一场风卷残云的仗，

他们呐喊——

冲啊，杀啊

滚烫的呐喊——

了却君王天下事，赢得生前身后名！

了却君王天下事，赢得生前身后名！

【学生活动】诵读这两句话。

课例3　播下不死的英雄梦想的火种
——《破阵子·为陈同甫赋壮词以寄之》

（2）比较"了却"与"完成"的区别，深入领会这两句。

平常说"了却一桩心愿"，往往意味着这是由来已久的心愿，是重大的，重要的，完成很费时间很不容易；如果完成了，就特别痛快。"了却一件事"和"完成一件事"，意思一样，味道却是不同的。北伐中原，正是这样的事，这样的心愿。

其一，这是大事。

（屏显）

求田问舍，怕应羞见，刘郎才气。

师：辛弃疾的事，不是个人享乐。那是令人羞愧的。

（屏显）

笑富贵千钧如发。

师：辛弃疾的事，不是个人富贵。别人看富贵千钧重，他看得像头发丝一样轻。

（屏显）

袖里珍奇光五色，他年要补天西北。

闻道清都帝所，要挽银河仙浪，西北洗胡沙。

师：这才是辛弃疾的事，剑与弓与马的事。请学生读这两句。

其二，这是由来已久，念念不忘的事。

（屏显）

岳飞：靖康耻，犹未雪。

陆游：遗民泪尽胡尘里，南望王师又一年。

师：这是一代代抗金志士的事，是辛弃疾一辈子的理想。

其三，这是梦里痛快得意的事。

（屏显）

辛弃疾：了却君王天下事，赢得生前身后名。

师：沦陷已久，百姓在沦陷区的悲催生活已久，辛弃疾压抑也已太久。终于，靖康耻，今日雪；遗民泪，不再流。这是多么痛快、得意、激动的事。同学们读得再滚烫些！"了"字拖长，"却"字短促。"天下"宏大。

（师示范并指导片段朗读）

【学生活动】 诵读写梦的句子。一生读，集体读。

师：在梦中，（板书：梦；画波浪箭头）辛弃疾的压抑的豪情得到释放，真是汹涌澎湃，一浪高过一浪。

师："了却君王天下事，赢得生前身后名"，以天下事为己任，多么伟大雄壮的理想，这样的句子，可不可以作为"辛弃疾纪念馆"的主题？

四、理白发

1.讨论辛弃疾能否实现这样的伟大理想。

【学生活动】 学生说一说。

（屏显）

资料一：赤手领五十骑，缚取于五万众中，如挟狡兔……壮声英概，懦士为之兴起，圣天子一见三叹息。（1162年，辛弃疾23岁）

——［南宋］洪迈《稼轩记》

资料二：大材小用古所叹，管仲萧何实流亚。

——［南宋］陆游《送辛幼安殿撰造朝》

资料三：1182年，辛弃疾43岁，在江西上饶闲居10年。

1195年，辛弃疾56岁，在江西上饶闲居8年。

师：有能力，没机会。辛弃疾有管仲萧何这些大政治家、军事家的才能，你读他的《十论》《九议》，读同时代很多人对他的评价，你会相信，如果重用辛弃疾，宋金对峙会是另一个局面。可是，投降派掌权，辛弃疾从北方归来的身份又让他难以得到充分的信任，于是他只能长期闲居在家。金戈铁马，气吞万里，都只在梦里，只在回忆中。现实是——可怜白发生。

2.体会"可怜白发生"一句蕴含的情感和力量，理解"不死的英雄梦想"。

（1）解释词语，初步体会。

【学生活动】 请学生解释"可怜"，比较"值得怜悯"还是"可惜"哪种解释更好。

体会情感，无奈，痛苦，悲愤。

（2）联系一般人对待白发的态度，进一步理解辛弃疾。

课例3　播下不死的英雄梦想的火种
——《破阵子·为陈同甫赋壮词以寄之》

师：可怜白发生，是壮词吗？

预设：学生会谈论"悲壮"，究竟何以见得"壮"呢？白发生并不意味着壮或不壮，如何对待白发生才是关键。提示，一般人感叹着"可怜白发生"，然后呢？然后会怎么说？怎么做？辛弃疾呢？

师相机评点：一是，唉，可惜白发生，算了吧。二是，要是我还年轻，就可以大有作为啊。三是，可惜白发生，但是，只要有机会，我还是会挺身而出。

【学生活动】结合文本，分析辛弃疾的态度和做法。

预设：一个在深夜醉酒还挑灯看剑的人，一个做着如此热烈的梦的人，一个骁勇豪迈的人，只要有机会，就会挺身而出。

师：因为不会甘心，不会屈服，因为义不容辞，舍我其谁！"可怜白发生"，这是痛苦悲愤的，但痛苦悲愤中勃发着一种向上的力量。头发无奈已白，但热血不会冷，雄心不会灭。这种力量，是"凭谁问，廉颇老矣，尚能饭否"的不屈不挠，是"烈士暮年，壮心不已"的不死不休。（板书：白发→不灭的英雄梦想）

（3）联系其他词人对待白发的态度，进一步理解辛弃疾。

（屏显）

而今听雨僧庐下，鬓已星星也。

鬓微霜，又何妨！持节云中，何日遣冯唐？会挽雕弓如满月，西北望，射天狼。

可怜白发生！

【学生活动】简略解读一、二句。

预设："而今听雨僧庐下，鬓已星星也"，南宋蒋捷的白发，是萧瑟的，万念皆空万念俱灰的。"鬓微霜，又何妨"，苏轼对于白发的态度，很洒脱，不在乎，不以为意，一如既往的狂放、豁达。

师：辛弃疾和他们都不同，他没有苏轼的旷达，他很痛苦；也不是蒋捷的万念皆空，他很倔强，他心中还燃烧着希望之火。"可怜白发生"，是不是很辛弃疾？是不是也可以做纪念馆主题？

（4）联系辛弃疾其他有关"白发和老去"的态度的词作，进一步理解辛

061

弃疾。

（屏显）

季子正年少，匹马黑貂裘。今老矣，搔白首，过扬州——《水调歌头·舟次扬州》

师：一声叹息。

（屏显）

旌旗未卷头先白——《满江红·江行和杨济翁韵》

师：遗憾和愤懑。

（屏显）

平生塞北江南，归来华发苍颜。布被秋宵梦觉，眼前万里江山。

——《清平乐·独宿博山王氏庵》

师：但是，念念不忘，心头天下事，眼前万里江山。

（屏显）

凭谁问，廉颇老矣，尚能饭否？——《永遇乐·京口北固亭怀古》

师：老骥伏枥，志在千里。

（屏显）

我最怜君中宵舞，道"男儿到死心如铁"。看试手，补天裂！

——《贺新郎·同父见和再用韵答之》

师：痴心如铁，这是时代最强音。

（屏显）

南宋宁宗有北伐之意，64岁的辛弃疾满怀热情重新出山，但不久又遭诬陷，重回江西铅山，北伐很快以失败告终。1207年，农历九月初十，68岁的辛弃疾在铅山含恨去世，"临终前大呼'杀贼'数声"。

——整理自《康熙济南府志·人物志》

师：男儿到死心如铁，不死不休，死而不休。精神不死！英雄梦想不死！（板书：改"不灭"为"不死"，即"不死的英雄梦想"）

五、立"人"

总结一：不仅仅是末句，全词都在表现一种摧折压抑不住的英雄梦想，

课例3　播下不死的英雄梦想的火种
——《破阵子·为陈同甫赋壮词以寄之》

不死的英雄梦想。"醉里"句，冲天豪情，却压抑着；写"梦"句，高亢激昂；"白发"句，压抑着，却又有一股勃发的力量。这三句，从不同的角度，表现了一种"不死的英雄梦想"。

所以其词作，壮中带悲，痛中带豪，豪壮而沉郁。其最激动人心的力量，就是虽遭重重打压摧折，英雄梦想不死！

【学生活动】 练习朗读。

【指导朗读】 "醉里"，读出那种压抑着的豪情。写梦的几句，要读得如奔雷滚滚，波浪滔滔，越来越热烈，越来越激昂，越来越高亢，越来越兴奋，越来越痛快，越来越得意！"了却"句读完，要有较长停顿。"可怜白发生"，要读出和前边的对比，要读得慢，读得沉痛。但又不能太弱。一个胸怀天下的人，痛苦是有分量的，要读出沉痛中的向上力量。

（老师朗读范读，学生练习）

总结二：我们在湖南营盘路建辛弃疾纪念馆，是在纪念什么？

【学生活动】 谈谈理体会。

预设： 我们是在纪念，一种以天下为己任的胸怀，一种打压不了的热烈，一种消磨不了的坚毅，我们在向不死的英雄梦想致敬！

师： 向辛弃疾致敬！南宋王朝，也许可以称作是一个瘫软的王朝。辛弃疾，却是一条挺立的汉子。同学们，此后你们也许会遇到各种不顺，各种打击，但无论何时何地，都要保持挺立的姿态！真正让你们挺立不倒的，是你们永远热烈的英雄梦想，不死的英雄梦想！

板书设计：

破阵子·为陈同甫赋壮词以寄之

辛弃疾

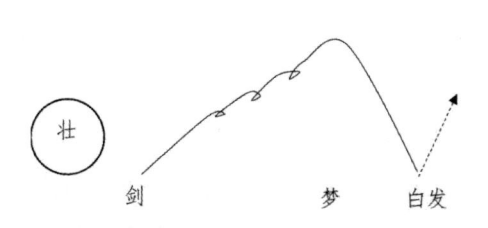

教学实录

鼓舞学生的热爱和勇毅
——《破阵子·为陈同甫赋壮词以寄之》教学实录

上课学生： 长沙市怡雅中学初三年级学生

一、导入新课

（出示师和辛弃疾雕塑合影照片）

师： 我们先来看老师的一张合影。这两个人都认得吧？哪个帅一点？哪个威武一点？

生： 一样的！

生： 都帅！都威武！

师： 一样帅？一样威武？你们挺幽默的，抬举王老师了。我特别敬重辛弃疾，所以特地去跟他合了个影。在合影的时候，我发现雕像的基座下边有这样一段话。

（屏显）

辛弃疾（1140—1207），字幼安，号稼轩，历城（今山东济南）人。21岁参加抗金义军，不久率部归南宋。一生以恢复中原为己任，坚决主张抗

课例3　播下不死的英雄梦想的火种
——《破阵子·为陈同甫赋壮词以寄之》

金，屡受朝中投降派排挤。任湖南安抚使期间，在飞虎寨（今长沙营盘街）扎营成立飞虎军。

（指名学生朗读雕像基座有关辛弃疾的介绍）

师： 知道这个雕像在哪里吗？就在我们上课这个场地的外边，有一条营盘路，路边有一个小广场，雕像就在小广场上。去过没有？

生： 没有。

生： 去过。

师： 小广场的后面，最重要的位置有一块石壁。石壁上刻了一首词，这首词是《破阵子》，也就是我们今天要学习的内容。

（屏显）

破阵子·为陈同甫赋壮词以寄之
［南宋］辛弃疾

醉里挑灯看剑，梦回吹角连营。八百里分麾下炙，五十弦翻塞外声。沙场秋点兵。

马作的卢飞快，弓如霹雳弦惊。了却君王天下事，赢得生前身后名。可怜白发生！

二、提出话题

师： 辛弃疾自己说这是写给好朋友陈同甫的一首壮词。陈同甫和辛弃疾有一个共同的特点，就是慷慨豪迈，矢志北伐。而我们今天的学习任务呢，就是想从中找到一句或者两句壮词，作为营盘路辛弃疾纪念馆的主题。营盘路辛弃疾的纪念馆你们去过没有？

生（自由答）**：** 没有。

师： 这就对了。因为这个纪念馆还在王老师的心中。这是王老师的一个理想，等到你们将来有一天出息了，和王老师一起来修建一个辛弃疾纪念馆。现在请同学们自由读一下这首词，想一想，你会选择哪一句来做纪念馆的主题呢？那些能做主题的句子，应该具有代表性，要说明辛弃疾的主要事迹或重要特征。

（生选择自认为合适做纪念馆主题的句子自由诵读）

师：好。请将你们所选的句子读出来。

生：了却君王天下事，赢得生前身后名。

生：八百里分麾下炙，五十弦翻塞外声。

生：马作的卢飞快，弓如霹雳弦惊。

生：了却君王天下事，赢得生前身后名。

生：马作的卢飞快，弓如霹雳弦惊。

师：我想问一问，还有别的选择吗？

生：可怜白发生。

生：醉里挑灯看剑，梦回吹角连营。

师：我注意到不少同学是从写梦的句子里寻找的。的确，这首词里面，写梦的内容最多。请注意，"梦回吹角连营"这句交代了一个事实——教材解释为"梦中回到吹角连营"，学者们还有一种理解，从吹角连营的梦中醒来。不管是哪一种理解，都表明这一切，都是梦中的情景。写梦的句子里，大家选得最多的是哪两句呀？

生（齐答）：了却君王天下事，赢得生前身后名。

师：为什么会选择这一句呢？

生：这一句抒发了报国壮志。

师：选择表达理想的句子做主题，自有其道理。有两位同学选了两个很特别的句子，一个选择了"可怜白发生"，一个选择了"醉里挑灯看剑"。当然有的同学还选择了其他的句子。是不是都还合适呢？我们一一来看。

三、论剑

师：我们来想象一下，"挑灯看剑"的辛弃疾，心里在想些什么？

生：辛弃疾喝醉酒后，挑亮灯芯，看到他的宝剑。他希望拿着宝剑征战沙场，为国效忠。

师：看剑就是要杀敌，要建功，看的就是理想，就是功业，是吧。再想想，辛弃疾醉里挑灯看剑的情绪是怎样的呢？

生：醉里挑灯看剑，是一种非常苦闷的情绪。如果他的心情非常好的话，是不会去喝酒的。

课例3 播下不死的英雄梦想的火种
——《破阵子·为陈同甫赋壮词以寄之》

师：赞同他的看法吗？都觉得他非常苦闷？（望向另一生）你好像有点不同的想法，是吧？

生：一名希望抗金的战士，心情不应该只有苦闷。喝醉了并不能代表什么，可以是一时兴起，比较豪迈，然后喝醉了，然后挑灯看剑，这个时候他的心情应该是比较复杂的。

师：怎样的复杂？

生：从词的后半篇，我可以读出辛弃疾报国的豪迈之情。他希望报国，但是报国无门，朝廷不认可他。当然，也不能说是不认可，其实是不希望他抗金，所以他又有报国无门的无奈之情。

生：我认为"醉里挑灯看剑"一句，其实还包含着对年轻时候抗金事业的一种怀念。

师：看剑，也就是看往事，是吗？

师：同学们体会到了句子里的复杂情绪。这里面有报国的憧憬和豪迈，有压抑和悲痛。同学们，你们是很有眼光的，这个句子确实写出了辛弃疾的一种矛盾。王老师想象着醉里挑灯看剑的辛弃疾呀，有时候觉得他的双眼射出灼灼的光芒，有时候又觉得他噙着英雄的热泪。让我们一起来将这个句子朗读一下。也许可以这样读——

（师示范朗读）

生（齐读）：醉里挑灯看剑。

师：如果我们要将悲慨的意味表现得浓一点，也许可以这样读——

（师再次示范）

生（齐读）：醉里挑灯看剑。

师：这种慷慨，这种悲苦，这种矛盾还常常出现在辛弃疾的其他作品中。我们来读他一组写剑的作品，想一想其中表达了什么样的情感——

（屏显）

举头西北浮云，倚天万里须长剑。

——《水龙吟·过南溪双剑楼》

剑指三秦，君王得意，一战东归。

——《木兰花慢·席上送张仲固帅兴元》

言语的森林
——王良生长语文课堂12例

短檠灯，长剑铗，欲生苔。雕弓挂壁无用，照影落清杯。

——《水调歌头·严子文同傅安道和前韵因再和谢之》

镆邪三尺照人寒，试与挑灯仔细看。且挂空斋作琴伴，未须携去斩楼兰。

——《送剑与傅岩叟》

生：前两句，应该读得豪迈、热烈、豪壮。

生：后两句，说武器没用，是一种比较无奈的情绪吧。

师：就是这样的。而"醉里挑灯看剑"这一句，就将两种情感两种力量交织起来了。这样一个句子，就具有了某种代表性，它几乎概括了辛弃疾的一生。用这样一个句子，做纪念馆的主题可不可以？

生：可以，可以。

四、解梦

师：醉里挑灯看剑，豪情是压抑着的，而在梦中，情感就释放了。同学们从这部分找了些句子来做纪念馆的主题，到底哪个句子更合适呢？我们来探讨一下。请一个同学朗读写梦的句子。

生：八百里分麾下炙，五十弦翻塞外声，沙场秋点兵。马作的卢飞快，弓如霹雳弦惊。了却君王天下事，赢得生前身后名。可怜白发生！

师：有一句话不应该读。哪一句？

生（自由应答）：可怜白发生！

师：这是写梦醒后的情况。这位同学的豪情似乎还没有得到充分的释放，可能是对作品的理解还不是很细腻啊。大家再自由读一读。

（屏显）

如果你就是辛弃疾，就是将士们，置身沙场，你在做什么？你会看到什么？听到什么？心里会涌起怎样的感受？

师：请结合具体的词句，发挥想象，谈一谈。

生：马作的卢飞快，弓如霹雳弦惊。马如同的卢一样跑得飞快，弓发出的响声，如同震雷一般撕扯着天地。这仿佛让我置身战场，听到了弓的响声和马的嘶鸣声，热血就在我心中回荡，我觉得自己下一秒就要抄起一把宝

课例3　播下不死的英雄梦想的火种
——《破阵子·为陈同甫赋壮词以寄之》

剑,真正站到战场上奋勇杀敌。

师:说得太漂亮了!马蹄疾,战马嘶鸣,万箭齐发,弓弦如霹雳,热血激荡,好一个英雄辛弃疾!

生:八百里分麾下炙,五十弦翻塞外声,沙场秋点兵。黄埃散漫,秋风萧索,我将酒和肉分与他们享用,耳边响起了悲壮的塞外之声。我整顿军队,准备为国效忠。

生:了却君王天下事,赢得生前身后名。这句话表达了辛弃疾以天下为己任的情怀,因为他说要完成收复北方失地的国家大事。从这里,我感觉到了辛弃疾心中的豪情以及奔涌的热血。

师:豪情,热血奔涌!

生:沙场秋点兵。它描述的是一个非常壮观的场景。

生:秋季,沙场,兵强马壮,士气高昂。我认为这个应该可以暗示什么,这是战无不胜的一种预示。

师:大家琢磨一下,"沙场"跟"战场"两个词有什么区别。

生:沙场也就是黄沙飞扬的战场。马蹄踏破尘埃,说明战事非常紧急,战争一触即发。

师:说得非常漂亮。你注意到时节是秋天,天地荒凉,天地肃杀,黄尘滚滚,然后辛弃疾所检阅的军队浩浩荡荡,潮水一般。请同学朗读这句话。

生:沙场秋点兵。

师:读得不错,可以还将沙场拖得长一点。

(师示范)

生:沙——场——秋——点兵。

师:有没有感受到那种威武雄壮的场景、那种盛大宏阔的气象?我们再一起来读一下这一句。

(屏显)

马作的卢飞快,弓如霹雳弦惊。

师:这一句的朗读,和后面句子的朗读应该不一样吧?请你来读。

生:马作的卢飞快,弓如霹雳弦惊。

069

（生热烈鼓掌）

师：同学们的掌声说明你读得足够快，你读得让我们惊叹。我们可以想象，这个时候的将士喝过了酒，吃过了肉，然后军队列阵整齐，将要投入战斗。他们要打一场快战，打一场胜仗，打一场风卷残云的仗。这个时候雄壮的军乐声如潮水一般翻涌过来。战士们这个时候的心情应该是怎样的？

生（自由答）：激昂的，奔涌的，热血沸腾的。

师：将士们的身体里面好像——

生：有一团火！将士们都有一种如火般的激情！

师：心里面有一团火在熊熊燃烧，他们会发出滚烫的呐喊，呐喊什么？

生：杀呀，冲呀！

师：如果我们用词作中的句子来说，他们最可能呐喊的是哪一句？

生：了却君王天下事，赢得生前身后名。

师：你们觉得这是呐喊吗？再来。

生（更加高亢激昂地）：了却君王天下事，赢得生前身后名！

师：这就有一些滚烫的呐喊的意味了。"了却"这个词也值得琢磨一下。"了却"的意思，就是完成、结束。但是我们想一想，了却一桩心愿，和完成一桩心愿，有什么区别呀？

生：我认为，"了却"不仅仅是了却了他一生的壮志，"了却"有了结的意思，似乎是了结了他的一生。他成功地平定了中原，完成了报国的志向，他这一生也就已经值得了。

师：你对"了却君王天下事，赢得生前身后名"的解读是蛮好的，但是似乎没有回答老师的问题。

生：了却，有期盼已久的一种意味，说明这个心愿比较难以完成。

师：他刚才有一个词说得非常重要。我们讲了却一桩心愿，这个心愿往往是什么样子的？

生：期盼已久的。

师（对另一生）：你刚刚还说了一个什么词？

生：比较难完成的。

课例3 播下不死的英雄梦想的火种
——《破阵子·为陈同甫赋壮词以寄之》

生：很重要的。

师：重要的、难以完成的、由来已久的，并且一旦实现了就会如释重负的。那辛弃疾的心愿是不是这样的呢？他要了却的是什么？

生（自由应答）：天下事。

师：天下事，那就是大事，是重要的事。

（屏显）

求田问舍，怕应羞见，刘郎才气。

笑富贵千钧如发。

袖里珍奇光五色，他年要补天西北。

要挽银河仙浪，西北洗胡沙。

师：辛弃疾的事，不是个人享乐，"求田问舍"是让人羞愧的；辛弃疾的事，不是个人富贵，他把它看得像头发丝一样轻；他的事情是什么样子的呢？

男生（齐读）：袖里珍奇光五色，他年要补天西北。

女生（齐读）：要挽银河仙浪，西北洗胡沙。

师：辛弃疾的事业是刀与弓与马的事业，是收复中原的事业。同时，辛弃疾的事、辛弃疾的心愿，确实也是由来已久的——

（屏显）

靖康耻，犹未雪。

——岳飞

遗民泪尽胡尘里，南望王师又一年。

——陆游

男生（齐读）：靖康耻，犹未雪。

女生（齐读）：遗民泪尽胡尘里，南望王师又一年。

师：中原沦陷已久，沦陷区的老百姓过这种悲惨的日子一年又一年，辛弃疾也已经压抑得太久太久了。但是因为有这样一战，一场热战，一场快战，靖康耻，今天雪；遗民泪，不再流！何等痛快，何等得意！所以我们再滚烫些来呐喊这两个句子好不好？"了——却"，"了"字可以拖长一点，

"却"字可以读得短促一点。

（师范读）

生：了——却君王天下事，赢得生前身后名！

师：读这样的句子中，确实就要有一股冲天的豪气壮志。这位同学（之前读过的那位同学），你再为大家朗读一遍写梦的部分。

（生再次朗读诗句，读得非常好）

师：你看看，理解之后是不是比以前要读得更有感觉了？挺好的。我们可以看，这样一个写梦的部分，他的情感是一浪高过一浪的。特别是表达他"了却君王天下事"这样心愿的时候，那是最为高亢的乐章。所以我想还请全班同学一起将这个部分来读一读。

（生齐声朗读）

师："了却君王天下事，赢得生前身后名"，如此宏伟的远大的理想，可不可以做我们纪念馆的主题？

生（自由应答）：可以。

五、理白发

师：那么，辛弃疾可不可能实现这样远大的理想呢？结合你们对辛弃疾的了解，说一说。

生：在那个朝代有小人来阻止他完成建功立业的豪情壮志。

师：有人排挤他，是不是？

生：因为南宋朝廷偏安一隅，并不想要收复中原，朝廷主和派当权，所以主战派的辛弃疾并不能够实现他收复中原的大业。

师：老师也给大家补充一点点资料。

（屏显）

资料一：赤手领五十骑，缚取于五万众中如挟狡兔……壮声英概，儒士为之兴起，圣天子一见三叹息。（1162年，辛弃疾23岁）

——［南宋］洪迈《稼轩记》

资料二：大材小用古所叹，管仲萧何实流亚。

——［南宋］陆游《送辛幼安殿撰造朝》

课例3　播下不死的英雄梦想的火种
——《破阵子·为陈同甫赋壮词以寄之》

资料三：1182年，辛弃疾43岁，在江西上饶闲居10年。

1195年，辛弃疾56岁，在江西上饶闲居8年。

师：资料一的这个故事，有同学知道吗？

生：好像是辛弃疾他们军队里面出了一个叛徒，把他们的首领杀害了之后，跑到了敌方的军营里去。辛弃疾自己带着五十名将士，在敌方五万将士中把叛徒给抓了回来。天子"一见三叹息"。

师：说得很好。这个叛徒的名字叫作张安国，他杀害了义军领袖耿京，辛弃疾以五十骑从五万敌营当中将叛徒活捉回来，这是历史上特别传奇的一件事情。辛弃疾这个人，是被陆游称为是管仲、萧何一类的人物，其实是有本事有实力实现理想的。但是我们看后边资料三，辛弃疾有能力，却没有机会，没有平台。金戈铁马、气吞万里，都只能够是在梦中，只能够是在回忆里，只能够是变成这样的现实——

（屏显）

可怜白发生！

师：这个句子里边又包含怎样的一种情感呢？

生：我觉得"可怜白发生"，是表达他的不甘。因为他的英雄才略没有用武之地，而且此刻，他已经老了，所以应该还有对年华老去的无奈与感叹。

生：我觉得他还有一种年已迟暮的悲愤。

师：年已迟暮的悲愤，如果正当盛年，也许还可以有所作为。现在迟暮，所以悲愤。你理解得不错。现在，我有一个问题，这，也能算一句壮词吗？

（生安静思考）

师：同学们都犹豫了，你们大约感觉，这一句话，词人的情感有点从高亢处下来的味道，所以你们犹豫了。但是"壮"与"不壮"，不能仅仅依据是否有白发，是否痛苦来判断，更应该看他怎么对待白发，怎么对待痛苦。老了长白头发了，一般人会有什么样的态度呢？可能有这样一些情况：一是我都长白头发了，那我就都算了吧；第二种情况，要是我还年轻，我要怎么样怎么样；第三种情况是虽然我白发已生，但是只要有机会，我就会挺身而出。你们觉得辛弃疾应该是哪种情况？

生（自由回答）：第三种。

师：都说是第三种。能不能从词作本身找一些理由来说明这个问题呢？

生：诗的第一句就是"醉里挑灯看剑，梦回吹角连营"，他连做梦都想回到吹角连营的战场上，所以他心里是非常想去上战场的，即使他老了，可依然心怀壮志，只要有机会，他一定能挺身而出。

师：你选择了第一句来说。喝醉了酒，在梦里，在深夜还看剑，这个情感非常浓烈，念念不忘，醉里梦里都是你。这样的人，白发丛生的时候，他会甘心就这样白白过这一辈子吗？他不会甘心的。

生："了却君王天下事，赢得生前身后名"这一句，说明了辛弃疾心中的理想是不会随着年龄改变的。即使已经年老了，但仍然想要为国建功立业。

师：这句话怎么就能说明他年老也要为国建功立业呢？我们是不是还可以这样去想，如果一个人的理想特别伟大，这理想就有可能成为他一生的追求，也就是年纪老大的时候，他都不会罢休，是这样吧？

生：是的。

生：我觉得"可怜白发生"这一句本身就表达了这一点。因为他用的是"可怜"而不是"可悲"，他是在表现出自己一种对时间流逝之快的感叹，还有一种报国无门的痛苦。只要他没有生白发，他就还能回到战场上继续有所作为，能够完成他"了却君王天下事"的伟大理想。

师：你换了个角度，将"可怜"理解为可惜，"可惜白发生"，就比"可悲白发生"要更积极一点。可惜，有一种不甘心、一种不屈服的意味。虽然白发已生，但是曾经那样念念不忘的最伟大的理想不会抛弃。英雄的热血不会凉，英雄的梦不会变。所以我们感受到痛苦的同时，又似乎能够体会出一些向上的力量。我们还可以联系其他人对白发的不同态度，来印证我们的理解。

（屏显）

蒋捷：而今听雨僧庐下，鬓已星星也。

课例3　播下不死的英雄梦想的火种
——《破阵子·为陈同甫赋壮词以寄之》

苏轼：鬓微霜，又何妨！持节云中，何日遣冯唐？会挽雕弓如满月，西北望，射天狼。

辛弃疾：可怜白发生！

生：第一句的意思就是说，如今坐在寺庙的屋檐下听着雨，两鬓已长满了星星般的白发，有一点点惋惜，有点无奈，有点悲伤。

师：僧庐里面听雨，听出来的都是萧瑟，是万念皆空。

生：第二句说的是，即使头发花白了，那又有什么关系！这句话体现了诗人即使年已迟暮，仍然阻止不了他想建功立业的雄心，这里有诗人的豪迈。

师：说得挺好。这是苏轼惯有的特点，洒脱，豁达。辛弃疾和他们两个都不同。他和苏轼的豁达不一样，他是悲愤的，他不那么容易想得开，有事情他都扛起来；他和蒋捷的情绪也不一样，他不消沉，不萧瑟，他是只要有机会就挺身而出，舍我其谁，义不容辞。他的理想，那样宏大，那样高远。这样的人怎么能、又怎么会万念皆空呢？联系不同的词人对待白发的态度，我们可以发现辛弃疾确实和别人不一样。我们进一步能够理解，虽然现实不如意，但总有一种生长的、向上的力量，在他的心里奔流。"可怜白发生"这样的句子，是不是也很辛弃疾？用这样一个句子，来做纪念馆主题，也是有它的道理的？

生：是的。

师：我们再来看辛弃疾其他作品，看他如何对待老去，如何对待白发。

（屏显）

季子正年少，匹马黑貂裘。今老矣，搔白首，过扬州。
　　　　　　　　　　　　——《水调歌头·舟次扬州和人韵》

旌旗未卷头先白。
　　　　　　　　　　　　——《满江红·江行和杨济翁韵》

平生塞北江南，归来华发苍颜。
布被秋宵梦觉，眼前万里江山。
　　　　　　　　　　　　——《清平乐·独宿博山王氏庵》

师： 我们一起合作朗读。

师： 季子正年少，匹马黑貂裘。

男生： 今老矣，搔白首，过扬州。

师： 一声叹息啊！

女生： 旌旗未卷头先白。

师： 这里面有悲愤，有矛盾，有深深的内心的冲突啊！

师： 平生塞北江南，归来华发苍颜。布被秋宵梦觉——

师生（齐读）： 眼前万里江山。

师： 心头是天下大事，眼前是万里江山。这就是辛弃疾！辛弃疾还有这样的惊天一问，一直响彻我们心头——

（屏显）

凭谁问，廉颇老矣，尚能饭否？

——《永遇乐·京口北固亭怀古》

师： 我们可以感觉到这是一种老骥伏枥、志在千里的精神，是一种烈士暮年、壮心不已的气概。辛弃疾一生更高亢的音符在这里——

（屏显）

南宋宁宗有北伐之意，64岁的辛弃疾满怀热情重新出山，但不久又遭诬陷，重回江西铅山，北伐很快以失败告终。1207年，68岁的辛弃疾含恨去世，"临终前大呼'杀贼'数声"。

——整理自《康熙济南府志·人物志》

师： 前边我们解读辛弃疾的精神，是一种不灭的英雄梦想。这里，辛弃疾告诉我们，男儿到死心如铁，不死不休，死而不休！根据史料记载，他在64岁的时候曾慨然出山，68岁的时候含恨而终，"临终前大呼'杀贼'数声"。

生（自由跟读）： 临终前大呼"杀贼"数声。

六、课堂总结

师： 精神不死，英雄的梦想不死，我们读辛弃疾，可以读出不死的英雄梦想。而《破阵子》全词都在表现这样一种不死的英雄气、不死的英雄梦

课例3 播下不死的英雄梦想的火种
——《破阵子·为陈同甫赋壮词以寄之》

想。"醉里挑灯看剑",豪情当中有痛苦,痛苦中有压抑着的豪情;写梦的部分表现一种高亢激昂的情绪,无比的雄壮,无比的慷慨;"可怜白发生",我们能够体会出那种沉痛悲愤中向上的力量。所以辛弃疾的词是壮中带悲,痛中带豪,豪壮当中有沉郁,沉郁当中有力量。而辛弃疾骨子里的东西,贯穿辛弃疾一生的东西,就是这种不死不休、死而不休的英雄梦想!王老师讲到这里也特别激动,我想给大家读一读这首词。

(师动情范读全词,全场热烈掌声)

师:同学们一起来将朗读一遍,一吐我们心中酝酿已久的英雄气。

(生齐读)

师(面向一生):刚才,你读得特别投入,请你再为大家读一遍。

(生读,全场掌声)

师:你的声音特别好听,总体也读得特别雄壮,"可怜白发生"当中的那种内蕴的沉痛和力量稍微弱了点,可能因为你还小,少年不识愁滋味,长大了再读这首词,相信你又会有新的体会。

生:谢谢老师。

师:那我们现在说一说。王老师的理想,我们的理想,要在长沙营盘路修一座辛弃疾纪念馆,我们到底要纪念什么?

生:我认为我们应该纪念辛弃疾豪迈的、渴望报国的精神,不死的精神。

生:我觉得应该纪念的是在战场上杀敌的将士。

生:纪念辛弃疾的那种不死的英雄梦想,至死不休的报国壮志。

师:说得非常漂亮。不死的英雄梦想,至死不休的报国壮志。

生:纪念的不仅仅是辛弃疾这种在战场上杀敌的人,更是像辛弃疾这种爱国的——比如说屈原,这种爱国诗人的精神。

师:你从辛弃疾这里上溯到爱国诗人屈原,非常好,屈原跟辛弃疾有一点非常相似,也是九死未悔。

生:纪念辛弃疾的丰功伟绩,勉励当代少年也像他一样。

师:这个很遗憾,因为时代的原因,辛弃疾这一生没有创下丰功伟

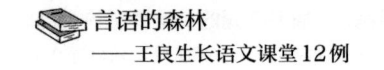

绩——但，没有创下丰功伟绩，我们要不要纪念他呢？

生：也要纪念。纪念他那种即使不被朝廷重用也依旧坚守的报国之心，一直心在战场，一直为国家坚守的报国之心。

生：我觉得我们应该纪念辛弃疾这种不管何时何地，都能想着为国家做贡献的精神。只要我们心中能一直想着为国家做贡献，国家就会变得越来越繁荣昌盛。

生：纪念辛弃疾对梦想的坚定，还有对国家的忠贞。

师：你再说下，特别好。

生：纪念辛弃疾对国家的忠贞，还有对自己梦想的坚定。

师：对国家的忠贞和对梦想的坚定，这实在是我们这一代少年应该有的气概。好！

生：我觉得我们应该纪念辛弃疾以天下为己任的担当精神。

师：担当精神，好！同学们说出了很多精彩的见解。确实，我们主要是要纪念一种精神，即便他没有什么丰功伟业。同学们说得非常具体，这种精神，是以天下为己任的精神，是对国家的忠贞，是对梦想的坚定，是即便不被重视，即便总是受到种种挫折和打压，也永远热烈、永远坚毅的不死的英雄梦想！我们将屏幕上的这一行字，大声朗读一遍，这是我们崇仰的一种精神，胸怀天下的远大，不可消磨打压的热烈和坚毅。

（屏显）

修一座纪念馆纪念什么？

纪念不死的英雄梦想！

生（齐读）：不死的英雄梦想！

师：同学们，南宋是一个瘫软的王朝，但是，有了辛弃疾，它大约可以在历史上挺立起来。找一个休息日，我们去营盘路，就在我们这个会场的外面，去辛弃疾的雕像前面看一看，到雕像后面那个石壁上去找一找他的《破阵子》，去读一读《破阵子》，我相信，辛弃疾那种雄健昂扬的英雄精神，也会在我们身上激荡，下课！

生：老师再见。

课例3　播下不死的英雄梦想的火种
——《破阵子·为陈同甫赋壮词以寄之》

教学反思

播下不死的英雄梦想的火种

——《破阵子·为陈同甫赋壮词以寄之》教学反思

让诗歌活起来，找寻古典诗歌的现代意义，让诗歌和学生相互生发，是我们的诗歌教学追求。执教《破阵子》，希望在学生心中播下不死的英雄梦想的火种。

一、找到诗歌最激动人心的力量和美

辛弃疾豪放词最激动人心处，我以为，就是表现了理想的热烈和现实的压抑的冲突，以及在这种冲突中，辛弃疾总是勃发着一种强大的向上力量。这种矛盾中的向上力量，我概括为：不死的英雄梦想。

如何发现？

读其词，知其人，并在各层次的对比中，概括提炼。

先读其词。

如：

鹧鸪天·有客慨然谈功名因追念少年时事戏作

壮岁旌旗拥万夫，锦襜突骑渡江初。燕兵夜娖银胡䩮，汉箭朝飞金仆姑。

追往事，叹今吾，春风不染白髭须。却将万字平戎策，换得东家种树书。

如：

水调歌头·舟次扬州和人韵

落日塞尘起，胡骑猎清秋。汉家组练十万，列舰耸层楼。谁道投鞭飞渡，忆昔鸣髇血污，风雨佛狸愁。季子正年少，匹马黑貂裘。

今老矣，搔白首，过扬州。倦游欲去江上，手种橘千头。二客东南名胜，万卷诗书事业，尝试与君谋：莫射南山虎，直觅富民侯。

这两首词，上片都雄健昂扬，意气风发；下片都无奈，都压抑，都蕴含着热热的牢骚，都痛苦忧愤。

其词，是矛盾冲突的。

再读其人。

22岁他能聚义两千人，这就了不得；23岁以五十骑活捉张安国，这更神奇。他担任地方官以后，除开突出的政治表现，一直没有忘记军事准备，他在江西扑灭茶商军，在湖南任安抚使建立飞虎军，在福建又要准备一万套铠甲，扩充队伍，等等。除了实践经验，辛弃疾理论修养也深厚。读他的《美芹十论》《九议》，你真的会相信，如果朝廷重用辛弃疾，宋金对峙完全会是另外一个局面。他自己也很自信，在写给虞允文的《九议》引言中，保证说，"苟从其说而不胜，与不从其说而胜，其请就诛殛以谢天下之妄言者"。但，他的建议没有得到采纳。

其人，一直处在理想和现实的碰撞中。

然后是各种层次的对比。

大处对比，辛弃疾是一个真正的将军，是在刀锋和枪头上滚过来的人，把弓刀事业当作自己一身的事业，致死不休。这一点，把他和没有或者说基本没有实战经历的文人区别开来。辛弃疾是一个倾尽心力写词的人，以词为主要的陶写之具，在词中尽情展现他的政治理想、人生经历。一部辛词，几乎就是辛弃疾的全部人生。读一部辛词，就是读辛弃疾的全部人生。读一首典型的辛词，就可以懂得辛弃疾最主要的精神世界。这一点，把他和很多并不是致力于词的创作的人也区别开来，比如陆游，比如苏轼。

一般读一首词，应该读懂这个人。读辛词，尤其当如是。

小处对比。比如白发，可以和苏轼的白发、其他人的白发作一点比较。小处不小，小大贯通。由白发而窥见一个词人的基本面貌，窥见其内心深处。

抓住辛弃疾的词作及人生的基本矛盾，又在比较的视野里，读出他的个性，这样，才能读出"这一个"，读出精神与灵魂的质地，读出作品荡人心魄的力量。

课例3　播下不死的英雄梦想的火种
——《破阵子·为陈同甫赋壮词以寄之》

二、追问这种力量和美，对于学生的意义

我看辛弃疾，看《破阵子》，看出"不死的英雄梦想"，看出"一种以天下为己任的胸怀，一种摧折打压不了的热烈和坚毅"，当然是因为辛弃疾作品就是这样，辛弃疾这个人就是这样。同时，是我作为一个教育工作者，不管是当校长，还是当老师，对我的学生的一种期待。

不能否认，我们这个时代的青少年，有一些不足。有些青少年，柔弱，冷淡，小家子气，耐挫能力不强。"娘炮""精致的利己主义""空心病"，这些词语一度成为社会热词，因耐挫能力弱导致的悲剧也让我们很痛心。

把优秀的人物，优秀的作品，内化到青少年身上去，以收浸润陶冶之功，是我和雅礼中学、怡雅中学老师们的努力。"知识人格化"，是雅礼教育的一个大课题。"苏辛"在词史上并称，但我感觉，我判断，在用以化育学生这个方面，语文同仁们似乎对辛弃疾重视不够。重视辛弃疾，也许，我们的学生可以更阳刚、更大气、更热烈、更开阔、更坚毅。至少，我们可以一点点去努力。另外，辛弃疾还有很可爱、很有趣的一面，今天暂不讨论。

三、让教学清晰些、丰厚些、鲜活些

1.创生恰当的情境和任务。

课前一周，我特地去了营盘路，和辛弃疾雕像合了影，拍了一些资料。雕像基座，有关于辛弃疾的一段介绍；雕像后面，小小广场最大的一块石碑上，刻着《破阵子》全文。我把这些东西呈现在课堂上，用生活化的方式引入课题，用场景化的方式介绍辛弃疾，是不是可以唤起学生的新鲜感、亲切感？

然后，我设置了一个任务，给辛弃疾纪念馆选一句壮词做主题。什么样的句子可以做纪念馆主题？句子有典型性，代表性，能表现辛弃疾的主要方面、主要特征。为什么设置这个任务？一是我确实觉得长沙应该有一座辛弃疾纪念馆。二是，借助这个任务，来引导学生理解《破阵子》，理解辛弃疾。因为是初中生，因为设置任务主要目的是完成作品教学，所以不要求学生去辨析哪一句更合适，只需理解选择某一句的理由即可。也不怎么考虑选择一个纪念馆主题句的其他因素，如感情基调、大众接受、与纪念馆实际内容的

匹配等。

　　课初，学生有一个选择。不一定要和老师预设一致，可以有自己另外的想法。课初的选择，是学生初感受，从这种初感受出发，展开学习，学生体验可以更丰富，认识更深刻。

　　我希望，完成任务、鉴赏作品的过程，就是"不死的英雄梦想"逐步在学生心灵扎根的过程。

　　教学时，着重讨论了"醉里挑灯看剑""了却君王天下事，赢得生前身后名""可怜白发生"这三个句子。三句话都具有辛弃疾人生符号的意义，都可以作为纪念馆的主题。"醉里"是最具辛弃疾人格特征的符号，它呈现出辛弃疾一生的基本矛盾，凝集了辛词（豪放词）的基本内容。这个句子有一种内在的力量。"了却"句，是辛弃疾毕生的理想，是以天下为己任的雄壮理想，是辛弃疾人生乐章最高亢的音符。这个句子也有足够的代表性，但其全面处、深沉处似不及"醉里"句。"可怜"句，表现人生重要的节点（白发生时）的基本态度，并且是有别于其他词人的态度，这个句子也有一定的代表性，并且非常深刻。

　　因为设置了这样一个任务，教学实际是以双线推进。一是选择主题句，二是词脉。《破阵子》词脉，由醉而梦而醒，更内在的是，"醉里"句，豪壮之情是压抑的，"八百里"以后七句，豪壮之情是释放的，"可怜"句，在压抑痛苦中又生发着豪壮的力量。双线交织，也许既能清晰些，又能丰富些。

　　2.有层次的突破重难点。

　　以"了却"句的教学说明突破重点。

　　先是，把"了却君王天下事，赢得生前身后名"放在语段中学习。讨论写梦境的句子，逐渐聚焦到"了却"句，体会辛弃疾心中的那团火，并以呐喊的方式读出这个主旨句。

　　然后，比较"了却"和"完成"的区别。了却一桩心愿，这心愿，一是重大的，二是不易实现的，三是由来已久的，四是一旦实现了就特别激动人心的。结合"了却"的意味，检索回顾那个时代，检索回顾辛弃疾及其他词人的作品，从而丰富、深化对主旨句的理解。

课例3 播下不死的英雄梦想的火种
——《破阵子·为陈同甫赋壮词以寄之》

以"可怜"句的教学,说明突破难点。

一是讨论辛弃疾的理想能否实现,关注时代背景,引出"可怜白发生"。二是初步体会该句蕴含的情感。三是结合一般人对待白发的态度体会辛弃疾的态度。四是比较苏轼和蒋捷笔下的白发,体会辛弃疾的白发。五是联系辛弃疾其他有关"白发和老去"的态度的词作,丰富对主旨句及辛弃疾的理解。

3.平衡好"这一篇"和资料的关系。

在第二届中国诗词教学大会上教学《游园不值》时,我几乎没有运用资料。因为,《游园不值》情思幽微细致,需要的是独立面对文本、细细揣摩的功夫,征引资料,对理解文本帮助不会太大。

教学《破阵子》,我援引了一些资料。试课的时候,有老师提出来,王老师,你平时强调的是,培养学生直接面对"这一篇"文本的能力,强调的是确定词句意味,厘清词句关系,致力于培养学生的言语能力,是不是你的教学主张发生了变化。

我的主张没有变化。我依然对援引外围资料保持警惕。但有价值的资料援引是需要的。我认为,学习辛词,特别需要知人论世。如前所说,辛弃疾的词,就是他的人生;他的人生,就是他的词。一句辛词,一首辛词,就贯通着辛弃疾这个人。所以学习辛词,需要援引资料。

这样,有助于丰富、深化学生对《破阵子》的理解。并且,《破阵子》和所引资料,可以相互贯通,共同指向"不死的英雄梦想"这一教学主题,指向对辛弃疾这个人的聚焦性理解。由这一首词,而真正读懂这一个人,丰富学生的精神生命,也正是我的一个教学追求。

恰到好处的资料援引,可以让教学变得丰富、厚重、深刻。资料援引需要聚焦,不能模糊遮掩了主题和主线。"恰到好处"其实很难,《破阵子》今天的教学,比起我初次试课,已经删减了很多资料,但我依然感觉,因为资料还是较多,略略弱化了对《破阵子》本身的处理。

4.重视朗读。

诗词教学,教师讲解、学生活动、师生朗读应该相互为用。这里重点说下朗读。教师自身的朗读,很重要,我的朗读有很多缺陷,普通话不标准,声音也不好听,但我还是没有播放名家朗读。甚至,我课前自己录制了一个朗读,也没有在课堂上播放。我选择了自己在课堂上读,因为这才有情境感、互动感。师生课堂上的朗读,可以相互激发、感染,诗歌的精神和滋味,因此渗透进学生的心灵。

要相信,学生更喜欢自己老师的朗读。我对学生说:"王老师虽然普通话不大好,但是声音也不大好听啊。"他们哈哈大笑:"我们就喜欢听你读。"

这样,教学也许就清晰些、丰厚些、鲜活些。诗歌也就能更好地浸润人心。期待播下不死的英雄梦想的种子,培育热烈、雄健、刚毅的少年。

专家评点

这堂课是一位书生校长对语文不灭的英雄梦想

——五观简评王良校长《破阵子·为陈同甫赋壮词以寄之》诗词鉴赏课

王 君

王良校长在第三届中国诗词教学大会上讲这堂课,我在现场。当时的感觉就是开阔深邃又绵密细致。今天,通过文字再一次回溯,探幽览胜中,惊喜依旧弥漫。

看课评课的维度很多。但万变不离其宗:一看教学内容的选择,二看教学手法的使用。

我自己看课评课,也经历了很多阶段。在现在这个阶段,我更乐于使用青春语文的"五观看课法"。

五观,就是宏观、中观、微观、精观、逆观。这个思路,不仅评课好用,备课也好用。

比如,王良校长的《破阵子·为陈同甫赋壮词以寄之》一课,如果用这种方法去看,去评,也是很有些意思的。

课例3　播下不死的英雄梦想的火种
——《破阵子·为陈同甫赋壮词以寄之》

第一步，宏观看。看什么？看整堂课的立意和主问题设计。

王校长的这堂课立意为：纪念不死的英雄梦想。这是一个"主题式文本"的立意。王校长在收束阶段这样总结：

我们主要是要纪念一种精神，即便他没有什么丰功伟业……这种精神，是以天下为己任的精神，是对国家的忠贞，是对梦想的坚定，是即便不被重视，即便总是受到种种挫折和打压，但是永远热烈、永远坚毅的不死的英雄梦想……

这样的立意——不仅是清晰恰切的，也是有温度和高度的。只有优质的课堂立意，才能够避免"匍匐式教学"的误区。紧扣文本不等于"匍匐"文本。余映潮老师说文本解读式的教学是偷懒的教学，我是深以为然的。教学生读懂文本，永远不应该是课堂教学的终极目标。那终极目标在哪里呢？还在于利用文本训练语文能力，还在于"立人"，在于帮助学生收获心灵的丰盈和强壮。王校长的教学，显然是"站立式"的。

我们再看整堂课的主问题设计。主问题的质量，决定着一堂课是否能够实现"一语立骨"。"骨"立得好，一堂课，才有脊梁。

王校长很懂八年级的学生。他这样"立骨"：

我们今天的学习任务呢，就是想从中找到一句或者两句壮词，作为营盘路辛弃疾纪念馆的主题。

这个"骨"立得好：好是因为懂得学生，体贴学生。主问题平易，学生感兴趣，易理解，有话说；主问题开放，学生思维张力就会大，教师也能够借助这个问题自由开合，让课堂的广度和深度都自然实现。

此为宏观看。

第二步，中观看。看什么？看课堂板块的架构。

现在课堂教学设计有"有痕""无痕"之争。以余映潮老师为代表的"板块式教学"讲究课堂程序的显性化、清晰化。但也有老师主张课堂推进隐性化、无痕化。我长期在一线，是比较理解余老师的追求的。不管表现形式如何，教学的板块其实是天然存在的。教师在进行课堂教学设计和课堂复盘的时候，如果发现自己的教学板块非常清晰，板块之间的关系非常合理，板块之间的过渡非常自然，那这堂课，一般来说不会太失败。

王校长的《破阵子》，基本框架为五个板块：

第一个板块：导入新课，引出主问题。

第二个板块：论剑。

第三个板块：解梦。

第四个板块：理白发。

第五个板块：总结全课，收束立意。

二、三、四板块是教学核心环节。辛弃疾的词不长，但作为名篇，可挖掘之点依旧如汪洋浩荡。如果处理不当，教学内容很容易散乱。解决散乱的方法是聚焦：像王校长一样，大刀阔斧地选择，然后小心翼翼地裁剪缝制。一堂课，弱水三千，确实只能取一瓢饮。王校长的"这一瓢"，便给了"剑""梦""发"三个意象，既精练，又精粹。但这三个意象又都如深潭。这堂课之所以可纵可横，又可放可收，原因就在这里。

此为中观看。

第三步，微观看。看什么？看板块内部的内容建设和手法使用。

我们来比较研究一下三个板块的教学内容和教学手法。

"论剑"板块，王校长做了以下事情：

第一，引导学生想象："挑灯看剑"的辛弃疾心里在想些什么？

第二，继续引导学生想象：辛弃疾醉里挑灯看剑的情绪是怎样的？

第三，引发思辨：辛弃疾看剑时只有苦闷吗？

第四，组织朗读：读出辛弃疾的复杂情绪。

第五，拓展延伸：辛弃疾其他写剑的名句探究。

"解梦"板块，王校长做了以下事情：

第一，朗读指导：读好"写梦"的句子。

第二，情景想象：如果你就是辛弃疾和将士们，置身沙场，你在做什么？你会看到什么？听到什么？心里会涌起怎样的感受？

第三，探究追问："沙场"跟"战场"两个词有什么区别？

第四，朗读指导：对比读好"沙场秋点兵"和"弓如霹雳弦惊"等句。

课例3 播下不死的英雄梦想的火种
——《破阵子·为陈同甫赋壮词以寄之》

第五，探究追问："了却"和"完成"的区别。

第六，对比拓展：普通人的"人生大事"名句和辛弃疾的"天下事"之名句。

第七，朗读指导：读好"了却"。

"理白发"板块呢？我们看王校长又做了什么？

第一步，补充资料，引发思辨：辛弃疾可不可能实现这样远大的理想呢？结合你们对辛弃疾的了解，说一说。

第二步，穷追不舍，激发争鸣：因为迟暮而悲愤的句子也能算壮词吗？

第三步，拓展对比：联系其他人对白发的不同态度深化认知。

你看，通过梳理，我们可以清晰地看到王校长使用的手法其实我们都并不陌生。这也印证了我的一个观点：教学技巧本身并不复杂，复杂的是如何调用内力去使用这些看起来很大众化的方法：朗读设计、多元对比、情景想象、矛盾思辨、拓展延伸等。

但我要提醒大家的是，除了求同，我们更要"求异"，要看到王校长经营这三个板块是非常用心的，是各有侧重的，是追求变化的。这些侧重，这些变化，就形成了课堂教学的节奏之美和灵动之美。

"论剑"板块，较为倾向于常规的主题型文本的教学方法。想象训练、朗读训练、思辨训练几乎平分秋色。

"解梦"板块，较为倾向于诵读型文本的教学方法。朗读训练是这个板块的支撑性训练。很多教学小目标的达成都是通过朗读。

"理白发"板块，较为倾向于思辨型文本的教学方法。思辨是这个板块的主题。教师明显在"故意捣乱"，不断地设计矛盾，企图激发争论。

这就是高手的样子：我没有什么新方法，我的创新，都来自于旧方法的组合。你似乎看到我在课堂上七十二变，但其实，我以不变应万变。

此为微观看。

再简单说说精观。所谓精观，就是看一堂课的"精细处"，老师是如何处理的。

哪些是精细处呢？特重点，特难点，很难突破之点。这些"点"的处理，往往可以看出老师的教学追求和教学功力。

比如，我"精观"了这堂课的一个难点：辛词分明是"悲"且"愤"的，那怎么能说是"壮词"呢？显然，学生确实是被这个问题难住了，一直推进得很快的热闹的课堂，出现了一点点沉寂。

王校长是如何精细化地突破这个难点的呢？

首先，他认同学生此处的彷徨。王校长说：

同学们都犹豫了，你们大约感觉，这一句话，词人的情感有点从高亢处下来的味道，所以你们犹豫了。

然后，他巧妙点拨：

但是"壮"与"不壮"，不能仅仅依据是否有白发，是否痛苦来判断，更应该看他怎么对待白发，怎么对待痛苦。

他接着为学生梳理出了三种对待白发的情况，让学生选择：

老了长白头发了，一般人会有什么样的态度呢？可能有这样一些情况：一是我都长白头发了，那我就都算了吧；第二种情况，要是我还年轻，我要怎么样怎么样；第三种情况是虽然我白发已生，但是只要有机会，我就会挺身而出。你们觉得辛弃疾应该是哪种情况？

最后，他用拓展延伸对比的方法，引入蒋捷和苏轼的名句作为比较抓手，一下子就让学生看到了辛弃疾和他们的不同之处，这个难点由此突破。

你看，这个环节，细细研究起来，非常有层次，教者的苦心孤诣，都在其中了。

另外，课堂上对于"战场和沙场""了却和完成"的两处对比，我也极为欣赏。王校长的处理非常精细化。我们要细细琢磨，才能悟出其中之妙。

最后，再说说"逆观"。所谓逆观，就是批判性地看课。

世界上没有完美的个人，也不可能有完美的课堂。我们友好地"批判"一下，不是想挑刺，而是希望我们在看课的时候，既有授课者的角度，学生的角度，也应有看课者自己的角度。既能充分地理解教者的方法，也能跳出来，尝试更多的思辨。

王良校长上这堂课时，我在现场，已经觉得非常完美了。一堂课，酣畅

课例3 播下不死的英雄梦想的火种
——《破阵子·为陈同甫赋壮词以寄之》

淋漓,尽情尽兴,听完通身舒畅,简直就没有什么缺点。但细细想想,从我的角度而言,遗憾还是有两个吧:

一是太顺畅了。偶有争鸣,但没有真正掀起思维的狂飙巨浪。学生和老师几乎一直同轨,几乎一直同频。没有遗憾就是这堂课的遗憾。

二是我觉得从文本解读到教学设计,还可以更大胆些,创新些。当然这是我的观点。青春语文讲究"打通教法与活法",追求无论任何文本,最后都要精准地落在学生的个体生命中。王校长"英雄梦想"的立意,如果我来上,我的胆子可能会大一点儿。辛弃疾的英雄梦想和学生当下的英雄梦想如何打通,我应该会再往前走一小步。

当然,一家之言而已,不一定是合适的。我理解王校长,他追求的一定是适可而止,恰恰好,以免语文课上成了思想政治课。这就是不同的教学理念了。

我喜欢这堂课,也非常喜欢王良校长在课堂上体现出来的"书生校长"的儒雅气质。没有在行政岗位上磨掉了诗人意气,没有在案牍劳形中丢失了语文人的激情风雅。王良校长也用自己一堂又一堂高水平的语文课,实践着自己关于语文的不灭的英雄梦想。这个梦想,首先关乎语文情怀,关乎教师使命,其次关乎专业积淀,关乎学科勇气。所以,美哉!壮哉!

致敬永远的语文人王良校长。

(王君,清华大学附属中学语文特级教师,广东清澜山学校首席语文教师。入选"百年中国语文人",主持王君青春语文工作室。)

课例 4

是穷塞主，还是真元帅

——《渔家傲·秋思》（统编语文九下第12课）

教学设计

是穷塞主，还是真元帅
——《渔家傲·秋思》教学设计

教学目标

理解词人复杂的情感，特别是扫清边患的报国之志和离家万里的思乡之情的矛盾统一，理解在具体情境中词人"穷塞主"和"真元帅"形象的矛盾统一。

教学重点

理解在具体情境中词人"穷塞主"和"真元帅"形象的矛盾统一。

教学难点

运用的资料如何恰到好处地发挥作用。

教学方法

围绕"穷塞主"一说，分层次补充材料助读词作，层层深入地比较、品评。

教学时间

1课时。

教学过程

一、初读诗歌，释疑导入

学生初读《渔家傲·秋思》，提出自己的问题，聊聊感兴趣的话题。

课例4 是穷塞主，还是真元帅
——《渔家傲·秋思》

有的即刻解答和回应，有的延后处理，有的只是交流呈现。

依据学生的呈现，相机推进，带出后续教学内容。

预设：

学生可能会注意到"异""泪""闭"等词语。

可能会聊起边塞景象。

可能会对"将军"形象产生疑惑。

二、引入材料，激活思考

出示魏泰《东轩笔录》材料，或印证学生的思考，或催生新的思考。

（屏显）

魏泰《东轩笔录》卷十一：范文正公守边日，作《渔家傲》乐歌数阕，皆以"塞下秋来"为首句，颇述边镇之劳苦。欧阳公尝呼为"穷塞主之词"。

对欧阳公抛出的话题，大家怎么看？

预设：

其一，边地荒凉，边镇劳苦。

点拨：注意"异""塞""浊酒"等词。

塞，本指边界上险要的地方，词中指西北边塞，陕西甘肃一带，是抵御西夏侵扰的西北前线。范仲淹有四年戍边生活。这首词，是宋朝第一首写边塞生活、边塞景象的词。

浊酒，说明生活的艰苦，浊酒是劣等的酒，不比"金樽清酒斗十千"那种上等的清酒。

重点品读"异"。

1.提问。

与何有异？有怎样的异？

塞下秋来风景异，塞下秋来风景，有异于塞下其他季节的风景，有异于江南之秋的风景，有异于江南的大好风景。

联系上片词句，品读出塞下风物之异：雄壮，开阔，苍茫，荒凉；紧张，压抑。

2.联想，比较。

范仲淹感受着塞下秋来风景异的时候，他脑子里可能浮现江南怎样的画面？不妨用你想到的诗词来描述之。

（屏显）

水港小桥多。

日出江花红胜火，春来江水绿如蓝。

春水碧于天，画船听雨眠。

千里莺啼绿映红，水村山郭酒旗风。

茅檐低小，溪上青青草。醉里吴音相媚好，白发谁家翁媪？

一江烟水照晴岚，两岸人家接画檐，芰荷丛一段秋光淡。

概括江南风物之特点：声色之好，养眼，悦耳，秀丽，鲜妍，明媚。

3.归结。

欧阳修说"穷塞主"，此处应该是更多地感受到其荒凉和紧张的特点。

其二，形势紧张，战事不利。

点拨："闭""燕然未勒"可见。

其三，情绪低沉，士气不高。

点拨："不寐""泪"，夹杂着燕然未勒、归家不得的复杂情感。

其四，报国和思乡的矛盾。

点拨：扫除边患，不能；思乡归家，不能。

综上，可能是欧阳修所谓的"穷"。它可以指贫苦、劳苦，更指不得志、不得意，不能快意于疆场，勒石燕然，也不能还乡，进退不能，低沉悲苦。

魏泰以"颇述边镇之劳苦"来概括词作内容，显得有些粗糙。

三、比较阅读，合作探究

1.拓展质疑。

（屏显）

及王尚书素守平凉，永叔亦作渔家词送之。其断章曰："战胜归来飞捷奏。倾贺酒，玉阶遥献南山寿。"且谓曰："此真元帅事也。"

欧阳修为什么说"此真元帅事也"？你更喜欢哪首词作？

意气洋洋，情绪高涨，充满胜利的信心和热情。

课例4　是穷塞主，还是真元帅
——《渔家傲·秋思》

欧阳修断章，就词的艺术价值而言，其实很一般，显得空洞，没有生活的质感，当然欧阳修是赠人祝福之作，可以理解。

事实上，这位王尚书未闻戍边的骄人业绩。欧阳修也没有真正上过战场。范仲淹呢？

2.背景补充。

（屏显）

宋夏两次大战

三川口之战：

宋仁宗康定元年（1040），元昊率军10万寇边，振武军节度知延州范雍仓促应战，三川口一战，延州以北36个堡寨被西夏荡平，主将刘平、石元孙战败被俘。

好水川之战：

1041年二月，元昊再次率领十万大军大举南下攻宋，把主力埋伏在六盘山下的好水川口，韩琦命任福率军数万出战。宋军几乎全军覆没。任福自杀。

（好水川之战，是范仲淹坚决反对的一战，他认为时机不成熟，不可轻率冒进、急于求成。）

范仲淹临危受命：

宋康定元年（1040）至庆历三年（1043），历任陕西经略安抚副使，陕西四路都部署经略安抚兼沿边招讨使；知延州（延安）、耀州（陕西耀县）、庆州（甘肃庆阳）；鄜州（陕西富县，延安南）管内观察使。

举措：整训军队；屯田；修筑城堡；招抚各族。

效果：西兵闻之，争相戒曰："无以延州为意，今小范老子腹中自有数万甲兵，不比大范老子可欺也""军中有一范，西夏闻之惊破胆"。

（1044年，北宋与西夏达成协议，庆历和议。）

问：你觉得这位穷塞主，是真元帅吗？

从现实来说是的。

从词作来看呢？如果也是，怎么理解词作流露出来的低沉情感呢？你能从低沉之外，看出元帅克敌制胜的气概和力量吗？唐圭璋先生曾怀疑，词作中这样低沉的士气，如何能克敌制胜。

理解一，范仲淹基于真实的戍边生活创作此词，基于疲弱的边防事实抒发情感。"不寐""泪"，既是燕然未勒、归家不得的愁苦，也包含了对已经发生或将来可能发生的死伤的痛惜。这里有一个统帅对将士们的共情，对人心的体贴。这些复杂的情绪，是一个文人贴近生活的真诚。

理解二，"闭"，确实写出了真实的戍边局面，战局不利，形势紧张。也暗示了范仲淹镇边的方略：长期戍守。

理解三，"浊酒一杯家万里，燕然未勒归无计"，真那么低沉吗？这两句交织着报国和归家的矛盾。也许情绪上偏重于思家，但理智上、思想上，最看重的还是戍边。究竟应该怎样理解"无计"？"没有方法策略？""没有打算谋划？"应是后者。因为燕然未勒，所以没有归家的打算。这意思就是"燕然未勒誓不归"了。所以，这样的句子，不是简单的情绪低沉，相反，它有着遒劲的力量。如此思念家乡，但是，因为燕然未勒，也不作归家的打算，这才更有动人的力量。

如此看来，穷塞主一说，又不尽然。穷塞主穷矣。但穷塞主实是真元帅，词作里有真的边塞，真的战局，真的情感，真的理想，真的力量。一个真实的、真诚的范仲淹，思念家乡而以戍边为重的范仲淹，理解士卒的范仲淹，一个做好了长期戍守规划的范仲淹，一个以"勒石燕然"为理想的范仲淹，一个戍边效果突出的范仲淹，当然才是真元帅。

3.对比讨论。

当然，这样的句子，和"匈奴未灭，何以家为"，和"青海长云暗雪山，孤城遥望玉门关，黄沙百战穿金甲，不破楼兰终不还"，却又有不同。

大致意思相近，气象上确实远远不及。这应该是时代的不同，汉唐国力强盛，重武功，所以是昂扬的、舒展的、豪迈的。宋朝重文轻武，边患一直是压在人心头的一块巨石。

在一个军备"积弱"的时代，依然以"勒石燕然"为理想的范仲淹，虽不比大唐大汉将军们的慷慨豪迈，但无疑是了不起的"真元帅"。

四、精神引领，总结诗歌

《渔家傲·秋思》一词，在中国文学中不可或缺，它是宋人第一首边塞词，是第一首豪放词，开风气之先。词作描写边塞景象和生活，开阔苍凉，虽然情感偏悲苦低沉，但也蕴含着一种遒劲的力量。

词作展现了一个真实的、丰富的抒情主人公形象，它流露出复杂深沉的思想情感。这个建功边陲的范仲淹，完成了《渔家傲·秋思》的范仲淹，以后要回到朝廷去，主持庆历新政，再后来，要写下《岳阳楼记》。为我们吟唱出中华民族最见知识分子情怀和风骨的句子："先天下之忧而忧，后天下之乐而乐"，之后还在家乡举办慈善机构，且延续甚久。希望我们课后能够通过更多的文章了解范仲淹。

请搜索范仲淹其他诗词，了解范仲淹其人，写出自己的感想。

板书设计：

渔家傲·秋思

范仲淹

穷塞主？！ ⟶ 真元帅！

教学实录

闭守孤城非穷塞主，腹有甲兵是真元帅
——《渔家傲·秋思》教学实录

上课学生： 长沙市怡雅中学初三年级学生

一、初读诗歌，释疑导入

师：同学们，今天我们一起学习《渔家傲·秋思》。同学们先自由朗读文章，看看有没有一些需要提出来的问题。

（生沉默）

二、引入材料，激活思考

师：那么老师有个问题要和大家探讨一下。请同学们先看一则资料：

（屏显）

魏泰《东轩笔录》卷十一：范文正公守边日，作《渔家傲》乐歌数阕，皆以"塞下秋来"为首句，颇述边镇之劳苦。欧阳公尝呼为"穷塞主之词"。

师：大家怎么看"穷塞主"这个说法？

生：我认为是这首《渔家傲·秋思》一出，范仲淹之后的作品就很难超越这首词作。

师：你认为这是穷尽一切创意的一个作品。再想想。

生：结合资料我认为"穷"主要指边境生活之劳苦，"塞"主要指边塞。

师：你是拆字来理解的。范仲淹确实有三四年戍守边疆防御西夏的经历，并且是作为统军的大帅，所以是"塞主"，关键是"穷"该如何理解。这位同学认为指劳苦，魏泰也这么认为，词作是否表现了劳苦？是怎么表现的？劳苦之外，还表现了其他吗？

生：范仲淹词作表现的情感非常贴近于边塞将士的内心想法，所以是穷尽了边塞将士想要表达的话语。

生：这首词的情感和意境是这一系列词作中表现最为绝妙的。

师：有这么多同学认为"穷"是穷尽创意、穷尽话语、最为绝妙之意，那么我们倒是要好好探讨一下。大家看看欧阳修说《渔家傲·秋思》是穷塞主之词的理由是什么。

生：欧阳修提出"穷塞主"一说，其理由是"颇述边镇之劳苦"。如果我们将其理解为穷尽，有点偏颇。

师：嗯，要结合具体语境来理解。待会老师还会给大家展现一首小词，欧阳修说什么才不是穷塞主，我们会再次印证这里的"穷塞主"非穷尽、最为绝妙之意。

生：我觉得应该是词作中常常描述塞外环境的恶劣，凸显了穷困和萧瑟，因此被称作"穷塞主"。

师：恶劣、穷困和萧瑟，好精致的感觉。请同学们齐读上阕。

课例4 是穷塞主，还是真元帅
——《渔家傲·秋思》

生（齐读）：塞下秋来风景异，衡阳雁去无留意。四面边声连角起。千嶂里，长烟落日孤城闭。

师：结合词作谈谈怎样体现了恶劣、穷困和萧瑟呢？

生："衡阳雁去无留意"，大雁都是如此决绝地离开这里，说明环境的苦寒。

师：雁且如此，人何以堪。

生："四面边声连角起"，每日的羌笛马嘶暗示了战争的压力。

师：边声让人感觉战争的压力，如果此时的你伫立孤城，你看到了什么，又听到了什么？

生：听到了战火的轰鸣声，马的嘶鸣声，长风在山野间游荡，可能还会有号角的声音。

生：在长烟的笼罩落日的映照下，山峦绵延千里，重峦叠嶂，浩浩荡荡。

生：内心会涌起悲凉、萧索、荒凉的感觉，甚至可能是凄厉。

师：由环境而内心，这样的感受，范仲淹用一个词来概括，就是？

生：异。

师："塞下秋来风景异"，与什么不同呢？

生：与家乡的风景不同，也可能与塞外的春天和夏天等季节不同。

师：范仲淹此时，脑海中会浮现出江南怎样的画面？会想起哪些关于江南水乡的诗句呢？

生：日出江花红胜火，春来江水绿如蓝。

生：千里莺啼绿映红，水村山郭酒旗风。

师：这里还有若干关于江南春、夏和秋的诗句，有的甚至是直接写范仲淹的老家苏州的诗句。

（屏显）

水港小桥多。

日出江花红胜火，春来江水绿如蓝。

春水碧于天，画船听雨眠。

千里莺啼绿映红，水村山郭酒旗风。

097

茅檐低小，溪上青青草。醉里吴音相媚好，白发谁家翁媪？

一江烟水照晴岚，两岸人家接画檐，芰荷丛一段秋光淡。

（生齐读）

师：你觉得在这样的地方生活、游赏，会有什么样的感受呢？

生：心旷神怡，惬意。和塞外比起来，这里就显得宁静、秀丽、美好、悦耳、养眼。秋日的边塞会让我们感觉到苍茫、肃杀、凄苦。

师：非常精彩。现在同学们主要从环境、生活的角度理解了"穷塞主"的"穷"，艰苦，劳苦。还有别的角度吗？"穷"其实还有别的意思。从汉字本身来看，"穷"的繁体字"窮"，上面是一个洞穴，下面像一个人弓着身子。同学们想象一下，"穷"该如何理解？（板书：窮）

生：受到束缚，施展不开拳脚，好像这个人比较困窘，不得志。

师：同学们觉得词作中哪里表现了这个意味呢？

生：词作中提到"燕然未勒归无计"，这里运用了典故，范仲淹有一腔的热血却无法施展，无法建功立业，我认为这就是"穷塞主"的意义。

生："千嶂里，长烟落日孤城闭"，若想要建功立业就必须攻城略地而非死守在这里。但是词人现在所能做的就只有死守在这里，甚至要用一辈子的时间守阵地。

生：是的，"闭"字暗示了战事的紧张，军事局面的不利。局面不利，所以后文写"燕然未勒"。

师：崇山峻岭之间，千峦万嶂之间，就只有这么一座孤零零的城池，城门紧闭。在这种战事不利、局面凶险的背景之下，内心会觉得很压抑很低沉，这种压抑低沉之感当然也是"穷塞主"的一个意味。

生："人不寐，将军白发征夫泪"，更直接地表现了这种低沉愁苦。

生：燕然未勒归无计，杀敌建功不能，回家也不能，进退两难，写出了"穷"困窘的意味。

师：所以欧阳修所谓的"穷"，可以指贫苦、劳苦，更指不得志、不得意。不能快意于疆场，勒石燕然；也不能还乡：进退两难，低沉悲苦。而魏泰以"颇述边镇之劳苦"来概括词作内容，显得有些粗糙。

三、比较阅读，合作探究

师： 我们再来看据说是欧阳修写的一首小词，但只剩下几句，其余已无从查证。

（屏显）

及王尚书素守平凉，永叔亦作渔家词送之。其断章曰："战胜归来飞捷奏。倾贺酒，玉阶遥献南山寿。"且谓曰："此真元帅事也。"

师： 为什么这才是真元帅事？

你更喜欢哪个的词作？

（生齐读）

生： 因为词作写的是战胜归来，又是"贺酒"，说明建功立业已经完成，是真正做了实事，立了功业，所以才说是"真元帅"。

生： 资料中提到"永叔亦作渔家词送之"，可见是欧阳修的赠别之作，还没上前线呢，不能说功业已经完成。

师： 你们喜欢哪个的作品？

生： 欧阳修的，很豪迈，充满希望，感觉胜利在望。

生： 欧阳修这首有点喊口号的味道。我喜欢范仲淹的。

师： 欧阳修是赠人之作，可以理解。老师也喜欢范仲淹的《渔家傲·秋思》，从现实土壤里长出来的作品，才是千古名篇。现在请一位同学为大家朗读范仲淹的《渔家傲·秋思》。

（一生朗读）

师： 不像大家朗读欧阳修词作时的豪迈。你真的读出了这个"穷塞主"的味道，有几分豪迈，又有几分低沉。看起来，王尚书比范仲淹更像一位真元帅呢。不过呢，事实上，这位王尚书未闻有戍边的骄人业绩。那范仲淹呢，我们来看看他的一些情况。

（屏显）

宋夏两次大战

三川口之战：

宋仁宗康定元年（1040），元昊率军 10 万寇边，振武军节度知延州范雍仓促应战，三川口一战，延州以北36个堡寨被西夏荡平，主将刘平、石元孙战败被俘。

好水川之战：

1041年二月，元昊再次率领十万大军大举南下攻宋，把主力埋伏在六盘山下的好水川口，韩琦命任福率军数万出战。宋军几乎全军覆没。任福自杀。

（好水川之战，是范仲淹比较坚决地反对的一战，他认为时机不成熟，不可轻率冒进，急于求成。）

范仲淹临危受命：

宋康定元年（1040）至庆历三年（1043），历任陕西经略安抚副使，陕西四路都部署经略安抚兼沿边招讨使；知延州（延安）、耀州（陕西耀县）、庆州（甘肃庆阳）；鄜州（陕西富县，延安南）管内观察使。

举措：整训军队；屯田；修筑城堡；招抚各族。

效果：西兵闻之，争相戒曰："无以延州为意，今小范老子腹中自有数万甲兵，不比大范老子可欺也""军中有一范，西夏闻之惊破胆"。

（1044年，北宋与西夏达成协议，庆历和议。）

师：穷塞主是真元帅么？

生：范仲淹肯定是真元帅。结合材料来看，宋夏的两场战役都是以北宋的失利告终。此时的范仲淹临危受命，词作中我们能感受到词人想要建功立业但壮志难酬的悲怆。闭守孤城，有家难回，所以他把这座孤城当作自己的家乡，他要想尽一切办法守护这座孤城。材料中提到范仲淹整训军队，屯田，修筑城堡等都是希望能够把这个孤城戍守好。

师：你的思考抓住了要害。范仲淹是真元帅，你联系了词作的两个背景来说。一是宋夏对峙，宋在军事上不利。北宋立国一直重文轻武，边备一直存在问题。宋夏此前的几次大战结局比较凄惨。二是长期戍守边疆，塞外荒凉，将士们思念家乡是人之常情。可是尽管如此，范仲淹依然会用心戍守边疆，能够直面困难，想了很多措施，认真做事且收效甚好。这就是真元帅。

但词作确实也展现了"穷塞主"的内心情感，有些低沉、压抑。真元帅

课例4　是穷塞主，还是真元帅
——《渔家傲·秋思》

可以情感低沉不？

生：真元帅也可以有低沉的情感。"人不寐，将军白发征夫泪"，这是很真实、很真诚的。一方面功业难就，归家不得，一方面城堡丢失，将士死伤，这样的低沉是可以理解的。

师：因为那些被攻陷的城堡，那些死去的将士，一个将军"不寐"甚至流泪，这确实不是威武豪迈的形象，但这样的将军是真诚的，是体恤将士的，是会得人心的。

师：但有人觉得，这样的元帅，能克敌制胜么？有一位词评大家唐圭璋先生，就说："惟士气如此，何以克敌制胜？故欧公讥为'穷塞主'也。"我们知道，范仲淹事实上戍边是有成效的。那么，能从词作中，读出这位有些低沉的真元帅可以制胜的理由和气概不？

生："长烟落日孤城闭"中的"闭"字显得紧张和压抑。但结合材料来看，也可以认为体现了范仲淹注重防守、稳打稳扎的特点。

师：确实，将士要根据实际情况调整戍边的方略对策。材料中的好水川之战，当时的韩琦是主战派，而范仲淹却反对，结果因条件不成熟招致一场大败。所以范仲淹用一种稳健的、以戍守为主的策略来对抗西夏是明智的。因为当时西夏的军事力量确实很强，如果我们与之在群山峻岭中作战，讨不到好处。范仲淹正是通过整训军队、屯田、修筑城堡、招抚各族的方法，让西夏占不到便宜，才有了之后的庆历议和。当然庆历议和的原因是复杂的，但范仲淹的成功戍守无疑起到了决定性的作用。

生：范仲淹念念不忘的是"燕然未勒"，要打败西夏，巩固边防，他是有雄心壮志的。

师：同学们可以深究一下两句话蕴含的情感。

（屏显）

浊酒一杯家万里，燕然未勒归无计。

（生齐读）

生：初读时，我们从"家万里"和"燕然未勒"体会到将士们戍守边疆这么久了，可能会想家了，想建功立业早点回去。但从当时的三川口之战以及延州以北的三十六个堡寨被西夏荡平，宋军几乎全军覆没来看，如果我们的军队覆灭了，堡垒被荡平了，后方的家乡还有什么可以被保护的呢？词人可能会想自己身后是千家万户的灯火，燕然未勒，也就没有回去的勇气，我们需要抗击敌军，实现报国之志，保护我们的家人和朋友。

师：你的理解很有创意，也很深刻。我们在这里就是要戍守边疆，因为身后有万家灯火。这种气概就有点慷慨的意味。

生：我认为"归无计"有客观上的原因，词人没有完成上级的任务，是不能回去的。还有一个主观的"归无计"，如果"我"未建功立业，就誓不还家。

师：厉害，厉害呀！客观上的"归无计"是有家不能回，但他还可能是一种主观的选择，誓不还家。一般来说不能回去好像有点消沉，但如果这是一种主观的选择呢？同学们好像还有点疑惑。这里"归无计"的"计"是什么意思？

生：方法。

生：打算。

师：请同学们体会一下，这两种理解分别蕴含怎样的情感？

生：理解为"方法"，就有点消沉的意味。

生：如果做"打算"讲，就有"不破楼兰终不还"的意味。

师：你的联想很好。没有办法回家，显得消沉；因为边患未除，燕然未勒，所以不打算、不考虑回家，这就是一种主观上的选择，就展现出慷慨、豪迈、遒劲的力量。虽然思念家乡，但没打算回去，燕然未勒嘛，所以，低沉中，却又勃发着一股子遒劲的力量。这样的真元帅，是可以率领大家克敌制胜的。

四、精神引领，总结诗歌

师：我们带着进一步的理解，体会情感的复杂，体会词人形象的立体，请同学们再次自由朗读词作。思考范仲淹是真元帅，有没有否定欧阳修的"穷塞主"一说呢？

（生齐读）

生：这首词确实有悲凉与消沉之意，戍边劳苦，所以说是"穷塞主"之词有其道理。

生：这个穷塞主却又有慷慨的力量，"燕然未勒归无计"。

师："燕然未勒"，前边有同学联想到"不破楼兰终不还"，还可以联想到大汉的"匈奴未灭，何以家为"。

（屏显）

匈奴未灭，何以家为！

青海长云暗雪山，孤城遥望玉门关。黄沙百战穿金甲，不破楼兰终不还。

生：慷慨激昂和豪迈，这就是恢宏的汉唐气象。

师：大唐和大汉是充满信心的，是慷慨豪迈的，而边患不宁、战斗力弱一直是两宋之痛。范仲淹的这首词有特定的时代背景，也透露出时代的影子，时代的气象。范仲淹采取的一些措施当然有成效，但是那种积久而来的贫弱会一直笼罩在人们心头，会有挥之不去的伤痛，会有消沉，"燕然未勒归无计"中有不利，有惆怅；但更是一种内在的遒劲的风骨。他是穷塞主与真元帅的统一。写完《渔家傲·秋思》的范仲淹很快就要到朝廷主持庆历新政，这是一场直指吏制改革的变法，多年以后词人又在邓州受滕子京的邀请写下《岳阳楼记》，为我们吟唱出中华民族最见知识分子胸襟的"先天下之忧而忧，后天下之乐而乐"，之后还在家乡举办慈善机构，且延续至今。希望我们课后能够通过更多的文章了解范仲淹。理学家朱熹列举几位自己最崇敬的可以称之为完人的人，当中就有范仲淹，而我以为最完美的就是范仲淹了。

下课。

教学反思

合理运用材料，优化课堂活动

——《渔家傲·秋思》教学反思

不少现场听课的老师说，"觉得我以前没教过这首词"。

这当然是老师们的夸张性的肯定，不过也表明，我这一课的开掘和设计是有些新意的。应该是，对运用补充材料，下了一番工夫。

体现在以下几个方面。

一、分层引入，人词合一

教学从一则诗话切入。魏泰《东轩笔录》记欧阳修因《渔家傲·秋思》而称范仲淹为"穷塞主"，教学从这里展开。但这则材料不仅仅是一个由头，而成为设计之"核"，生发出全部的教学内容，生发出教学结构和思路：

穷塞主？

穷塞主！

真元帅！

这就是课堂结构和思路。

每次引入材料，都是对新思考的触发。比如下面三次材料的运用。

第一次，引《东轩笔录》，是接受式思考，理解欧阳修何以认为范仲淹是"穷塞主"。

第二次，补全上一则材料，引入欧阳修断章（大多数人认为是欧阳修作品），对比思考。

第三次，概述宋夏对峙和范仲淹戍边事略，引导学生产生新认知、新体验。

好的课堂体验和认知应该有台阶感，学生拾级而上；有突破感，也就是发生了小小的颠覆，学生思维和精神冲浪，他们觉得"是的""不是""不全是""这才是"！

在这一过程中，词作情感的复杂性和抒情主人公形象的复杂性不断被学生领会。

知人论世，在教学时容易流于粗糙和呆板。本课不是简单介绍了事，而是有层次地引入背景资料，帮助学生理解人，也理解词，实现人词合一。

二、相机引入，翻出新篇

课堂开始部分，学生结合"穷塞主"一说谈体会。谈得比较好，但后来就显得角度单一，在原地打转。我于是板书了"穷"的繁体写法"窮"。人在洞穴里，弯着身子，不得舒展。所以"穷"有困窘、压抑、不得志的意思。这就给学生搭了一个小支架，他们思考有了凭借，于是有了丰富的思考。

课堂快结束时，学生几经辗转，认识到范仲淹是真元帅，到此也可以结课了。这时我引用了汉唐名句，"匈奴未灭，何以家为！""黄沙百战穿金甲，不破楼兰终不还"。这些句子和"浊酒一杯家万里，燕然未勒归无计"意思接近而气象不同。参照理解，学生的认识又可以上一个新台阶。

专家评点

聚焦和沉潜，让深度学习在教学中发生

谭嘉慧

王良老师的课，我听过许多，无数次震惊后慨叹其课真正做到了"人无我有，人有我优"。其共同点用两个词语概括就是——

"聚焦"和"沉潜"。

因为聚焦，所以课堂不糅杂不散乱；

因为沉潜，所以能真正带领学生透过纸张、透过文字，走进文本的世界。

那个世界可能战乱纷纷、可能豪情万丈、可能情真意切、可能趣味盎然……真正实现了"让深度学习发生"。

这堂"人无我有"的《渔家傲·秋思》就是"聚焦和沉潜"特色的真切体现。一般学习范仲淹的《渔家傲·秋思》，大家普遍都是停留在按部就班地"抓字品句"的层面来体会范仲淹的感情，而王良老师却出其不意，用了欧阳修的评点"穷塞主之词"来作为切入点。"穷塞主之词"这句话，一般人都只是课堂上涉及，王良老师却以此作为课堂结构的关键生发点，撬开整堂课，也撬开了学生思维的匣子。这是实现"深度学习"的关键一步。

那么，什么是深度学习？

深度学习是指"在教师引领下，学生围绕着具有挑战性的学习主题，全身心积极参与、体验成功、获得发展的有意义的学习过程"。王良老师所执

教的《渔家傲·秋思》就很好地做到了这一点，我们从中也可以总结其诗歌教学中深度学习的有效途径。

一、核心问题导向

这是"聚焦"和"沉潜"的共同起点。

核心问题，它密切地关联着文本本体。文本是内在意义结构与外在形式结构的统一，以其整体性的结构发挥着它的作用价值，深度学习的重要任务，就是要深入到作品的内部，打通文本的筋脉，读出文本的奥秘。

王良老师用"穷塞主"一词聚焦起全文的核心。一个"穷"字包含了种种复杂意味：边地荒凉，边镇劳苦；形势紧张，战事不利；情绪低沉，士气不高；报国和思乡的矛盾等等。围绕"穷塞主"一词，王良老师设计了三个问题：

1. 如何理解"穷塞主"？
2. 范仲淹是"真元帅"吗？
3. 范仲淹是真元帅，否定了欧阳修的"穷塞主"之说么？

这三个问题也就成了撬动整个课堂"教"与"学"的最有效杠杆。第一个问题紧紧围绕着学生对于词作中"边塞""异"的初读体验，促使其完成基本感知。第二个问题，顺势而入，过渡到对于词作精神的理解上，引导学生进一步感知范仲淹身上兼具悲悯的"低沉"与爱国的"慷慨"，从而深入感知范仲淹形象的立体；第三个问题乘上而来，启发学生将词放入时代背景中进行思考，学生心中也就自然而然地生成了一个兼具"内在的遒劲的风骨"和"因时事而低沉"的范仲淹。

二、情境创设自然

这是"聚焦"和"沉潜"的灵动桥梁。

教育教学都是在情境中发生的。韦志成在《语文教学情境论》一书中这样解释："情境教学，指在教学过程中为了达到既定的教学目的，从教学需要出发，引入、制造或者创设与教学内容相适应的具体场景或氛围，引起学生的情感体验，帮助学生迅速而正确地理解教学内容，促使他们的心理机能全面和谐发展，提高教学效率。"

课例4　是穷塞主，还是真元帅
——《渔家傲·秋思》

在《渔家傲·秋思》一课中，情境创设贯穿在王良老师的教学之中。一方面，王良老师精当地运用了一些历史资料，这就为教学设置了宽厚的背景，提供了有力的依托。另一方面，王良老师注意唤起学生的想象，将学生带入某种意境、某种氛围。如为了引导学生感受孤城风物，王良老师提出了两个问题：

1.如果此时的你伫立孤城，你看到了什么，又听到了什么？

2.词开头"塞下秋来风景异"，谁能解说一下有什么不同，与哪里不同呢？你会想起哪些关于江南水乡的诗句呢？

这是情境化问题，唤醒学生的体验、联想、想象。有利于经验的迁移与应用。王良老师的问题，让同学们描绘由词句而看到、听到的景象，让同学们在语言的重新构建中对《渔家傲·秋思》有了更深入的理解；让学生联想以前学过的关于江南的诗句，迁移以往的知识来与前两个问题获得印象形成对比，在迁移对比之中，深化对边塞恶劣环境的认知。

这种情境创设，是立足于文本内部和核心价值的，因而是完成教学目标、实现深度学习的有力凭借。

三、多元对话生成

这是"聚焦"和"沉潜"的抵达方式。

师生对话，是课堂教学中无法避开的重要环节，也是核心问题的引领下展开的细腻、深刻的心智交流活动。学生之间诸多的见解、想法往往是"前理解"与文本之间对话产生的结果，此时老师的引导就显得尤为关键。

如在这堂课中，学生在最初谈对"穷塞主"的理解时，主要围绕边塞环境的艰苦展开，角度比较单一。面对这一情况，王良老师适时补充"穷"的繁体字写法，帮助学生打开思路。在结合背景资料，探究"'穷塞主'是否是真元帅"这一问题时，学生主要围绕范仲淹的成就展开，王良老师相机引导学生关注词作本身，注意到"闭""归无计"等关键词语。关于"计"字的讨论，最体现生成的精彩。通过这些对话，帮助学生纠偏、丰富、深化，现实了"单点—多点—联点—系统"的认知结构的层递变化，使学生在其最近发展区实现发展。

言语的森林
——王良生长语文课堂12例

　　王良老师的"聚焦又沉潜"的课堂以核心问题为导向、活化情境问题、开展有纵深感的多元对话，抵达文本内在精神，学生在与老师的交互中，也就形成了积极的学习动机与情感、正确的态度和价值观，发展了深度思考的能力。

　　（谭嘉慧，长沙市怡雅中学语文教师，湖南省"五一劳动奖章"获得者，六次获全国赛课一等奖）

课例 5

何妨，且作少年狂

——《江城子·密州出猎》（统编语文九下第12课）

教学设计

说狂说悯说何妨
——《江城子·密州出猎》教学设计

教学目标

1. 学习、背诵、默写诗歌，感受诗歌潇洒、豪放的风格特点。

2. 通过咬文嚼字、征引资料、对比阅读，引导学生体会苏轼的"狂"与"悯"。

3. 引导学生与苏轼对话，理解苏轼"聊发""何妨"的人生方式和思维方式，养成积极乐观的人格。

教学重点

品析苏轼的"狂"。

教学难点

品析苏轼的"悯"，欣赏其"聊发""何妨"的人生姿态。

教学过程

一、激趣导入

（屏显）

欧阳修读《渔家傲·秋思》，认为范仲淹是"穷塞主"，不妨猜一猜，他读苏轼的《江城子·密州出猎》，会有什么感慨？

引导学生自由而充分地发言。

预设：够狂；真将军，真元帅，狂太守，好汉子。

二、品读苏轼之狂

(一) 狂，气势狂，威武雄壮

1.聚焦"千骑卷平冈"的"卷"，品苏轼气势之狂。

思考："卷"有什么特别的意味？可以和"千骑过平冈""射平冈"等比较之。

明确：卷，给人一种浩大、壮阔、迅捷、充满力量和气势之感。"卷"这个词总让我们想起疾风凌厉，潮水翻滚。

2.补充例子，理解"卷"之凌厉气势。

(屏显)

有情风万里卷潮来。(苏轼)

乱石穿空，惊涛拍岸，卷起千堆雪。(苏轼)

怒涛卷霜雪，天堑无涯。(柳永)

3.小结。

千骑卷平冈，也就是千骑在平冈上如潮水般翻卷过去，一个太守，竟然有大将军、真元帅的雄壮开阔气象。苏轼生生把一次打猎行动——可能就是几人、十几人、几十人的规模，表现为一次大规模的军事演习活动，其气势，可谓威武雄壮。

(二) 狂，兴致狂，得意扬扬

1.聚焦"为报倾城随太守，亲射虎，看孙郎"，品苏轼兴致之狂。

屏幕上两种翻译，一些学者认同第一种，教材选择第二种，你更认同哪一种？

(屏显)

为报倾城随太守，亲射虎，看孙郎。

译一：为了报答全城百姓相随，我一定要像孙郎一样亲自射虎。

译二：为我告诉全城百姓，都随我出猎，我要像孙郎一样亲自射虎。

课例5 何妨，且作少年狂
——《江城子·密州出猎》

2.引导学生根据词作语境和知识积累，阐述理由。

预设：第二种更好一些。

理由一：诗词中使用"为报"一词，一般都是告诉，为我告诉之意。

（屏显）

为报韩公莫轻许，从今岛可是诗奴。

——［宋］苏轼《赠诗僧道通》

君归日，见家林旧竹，为报平安。

——［宋］陈人杰《沁园春》

理由二：更重要的是，这更表现了苏轼的兴致高昂，兴致如"狂"。要射虎，是一种狂；嚷嚷着大家来看我射虎，更是一种狂。第二种翻译，"狂"的层次更加丰富，也更有现场感。

3.小结。

我们的苏先生有些人来疯，有些忘形。人有时候是需要忘形的，大概如苏子一派天真人，才能不拘形迹吧，所以他会嚷嚷："给我去告知全城的老少爷们，还有哥们姐们，都来看我打猎，看我射虎！"

4.设疑激趣。

苏轼如果去喊老百姓来看他打猎，老百姓会来吗？

预设：估计会。

补充资料：苏轼在密州，治理蝗虫之害，抗旱，缉拿盗贼，救助弃婴，都卓有成效，深得民心；苏轼的《再过超然台赠太守霍翔》中有"重来父老喜我在，扶挈老幼相遮攀"的描述，此诗作于宋神宗元丰八年（1085），苏轼赴登州，路经密州时，密州太守霍翔于超然台置酒宴招待苏轼。

（三）狂，志向狂，云端之上

1.聚焦"会挽雕弓如满月，西北望，射天狼"，品苏轼翱翔于云端之上的志向。

明确：这是词人的理想，自信满满，气度潇洒，气象豪迈。

111

2.思考讨论，苏轼是何以想到"射天狼"的？

预设：

这是一种联想，由"射虎"到"射天狼"，自然而然；

宋朝边患依然存在，苏轼时时刻刻不忘家国大事；

苏轼是真报国将军也，由出猎射虎，而能联想到戍边，想象着"射天狼"，这是忧国之深重，是志向的远大，是念念不忘，必有回响。

3.横向对比："西北望，射天狼"和"燕然未勒归无计"气象的异同。

明确："燕然未勒归无计"是一种内敛的遒劲，"西北望，射天狼"是一种浪漫、一种豪迈、一种狂放。

4.激趣："射虎"与"射天狼"的现实，发生了吗？

明确：射虎，他只是嚷嚷；射天狼，他特别想。这两者，都不是现实发生的。如果真的发生了，那就是一种比较客观的描述，反而不能表现兴致之"狂"。唯其没有发生，更可见兴致的高昂、想象的活跃。苏轼欲射虎、射天狼的兴致、理想，是何等狂放，何等豪迈！

5.延展：如果真的给苏轼戍守边疆的机会，他可能真的能做得很好呢。要知道，苏轼是个神奇的人，目前来看，干啥基本都是第一名啊。

三、探析苏轼之怅惘，且惘且狂

1.思考讨论：词作中，有没有不那么狂的地方呢？

预设：

其一，"持节云中，何日遣冯唐"。苏轼与变法派不合，离开京城，先是做了杭州通判，现在知密州。这终究是不得意的。

其二，"老夫聊发少年狂"。聊，姑且，为什么只能是"姑且"呢？一是总体处境并不如人意，二是出猎这种少年狂事，并不能经常做，治理密州可不轻松。

补充资料：

（屏显）

苏轼《超然台记》：始至之日，岁比不登，盗贼满野，狱讼充斥，而斋厨索然，日食杞菊，人固疑予之不乐也。

其三，"鬓微霜，又何妨"。何妨的前提，是有妨。苏轼名满天下，从政十年后却失意离京，年华易逝，鬓染微霜，如何不怅然？我们品读《江城子·密州出猎》的狂，先不能忽略这一点。

2.小结：

不管多郁闷，都可以嗨起来；不管多艰苦多忙碌，都可以嗨起来——这是苏轼给我们的启示。人生难免无奈和痛楚，但，"聊发"，发，就是振奋呀。"又何妨"，就是高昂的兴致呀。何妨，是苏轼的人生宣言和思维模式。

补充：

（屏显）

苏轼：鬓微霜，又何妨。

苏轼：莫听穿林打叶声，何妨吟啸且徐行。

苏轼：河梁会作看云别，诗社何妨载酒从。

四、小结

气势狂，兴致狂，志向狂，实在是苏轼生命的再现，生命的投入。一方面，苏轼对人对事如此热情、如此亲近，如此满怀希望；一方面，苏轼遭遇挫折时又是如此豁达、如此超然。在不太理想的人生中，我们如何理想地活着？苏轼呈现了一种审美的方式：在郁闷时有"聊发"的兴致，在不顺中有"何妨"的洒脱。

附补充阅读资料一则：

宋神宗熙宁七年（1074）苏轼来密州，时年39岁。熙宁八年（1075）十月，苏轼在密州祭常山回，与同官会猎于铁沟附近，写作《江城子·密州出猎》。熙宁九年（1076），离开密州。

王安石于熙宁七年四月第一次罢相，而曾为"护法善神""护法沙门"的吕惠卿、韩绛亦于熙宁八年八月、十月先后罢废，变法的新党成员内部分裂。熙宁八年十月，宋神宗下诏云"以灾异数见，不御前殿，减常膳，求直言"，并"赦天下，罢手实法"。

板书设计：

江城子·密州出猎

苏轼

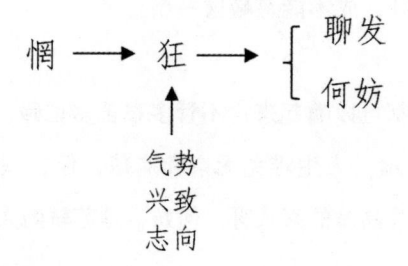

惘 → 狂 → { 聊发 / 何妨 }

↑

气势
兴致
志向

教学实录

何妨，且作少年狂
——《江城子·密州出猎》教学实录

上课学生： 长沙市怡雅中学初三年级学生

一、激趣导入，初感诗歌

师：上一堂课，我们讲了《渔家傲·秋思》，说到欧阳修认为范仲淹是"穷塞主"。我有一个想法，如果欧阳修读苏轼的《江城子·密州出猎》，会有什么感慨呢？

生：欧阳修会觉得他是个"狂塞主"。

生：会觉得他是一个"狂太守"。

生：会觉得苏轼是个骄傲的人。

师：这些感受都是不错的。苏轼自己在词中，开篇就写"老夫聊发少年狂"，所以，狂，是我们解读这首词不可回避的关键点。我们就一起来聊一聊，你是从哪些地方看出苏轼之"狂"的，又"狂"在哪里呢？

生：我说三点，第一，行动的狂，如"千骑卷平岗""倾城随太守"，意思是要全城的人跟他去打猎；第二是"亲射虎，看孙郎"，这里他把自己比作孙权，说自己像孙权一样有英雄气概；第三是"持节云中，何日遣冯唐""西北望，射天狼"，这是表现自己想要建功立业的远大志向。

师：你的分析，说出了苏轼的心声，我想，苏轼一定会认为你是他千年后的知音。你认为这是行动的狂、英雄的狂、理想的狂。

生：我想说的是"左牵黄，右擎苍"。就是左手牵着黄犬、右手托着苍鹰，这种装扮就显示出作者的豪情壮志。今天整个城的人跟我一起出去，我一定要打到很大的猎物，我的着装，就是为了打到猎物而配置的。

师：苏轼的穿着很潮，"左牵黄，右擎苍，锦帽貂裘"，有一种观感上的少年式的意气风发。

生：我找到的是"酒酣胸胆尚开张，鬓微霜，又何妨"。他觉得自己虽然已经有一点年纪，两边的头发已经开始斑白了，但是没有关系，这跟实现他的人生志向是不冲突的。

师：也就是说，他虽然有一点点不如意，但一样可以很豪放，可以很热烈。看来大家对这首词比较熟悉，那我们接下来做一点更精微的分析。看看在熟悉中，能不能发现新意；在以为知道的地方，有没有可能遇见新的困惑。

二、品读苏轼之狂

师：刚才同学们提到的打猎图景"千骑卷平冈"，如果细细咀嚼一下，我们应该会注意到"卷"这个词。能换成"千骑过平冈"吗？这个"卷"字有什么样的意味？

生："卷"字有一种席卷的意味，让人感觉到"千骑"声势之浩大，以及气势磅礴的感觉，进而让人感觉到作者辽阔的胸襟。

师：你体会出这里的"狂"，主要表现了一种浩大的气势。卷，席卷，铺天盖地，声势浩大。我们可以做一个比较，我们讲一匹马速度快，会说像离弦之箭一样射了出去，那这里可不可以换成"射平冈"？

生：不可以，"射平冈"只写出了马的速度快。

生：气势不够雄壮。

师：对，"射平冈"只写出了速度之快，失去了"千骑卷平冈"这种雄壮之感。还有别的体会吗？

生："卷"是慢慢地卷回去，这是一个缓慢的过程，除了体现"千骑"的声势浩大，还有平冈的广阔无边，更体现出苏轼的豪情。

师：你的发言有一个非常精彩的发现，也有一个似乎考虑不太准确的地方。孩子们，你们发现了吗？精彩的是他注意到"卷"这个词，表明了山冈是平旷的。不平旷就不能用"卷"。据考证，当时密州确实有这么一块平坦的山冈适合打猎。但你说"卷"是个缓慢的过程，这感觉不对哦，千骑卷平冈，绝对是快速的、凌厉的，对不对？"卷"这个词，会让你联想到什么？

生：海浪、狂风。

师：像风一样凌厉，像海潮一样翻滚，这样，浩大的、凌厉的、迅猛的气势，就彰显出来了。苏轼特别喜欢用"卷"字。我们再看一下：

（屏显）

有情风万里卷潮来。（苏轼）

乱石穿空，惊涛拍岸，卷起千堆雪。（苏轼）

怒涛卷霜雪，天堑无涯。（柳永）

（生齐读）

师：苏轼说自己聊发少年狂，我看他呀，一直就是昂昂少年狂。后面这句是柳永的词，柳永也可以写出这种豪迈的句子，可见文人的内心，是多么丰富、丰盈。"千骑卷平冈"确实是足够表现出一种"狂"不可当的气势。我们读这样的句子，刹那之间，恍惚之间，就觉得这好像不是在打猎，这不

课例5　何妨，且作少年狂
——《江城子·密州出猎》

是几人、十几人的打猎，不是去捉一只兔子，而是去干什么呢？

生：好像是去打仗，是冲锋陷阵，奋勇杀敌。

师：苏轼把一个小规模的打猎活动，活脱脱写成了一个千军万马的军事行动，气势不可谓不狂。所以，第一位同学说的"行动狂"，表述为"气势狂"，似乎更为合适。

（板书：气势狂）

师：前面有个同学提到了"为报倾城随太守，亲射虎，看孙郎"，她好像是把它归纳到"行动狂"里面，我们来分析一下，有没有更好的理解。这到底是一种行动，还是其他。

生：他的意思是说，全城的人都跟我一起去打猎，我一定要像孙权那样亲自射虎，我一定要打到很丰盛的猎物。我认为这是一种语气上的狂。

师：语气的狂，——如果你准确理解了"为报"，对此的体会会更深。

（屏显）

为报倾城随太守，亲射虎，看孙郎。

译一：为了报答全城百姓相随，我一定要像孙郎一样亲自射虎。

译二：为我告诉全城百姓，都随我出猎，我要像孙郎一样亲自射虎。

师："为报"这个词有两种理解，很多学者、工具书取第一种理解。我们教材是取的哪一种理解？

生：第二种。

师：那刚刚这个女同学，是取的哪种理解？

生（齐）：第二种。

师：哪种理解比较好，说说理由。

生：我认为是第二种。替我告诉，要大家都和我一起出去打猎，让全城百姓都能感受到我的意气风发。

师：意气风发，这个词说得好。如果说"千骑卷平冈"是威武雄壮，那"为报倾城随太守"就显得意气风发，意气洋洋。

生：我也认为第二种好一点。第二种解释为"为我告诉全城百姓"，就是帮我告诉所有百姓，都来看我打猎。他有自信，认为自己一定会打到猎

117

物；他一点都不担心没打到猎物，到时候会很狼狈。

师：你这个解读很有趣呀。

生：我觉得第一种解释，它的打猎是客观上的呈现，我去打猎是为了答谢百姓而已；但第二种解释是主观上的意愿。我认为如果想要体现总领全文的"狂"字以及下文"亲射虎"的行为的话，一定是主观上的这个意思，更能够符合当时苏轼想要表达的情感。

师（惊喜地）：非常精彩的一个发现啊！你的解读，帮助我们所有人都更进了一步。我们来区分一下客观和主观。按第一种解释，这句话是偏客观一点的描述，按第二种解释，这句话是写一种强烈的主观愿望。我们想象一下，两种解释展现的画面是不同的，苏轼说话的语气不一样，底气不一样，意气不一样，兴致也不一样。第二种翻译，是一个很有现场感的描写。这个苏轼就是个"人来疯"，他兴奋起来就会手舞足蹈，"为报倾城随太守"，为我告诉全城百姓，全城的哥们姐们弟们妹们都随我来，我要像孙郎一样射虎！同学们，你们看，这个句子，的确很狂很苏轼啊。兴致如狂，意气洋洋。

师：射虎，本身就是很狂的；要全城的这个老少爷们哥们姐们弟们妹们都跟着我来，这也是一种狂。行动之狂、口气之狂、兴致之狂，都叠加到一块，很丰富，也很立体，很有现场感。像一阵狂风，席卷而来，让我们读者的心，也激动起来。所以，取第二种解释，恐怕更符合苏轼当时的情态。而且，"为报"这样解释，有更多其他例子来佐证。

（屏显）

为报韩公莫轻许，从今岛可是诗奴。

——［宋］苏轼《赠诗僧道通》

君归日，见家林旧竹，为报平安。

——［宋］陈人杰《沁园春》

师：我们看"为报韩公莫轻许，从今岛可是诗奴"这句，意思是说，你替我跟韩愈说一说，不要随便去肯定人，不要老是说"岛"和"可"的诗好得不得了，现在我读到了道通和尚的诗，那贾岛和无可这两个人的诗就差远

课例5 何妨,且作少年狂
——《江城子·密州出猎》

了呢。我们再看宋代陈人杰的这一首词:"君归日,见家林旧竹,为报平安。""为报"就是替我去说一下的意思。其实我一直就怀疑把"为报"解释为"为了报答"是不妥当的,但是没有十足的依据。不过,我们可以确定,"替我去告诉"在诗歌当中,味道更加浓烈一些,也就是更狂、更苏轼一些。

师:现在,我又产生一个疑惑:就是我苏轼要去打猎,喊全城的人跟我一起来,会不会有点担心呢?大家不来咋办?我啥也打不着怎么办?再比如,你要去做一件事,你喊全班同学、全校同学都来看,你有没有担心别人不来呀?如果别人都不来,这个兴致是不是被泼了盆冷水?比如,我在这里上课,我要喊全长沙市的老师都来听,我就不敢说这个话啊,我可没那么狂啊。

生:你可以的。

(听课师生大笑)

生:大家会去的,苏轼爱民,总是很得人心。

师:你对苏轼是了解的。

(屏显)

重来父老喜我在,扶挈老幼相攀遮。

——[宋]苏轼《再过超然台赠太守霍翔》

师:《江城子·密州出猎》这个作品写了以后,大约十年,苏轼重回密州。苏轼在密州其实只有两年,但这两年非常重要,《江城子·密州出猎》《江城子·十年生死两茫茫》都是写在这个时候。十年以后,他去登州赴任,经过密州。当时的密州太守给他在超然台设宴,超然台是苏轼在密州时修葺的一个亭子,有一篇文章叫什么来着?

生:《超然台记》。

师:当时的老百姓知道苏轼来了,知道苏轼还活着,都很高兴,然后就扶挈老幼,全城出动来看他。由此,你猜测一下,苏轼如果去喊老百姓,是不是真会出现"倾城随太守"的盛况?

生(齐):真有可能呢。

师:苏轼是一个勤政爱民的官员,他时时刻刻把老百姓的事情放在自己

119

心上。他到密州去的时候，密州连年饥荒，民不聊生，但是他勤于政事，改变了这个地方。老百姓特别感谢他，所以才会出现这种情景。

师：同学们将来如果做官，比如做长沙太守，我希望你们离任之后重新回到长沙，至少王老师、我们怡雅的老师和同学们，愿意扶掣老幼，去看看你们。（众大笑）好，这个部分的"狂"，我们就体会到这里，口气狂，行动狂的背后，更是兴致狂。

（板书：兴致狂）

师：刚才有同学提到了另外一个很重要的句子，就是"会挽雕弓如满月，西北望，射天狼"。如果我们说前面的"狂"，一个是"气势狂"，一个是"兴致狂"。那这个是什么"狂"？

（屏显）

会挽雕弓如满月，西北望，射天狼。

生：想法狂。

生：志向狂。

师：啥狂，都不如志向狂，苏轼心事可拿云。那苏轼，是怎么想到"射天狼"上面去的呢？

生：想到"射天狼"，与前面"持节云中，何日遣冯唐"有关系。苏轼对自己的遭遇很乐观，他很清楚，朝廷不喜欢他，要把他贬到更远的地方去，但是他还是想要报国，要安定边疆。宋朝边患是长期存在的。

师：超级棒！这就是不忘初心。

生："千骑卷平冈"本来就是一个打猎的事情而已，但他展现出来的却是一种战争的场景和气势，说明他有一个将军的梦，统帅的梦，然后才会在后面词作，上升到"会挽雕弓如满月，西北望，射天狼"的境界。注释里面说"天狼"喻指西北边境的西夏军队，说明他有想要杀敌的想法。另外，我看到过一个资料，说在天狼星东南，有一个天弓星。我把这些联系起来，就觉得苏轼抬头仰望，不由得豪情满怀，要挽的可能不只是手上的弓，而是要挽动天弓星，去射这个天狼星，射下象征侵略的天狼星，让百姓远离侵略。

师（惊叹地）：你很有想象力啊，很博学啊！天弓星，天狼星，好，好，

课例5 何妨，且作少年狂
——《江城子·密州出猎》

老师佩服你。说苏轼想用天弓星去射代表侵略的天狼星，真是别出心裁，想象力很重要，而想象力的基础，是丰富的知识。

生：我觉得就是苏轼的情绪积蓄到了一个顶点之后，自然就有了那种气势磅礴，喷涌而出，就必然不会受到现实的束缚，不会只满足于眼前，不满足于这么多人跟他一起出去打猎。他肯定就想到更多，比如说想到很多人随他出征，决胜沙场。

师：说得非常好。人生在世，局促的时候，我们不应该被局促的现实束缚；兴致高昂的时候，我们也不能够仅仅停留在当下的现实的层次，还要超越当下，到达未来的、理想的层次。人生，需要自己不断产生这样的豪迈之气，把自己从困顿和庸常之中拔起来的。（众生点头）

师：我们来小结一下：上阕讲的是射虎，下阕变成了射天狼，这就是一种层次的跃进，一种行动的跃进。一个简单的打猎行为在他的笔下却展现为千军万马的恢宏气势，再后边想到要"射天狼"，这其实就是情绪累积，以及情绪累积以后的自然爆发。当然，苏轼要去打猎，射虎，射天狼，更现实的原因是宋朝有边患，由狩猎打兔子、射老虎之类的事情想到要扫除边患，这就是苏轼境界的一大攀升，一大飞跃。一个心念国家的人，一个豪迈慷慨的人，他才可能会有这样的飞跃和攀升。我感觉同学们也有这种体会，因为大家的情绪好像也是随着苏轼的情绪，变得越来越高昂了。

师：讨论到这里，大家再想想，"会挽雕弓如满月，西北望，射天狼"，和《渔家傲·秋思》当中的哪个句子意思有接近处？

生：燕然未勒归无计。

（屏显）

会挽雕弓如满月，西北望，射天狼。
浊酒一杯家万里，燕然未勒归无计。

（生齐读）

师：来说说两个句子的不同点。

生：范仲淹"归无计"这三个字体现出来的消沉，和苏轼体现的豪气是不同的。

言语的森林
——王良生长语文课堂12例

生："燕然未勒归无计"，这是从宏大的角度来说的，而苏轼这里是通过一个具象的动作"射天狼"来展开，然后把这种情绪集中在一个点上，最后喷薄而出。

师：你很有审美鉴赏的眼光啊。你注意到一个是宏观叙事，一个是具体动作，非常好。

师：你们的发言都很好。大家说到"燕然未勒归无计"是消沉的，这个说法，当然没有大问题，范仲淹的情绪确实是比较低沉，但我们上一堂课已经认识到，其实这里面有一股内在的遒劲的力量。其情绪跟"会挽雕弓如满月，西北望，射天狼"比起来，的确要低沉一些，内敛一些，但不是一味地消沉。苏轼的"会挽雕弓如满月，西北望，射天狼"一点儿也不低沉，不内敛，它高昂，狂放，它是一种潇洒的大气象、一种豪迈的大气度。

师：那，是什么导致了这种不同呢？

生：范仲淹亲临战场。他知道战士活下来有多么不容易，也知道被扫荡的百姓所面对的苦，更知道敌军有多强大，所以他心里还不很确定自己到底能不能打赢这一仗，能不能守卫住自己的国家，能不能让老百姓安居乐业，他是万家忧乐到心头，所以是比较消沉的，忧郁的。但是苏轼不是，他是在打猎，本来就很开心，他很热烈，情绪又已经积蓄到这儿了，然后再发之于言，就非常豪迈。

师：说得非常好，范仲淹是亲临边塞，那里有死伤，那里有苦难，那里有长期戍守的艰难，身后有万家灯火。苏轼，上前线了吗？"射虎"了吗？这只是一种浪漫的想象，我查了很多资料，没有他射虎的记载，没有他"平明寻白羽，没在石棱中"之类的记载；他也没有射过天狼，没有真正去戍边。这两个句子的气象，一豪迈，一低沉，应该与诗歌创作的整体情境有关。

师：范仲淹和苏轼个性有别，但无疑都有刚猛明朗的一面，因为具体创作情境的不同，使得两个作品呈现出来气象不同。这两种气象都是我们民族非常重要的气象。有时候我想，如果苏轼真的有一个机会去戍边，他会不会做出像范仲淹那样的功绩呢？

课例5　何妨，且作少年狂
——《江城子·密州出猎》

生：有可能呢。

师：我也觉得能。这个人从目前来看，是干啥啥都是第一名呀。且不说他的文学艺术方面，只说他做地方官的政绩，是到哪儿都能治理好的。

师：经过一番品评，我们对这个"狂"，特别是它内在的味道捕捉得很多了，我们超越服装上、语气上、行为上这个层次的狂，进入到一个人的精神层次中去了。气势，兴致，志向，越来越往内走，我们体会到苏轼一种特别的生命的情调。（众点头）前面有同学发言提到的苏轼生命的热烈，我觉得这种见解是很高明的。

（板书：志向狂）

三、探析苏轼之怅惘，且惘且狂

师：聊到这里的时候，老师还想跟大家讨论另外一个问题：《江城子·密州出猎》里，只有狂吗？他有没有隐藏一些另外的东西？一些不那么狂的东西？

生：我找到的是"持节云中，何日遣冯唐"。这里运用了魏尚的典故，作者以魏尚自喻，有一种怀才不遇、被朝廷排挤出来的郁郁不得志。

生：何日，既是对未来的憧憬，也可以理解为不知道什么时候才能够回到朝廷，隐隐有一种茫然、彷徨之感。

师：我补充说明一点。苏轼本来在中央朝廷担任职务，后来因为跟王安石变法一派的政见不一，被迫离开京城。他先到杭州做通判，任期满之后，为了跟弟弟隔得近一点，自己跟朝廷说要到密州。当时朝廷也不愿意他回到中枢部门，就批准他去了密州。我们想一想，苏轼是一出道即高峰、一出场就名满天下的人，当时皇太后极为赞许苏轼两兄弟，赞许他们是大宋王朝未来的宰相，但是京城十年，苏轼却落得一个无奈被迫离开的境地，心中肯定是有一些怅惘，有一些无奈郁闷的。

生：聊发。"聊"，姑且的意思，说明平日兴致不高。

师：聊，姑且。发，振作，振奋。聊，透露出现实无奈之意。但是，聊发，就不一样了。聊发，是即使现实无奈，还是要振作。

师：发发少年狂气，只能是暂时的，因为现实总体不如意。还有没有别的原因，让苏轼只能姑且发发少年狂气呢？看看这个资料，说说你从资料中能读出什么信息？

（屏显）

始至之日，岁比不登，盗贼满野，狱讼充斥，而斋厨索然，口食杞菊，人固疑予之不乐也。

——［宋］苏轼《超然台记》

师：我解释一下：刚到密州的时候，连年收成不好，盗贼到处都是，案件诉讼杂乱繁多，并且官府的食堂里都没什么吃的，每天都吃野菜，人家自然都怀疑我不高兴的。

生：做太守是一件很辛苦的事情，他有很多活要干。

师：苏轼是一个很爱民的官员，勤于政事，一个总是有好多政事要处理的人，能够老是跑到外面去玩吗？我这个解读可能一般人没有这样想，但我觉得可以成立，首先苏轼是个官员，有很多活要干，所以他只能"聊发少年狂"，偶尔发发狂气。

师：这首词里面，我最想跟同学们讨论的，正是这个"聊发"。因为我们人生中，难免怅惘，难免低沉，难免太辛苦，难免有太多的难，但是人生还是要有"聊发"的兴致和勇气。还记得开学典礼上，我给你们讲过的一个话题吗？

生：勇，一种把自己拔起来的心灵力量。

师：无疑，苏轼是一个勇者。再找找，苏轼隐藏在诗歌里的不如意，除了我们刚才说的"持节云中"和"聊发"这两句，还有吗？

生（齐）：鬓微霜！

师："鬓微霜"是不是一个问题？这确实是个问题。"自古将军如美人，不许人间见白头"。有为之士如果"鬓微霜"，他想到的就是自己的理想会受到影响，苏轼本是奋发有为，但是外放出京，鬓染微霜，心中就会有一丝苦涩。但是面对鬓微霜，苏轼又是怎么说的？

生（齐）：又何妨！

师：何妨，这个词很有意思，它的前提是什么呢？

生（迟疑）：是有妨。

师： 是有些妨碍，是有些不如意。正因为本来有妨，说何妨，才是一种洒脱，一种豁达。何妨，其实是苏轼的人生公式，是他的思维方式。看看——

（屏显）

苏轼：鬓微霜，又何妨。

苏轼：莫听穿林打叶声，何妨吟啸且徐行。

苏轼：河梁会作看云别，诗社何妨载酒从。

（生齐读）

师： 何妨的背后，就是我们面对怅惘、面对无奈，甚至面对痛苦的时候，要有一种豁达和洒脱，要有一种蔑视困难的勇气和直面人生的从容。我觉得这也是这首《密州出猎》，给我们的人生启示。

四、结课

师： 苏轼之"狂"，是兴致狂、气势狂、志向狂，这是一种生命的潇洒情调，是一种生命的昂扬热情，是一种生命的虔诚赞赏，是一种生命的全情投入。苏轼是个一往情深的人，但同时他也就了有很多的惆怅，很多的不如意。以后被贬到黄州、惠州、儋州，人生给他出的难题越来越多，给他的打击越来越重。但即便如此，他就是有一股子在惆怅当中聊发的狂气，就是有一股子在双鬓生霜时，敢于说"又何妨"的气度。

师： 同学们，我们如何在不理想的人生中活得理想一点？我希望这两个词，能够成为我们态度和思维的关键词，成为我们走向幸福人生、豁达心境的通关密码——

（屏显）

何妨

聊发

师： 无论是穷塞主，还是狂太守，范仲淹和苏轼，都活出了一个大男人、一个优秀的知识分子的生命气象。让我们在狂气十足的朗读声中，与苏轼、与范仲淹，互致问候，邀请他们，参与到我们的生命中来。

教学反思

把苏轼带进学生的生命里

——《江城子·密州出猎》教学反思

中国文化，积几千年之久，才出了一个苏轼——而一个人，一个学生，在他的成长时代，曾经邀请苏轼入驻他的心灵，参与他的精神成长，无疑，是人生的一大幸事。这，为他们涵养闲庭信步、宠辱不惊的生命气象，提供了可能。

把苏轼带进学生的生命里，是我，一个苏轼的忠粉，一个为人师者的深切愿望。

某种程度上，也是一种责任。

那，把一个怎样的苏轼带进学生的生命呢？

品析领略苏轼之狂。并无新意。"品狂"是教这首词的规定内容。语文课难得有一个大家都认同的内容。一般教师都会抓这个"狂"字，学生也能够初步感受词人之"狂"。我要做的是，初品"狂"，引导学生的体验和认识从"行动狂""装饰狂""口气狂"等层次提升到"气势""兴致""志向"之狂的层次。向内里开掘，丰富些，细致些。然后从"惘"的角度来品"狂"，领略苏轼"聊发"和"何妨"的生命气象。

气势狂、兴致狂、志向狂一路品下来，我一路不断地和学生深度对话，走一步，再走一步。课堂气氛，似乎也随着苏轼打猎的酣畅，愈来愈昂扬。"千骑卷平冈"的雷霆万钧，"亲射虎，看孙郎"的扬扬得意，"西北望，射天狼"的凌云之志，都在课堂上生发出来。我想，这就是感召的力量：《江城子·密州出猎》的感召，苏轼的感召，师生之间的相互感召。课堂上，确乎洋溢着一股少年狂气，威武雄壮，意气风发。

但，这是《江城子·密州出猎》的全部么？要知道，这种少年狂气，是老夫的聊发而已，与李白式的"愿将腰下剑，直为斩楼兰"还是不一样的。

因此，把一个丰富的、立体的苏轼，带进学生的生命，除了基于学生的认知水平，也依赖于教师的文本解读。苏轼获得了中国人民最广泛、最长久

课例5　何妨，且作少年狂
——《江城子·密州出猎》

的爱，人们传诵他的作品，也用自己的见解，不断定义着苏轼的形象。林语堂是如此，李泽厚是如此，我也是如此。

苏轼波澜壮阔的一生，是极为矛盾的一生：一方面活得热热闹闹、欢天喜地，一方面常常流露出欲乘风归去的决绝；一方面享受着清风明月的潇洒豁达，一方面又掩饰不住天地蜉蝣、沧海一粟的虚无茫然。正如李泽厚指出的，苏轼虽然从未归隐，但是，他在诗词中透露出来的人生空漠感，胜过任何实际上的归隐之人。即使在他非常得意的壮词《念奴娇·赤壁怀古》的最后，不仍然流露出"人生如梦"的悲慨么？苏轼的思想灵魂，无疑是浩瀚的，在《江城子·密州出猎》里，在密州出猎的浩浩荡荡中，在由射虎而射天狼的意气风发中，不是也潜藏着掩饰不住的苍凉么？

需要注意到这一面。

聊发。何妨。何日。这里就隐伏着苍凉啊，聊发是姑且发发；何妨的前提是有妨；何日，正是未来的遥遥无期呀。但就在这些苍凉的地方勃发着豪情狂气啊。"发"，振奋；何妨，潇洒；何日，渴盼！

这是我在《江城子·密州出猎》中读出来的苏轼。现在，就是如何让我的体会，通过师生对话、词句品析，在课堂上流动起来，流向并汇入学生的生命之河。

我的策略，是咬文嚼字和广泛勾连。

"聊""发"二字并重，我们既可以聚焦"聊"之无奈，也可以挖掘"发"之振奋。我着重强调了"发"的意义。人生实苦，大多数时候，我们需要聊发的勇气和兴致。有着深度人生空漠感的苏轼，却活出了活泼泼华丽丽的人生，不正是以热烈对抗空漠、以实干对抗虚无的典范么？不正是认清生活的真相依然热爱的典范么？不正是他自己所谓"所挟持者甚大"的天下之大勇者么？

聊发，是苏轼的生活方式；而何妨，是苏轼的思维方式。苏轼的独一无二之处，正在于敢于对一切艰难困厄，云淡风轻地说出"何妨"二字！

"鬓微霜，又何妨。"

"莫听穿林打叶声，何妨吟啸且徐行。"

"河梁会作看云别，诗社何妨载酒从。"

习惯于"何妨"的苏轼，当然可以在狂风暴雨中，吟啸徐行了。

因为又何妨，因为不妨我，苏轼的人生，一次次聊发，发而又发，终于成为云端之上众生仰望的作品和人品的巅峰。我们读苏轼，大概都会产生"虽不能至，然心向往之"的追慕之情吧。

苏轼是一道光，我们追光而行。与苏轼同行，我们，大概率会成为一个精神明亮的人。

但苏轼自己，未必满意我对他"云端之上"的定义。

"猿吟鹤唳本无意，不知下有行人行。"苏轼在写《赤壁赋》《念奴娇》《水调歌头》时，在密州、徐州、惠州、儋州奋不顾身为民请命时，何尝想到过自己是将不朽还是随风而逝？

但唯其如此、赤诚如他，才自然地成为我们每个人前行时的旅伴。跨越千年，苏轼和我们握手。

专家评点

语文老师的浪漫，中学校长的风雅

张良田

《江城子·密州出猎》是统编语文教材九年级下册的一篇课文，跟范仲淹的词作《渔家傲·秋思》编排在同一个单元。如何有效地带领学生理解与鉴赏好苏轼这首具有风向标意义的词，对语文老师来说是个考验。王良老师经过钻研课文，找出了全词的"词眼"，并抓住"少年狂"的"狂"字这个词眼，来引领整个词作的理解与鉴赏，并据此设计出自己的教学流程：

第一步，引评价语，感词作意，找到词眼"狂"。王老师以欧阳修对上一篇课文《渔家傲·秋思》作者范仲淹"穷塞主"的简要评价导入新课，激发学生的思考，引出了学生对于《江城子·密州出猎》作者苏轼"狂太守"的简要评价。一下子就将全词的词眼"狂"字找出来了。本词开篇就说"老夫聊发少年狂"，那么，老太守的"少年狂"是一种怎样的"狂"法呢？学生在初步感知课文的基础上，提出了"行动狂""英雄狂""理想狂"等看

课例5　何妨，且作少年狂
——《江城子·密州出猎》

法，体现了对课文的大致理解。至于学生的理解是否正确，王老师暂时不做评价，只是提出要带领大家做进一步的"精微"的分析，以让大家看看在继续熟悉课文的基础上，能不能发现新意，而在自己以为明了的地方，会不会遇到新的困惑。这样就顺理成章地将教学流程推进到了第二步。

　　第二步，盯关键词，品词人心，分析词眼"狂"。进入第二步，王老师不是面面俱到地引导学生对词作中的每个字词句都去关注，而只是拎出来了"千骑卷平冈"的"卷"字、"为报倾城随太守"的"为报"二字和"西北望，射天狼"的"射"字来做文章，引导学生全面了解这几个词的基本含义，仔细体会它们的语境意义，细嚼慢咽地品味其运用之妙，从而让学生品评出"狂"太守的具有少年特质的气势之狂、兴致之狂与志向之狂。这样，就把"少年狂"的外延整理清楚了，也就使学生对整首词的理解进入了一个深刻理性的层次。学生之所以能够自己找出其中的深层含义，不是王老师单向传递的结果，而是在对话中不断启发诱导的成果。这样的对话，使得课堂十分活跃，学生的思维也得到了真切的训练。

　　第三步，联生平事，悟作者情，辨识词眼"狂"。但是，对于课文的理解并未到此止步。为了把学生的思路引向深入、引到辩证思考的层面，王老师提出了下面的问题："这首《江城子·密州出猎》里，只有狂吗？还有没有隐藏一些另外的东西？一些不那么狂的东西？"这就把学生的思路引向了对一些特别的词句的关注。接着，王老师带领学生找出并抓住其中的"聊发"和"何妨"等关键词句，关联起苏轼的生平事实，来展现他低沉情绪中的兴致和勇气、郁闷怅惘中的豁达与洒脱，从而进一步让学生体会到苏轼词作中隐含的辛酸与无奈、抗争和不屈。难能可贵的是，苏轼能够摆脱生活的打击，放弃消沉，选择豪放，又恰恰是更深一层的"狂"。这就把对课文的理解挖到了更深的层次。

　　第四步，思人生路，鉴苏轼志，化用词眼"狂"。对课文的理解与鉴赏，既要能够挖进去、紧扣文本，也要能够跳出来、关联现实。王老师就是这么做的。在结课的时候，他说了一段激情四射的话，把学生由密州出猎中苏轼情绪的沉醉中拉回到了现实，与学生的真实生活连接起来了。他高度评价苏

129

轼的"大男人"气质，面对生活的不如意，能够做出"聊发少年狂"的行动，面对各种意外的打击，能够秉持"又何妨"的态度，并期待学生们能够在未来的生命里，在遭遇到各种困难的考验时，能够像苏轼那样，始终保持一种"狂"的生活态度，拿出"又何妨"的气度，勇于采取"聊发"的行动，活出自己的生命意义，找到自己的幸福人生。王老师利用密州出猎，巧妙地实施了一堂真正的生命教育课。我们常说，"教书育人"。真正的教书育人，莫过如此，不牵强，不做作，悄无声息且不令人反感。

在上述四个步骤里，我们已经可以看出王老师的精心设计。其实，在每一步的操作之中，也可以看出他的专业功底。这堂课，王老师不仅始终把苏轼的《江城子·密州出猎》与范仲淹的《渔家傲·秋思》关联起来，体现出了对比较教学的熟练运用，而且随时补充相关的诗词语句来帮助学生理解课文中的关键词句，也展示出了他旁征博引的知识功底，至于适时信手拈来的立德树人机会与智慧，更是彰显出了一种"心中藏理念，眼里有学生"的教育情怀。

评课到这里，我想引用课堂实录里的一个片段：

师：还记得开学典礼上，我给你们讲过的一个话题吗？

生：勇，一种把自己拔起来的心灵力量。

我觉得，课堂上的这次对话，十分让人感动，因为它足以看出这个语文老师的浪漫情致，也足以看出这位中学校长的人师风雅！

（张良田，湖南师范大学教授，湖南省中语会理事长）

课例 6

一片木叶的诗与思

——《说"木叶"》（统编语文高中必修下第9课）

教学设计

在思维的腾挪中聚焦和解决问题
——《说"木叶"》教学设计

教学目标

1. 揣摩林庚发现问题、分析问题的过程与方法，领会思维纵横腾挪的妙处。

2. 梳理文本，理解"木""木叶"的特征，理解诗歌语言的暗示性。

教学方法

一是还原林庚的思维过程，二是各种比较讨论。

教学重点、难点

林庚如何从现象入手，展开，深入，纵横腾挪，以发现问题、解决问题。

教学时间

2课时。

教学过程

一、梳理文本关键信息，明确进一步的学习内容

1. 说"木叶"，林庚想说啥，又说了啥呢？

2. 明确：学术性随笔，知识性读物，当然应该掌握作者的基本观点。在此基础上，如能学习作者思考问题、解决问题的方法，就更好了。

二、揣摩林庚问题的提出与确定

1."木"的特征,"木叶"的特征,以及背后诗歌语言的暗示性,是文本最重要的知识内容。这些,文本第四段才开始阐述。是不是一、二、三自然段没什么作用?如果将一、二、三自然段概括为简短的两三句话,你怎么概括?

预设:作用——揭示了发现问题、聚焦问题的过程。

2.比较:林庚的方法和一般人的方法有什么不一样。

预设:一般人直奔主题,思维快速锁定到"木",分析"木""木叶"的艺术特征。

3.研讨林庚发现问题、处理问题的方法。

(1)跳读课文第一、二、三自然段,用思维导图的方式,标示出《说"木叶"》的行文脉络。先引导学生充分展现自己的思考过程,然后集体讨论,明确如下图:

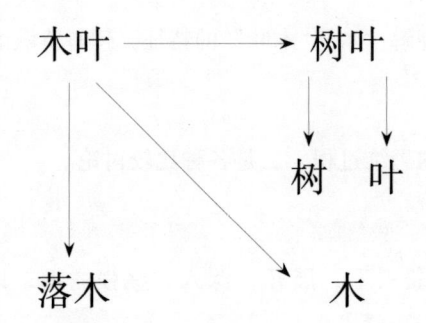

```
    木叶 ————————→ 树叶
      │              │    │
      │              ↓    ↓
      │              树    叶
      ↓         ↙
     落木         木
```

木叶,好,多见,现象一。

落木,好,多见,现象二。

树叶,不好,几乎不见,现象三。

树,常见,现象三之关联现象一种。

叶,常见,即树叶,现象三之关联现象一种。

此外还提到,落叶,常见。

(2)提出林庚的行文方式:腾挪

林庚的提出问题和分析问题的方式,我们姑且借用一个围棋术语,名之

课例6 一片木叶的诗与思
——《说"木叶"》

曰"腾挪"。在这里，腾挪是指不断关联其他信息，不断展开，不断深入，不断比较，不断提问，不断猜想、否定猜想然后继续猜想，以获得更大的思维空间。

具体方式如下：

其一，横向展开，从"木叶"想到"树叶"，发现矛盾。二者概念意义同而审美意味不同。这大约可以看作是相似联系和对比联想的统一，最值得下一番同中求异的功夫。

其二，纵向深入。从"木叶"纵向推进到"落木"，在同类信息整合中明确"木"大有深意。

其三，猜想与否定。由"树叶"之少见，对比联想到相关联的"树"和"叶"常见，猜想是"洗练"的考量，又否定之。

其四，不断设问。

以第二自然段为例，找出课文中所有的问句，标记出来，读一读，想一想，这些问句之间，存在怎样的联系。

不断设问是一种具体而灵活的思维方式，如何设问？需要"横向扩散""纵向推进""猜想否定"等，就是联想与对比，就是聚焦于"木叶"和"树叶"异同的矛盾分析，最终，聚焦于一"木"字。

明确：行文上的引而不发，实质是思维的腾挪。这样，问题渐渐定向，聚焦。问题的价值，也在腾挪中呈现出来。这是一种思维的力量。大致吻合物理学讨论力的合成时的平行四边形法则。

（3）讨论：林庚的腾挪策略，与一般人快速直奔主题的方式相比，有什么好处？对你有什么启示？

预设：

可以让问题展开得更充分；可以体现作者思考和研究的过程，给后来者有益的启示；联系相关知识，可以增加文章的广度和深度。

可以让人信服，关键确实在一"木"字。

反例：朱光潜对"你这"句式的分析，所举语言现象比较单调，分析问题缺少腾挪，得出的结论便有偏差。

4.小结。

腾挪之美，仰仗扩散和聚焦。扩散不是目的，聚焦才是；扩散，实际上是对聚焦点的筛选过程。有基于比较、联想、猜想、否定猜想然后继续猜想的扩散，聚焦才有价值。

发现问题甚至比解决问题更重要。怎样的发现问题，才是有意义的发现问题？既包含了提出问题、明确问题的过程，又包含了方向指示、焦点凝聚以及价值呈现的过程。

三、理解林庚对木、木叶特征的具体分析

1.思考、讨论："木"的艺术特征是怎么发现的？引入场合的概念。

明确：结合场合，进行情境分析，是古典诗歌鉴赏的基本方法。

2.思考：想一想，"木叶"使用的场合，一般是怎样的？

明确："木叶"使用的场合，自屈原开始，都在秋风叶落的季节；"木叶"带来整个疏朗的清秋的气息。

3.默读课文第四至七自然段，看看林庚具体如何讨论"木"的两个艺术特征——包含落叶的因素、带给人微黄和干燥之感。

4.林庚分析了"木"的两个艺术特征，分析"木"的艺术特征是为了分析"木叶"的艺术特征，"木叶"的艺术特征是什么？

明确：木叶，是"木"与"叶"的统一，其艺术特征有二：带有落叶的微黄与干燥之感；疏朗与绵密交织，迢远而情深，正像《九歌》中的湘夫人。

5.趣味练习，用自己的话，简要说说"树叶"为什么是一个价值低下的词语。

预设：语言不够洗练；意蕴不够深沉，没有思维的延展性；不能使人产生丰富的联想；没有与某个特定的场合，产生紧密的关联……

四、拓展迁移，进一步领会诗歌语言的暗示性

1.说"木"，说"木叶"，是为着说诗歌语言的暗示性。诗歌语言的暗示性是怎么一回事呢？用课文的话说一说。

2.借助朱光潜的讨论来理解词语的暗示性。

提醒学生回忆朱光潜《咬文嚼字》的内容，比较朱光潜先生和林庚先生

观点的异同。

3.教师补充。

我对语言暗示性的理解：诗歌语言符合冰山原则，其水下的部分更为丰富；词语拖着的文化尾巴，弥散着历史气息，不再是一个单独的存在；词语产生和运用过程中堆积的种种，包含故事、形象、情感等，都附着在词语之上。因此，我们感知一个词语，绝不仅仅是感知这个词语所指示的概念意义，而是，它背后的整个文化。

4.请学生举例说明诗歌语言的暗示性。

思考一：落红，在概念意义上，与"落花"没有区别，可是，为什么诗人大量使用"落红"而不是"落花"？

思考二：夕阳、残阳、斜阳、白日、红日、朝阳这些词语多见，且各有意味，在概念上都指"太阳"，可是，为什么诗歌语言少见"太阳"呢？

例如，《在太行山上》歌词：一轮红日升起在东方，自由之神在纵情歌唱。

五、思辨质疑，与林庚先生商榷

询问学生，对林庚先生的观点，是否产生过疑惑。

1.林庚先生，你怎么看这样的诗句？

漠漠水田飞白鹭，阴阴夏木啭黄鹂——王维

木叶最宜新雨后，鸟声更胜暮春时——陆游

林庚先生，你又怎么看这样的诗句：

落叶满空山，何处寻行迹——韦应物

秋风吹渭水，落叶满长安——贾岛

2.林庚先生，论述一个语言现象，是否应该穷尽所有例子？

明确：

我们肯定了林庚先生思维的腾挪，他在尽可能多地占有材料。可是，他似乎忽略掉了其他材料。

这是学者兴之所至的随笔，究竟不是严格的学术论文。但，他真写得有味道。

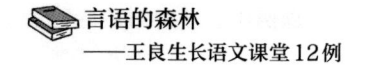

六、作业

以"谈谈诗歌语言的暗示性"为话题，缩写此文，两三百字。并进一步思考这种写法和林庚写法的异同。

板书设计：

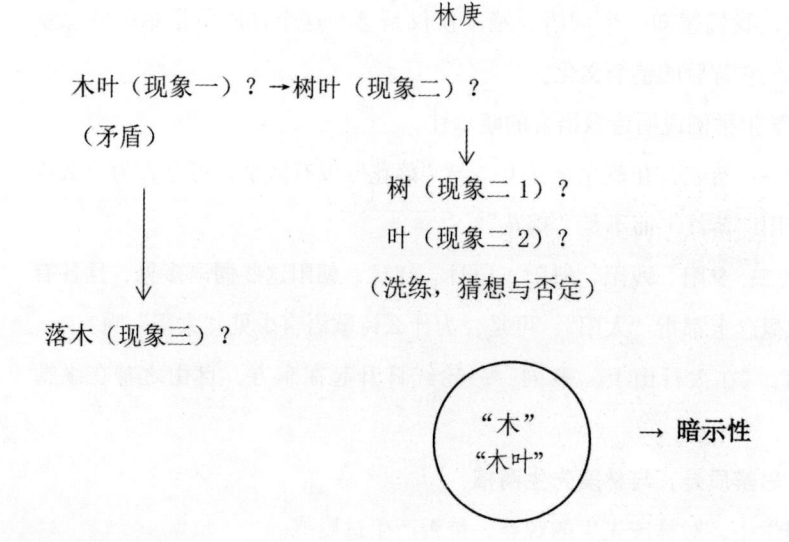

说"木叶"
林庚

木叶（现象一）？→树叶（现象二）？

（矛盾）

　　　　　　　　　　树（现象二1）？

　　　　　　　　　　叶（现象二2）？

　　　　　　　　（洗练，猜想与否定）

落木（现象三）？

"木"　"木叶"　→ 暗示性

附作业示范文本：

以"谈谈诗歌语言的暗示性"为话题，缩写此文。

诗歌语言具有暗示性，不能单凭概念。比如"木叶"与"树叶"表达的是同一概念，其艺术效果却差得很远。由于语言的暗示性，"木"字具有两个艺术特征：一是本身含有落叶的因素；二是有着微黄和干燥之感。因此，"木叶"一词，有着落叶的微黄与干燥之感，带来整个疏朗的清秋的气息。相较于"落木"，"木叶"是疏朗与绵密的交织，是迢远而情深的美丽形象。诗歌语言是潜在意义与概念意义的交织组合，显得丰富、含蓄，富于感染性和启发性。

课例6　一片木叶的诗与思
　　　　——《说"木叶"》

㊙教㊙学㊙实㊙录

一片木叶的诗与思

——《说"木叶"》教学实录

上课学生：长沙市雅礼中学高二年级学生

一、梳理文本关键信息，明确学习内容

师：今天我们来学习林庚先生的一篇学术随笔《说"木叶"》。你们已经预习过课文了，大家再看看书。林庚说"木叶"，说了点啥呢？

现在来聊聊。

生："木叶"是诗人笔下钟爱的形象。

生：树叶、落叶没有产生过好诗。

生：还说了"木"本身包含落叶的感觉在里面。

生：说了"木"有微黄和干燥的感觉，这一点，我从来没有想过。觉得木就是木。

师：我相信，上过《说"木叶"》之后，你对事物的感觉，会更细致入微一点的。

生：说了"木叶"带来清秋的感觉。

137

生：我觉得，他主要是想说诗歌语言的暗示性，"木叶"只是他为了说明这种暗示性的一个典型例子。

师：你说得非常不错，可谓一语中的。大家刚才的回答，足以说明我们的预习达到了一个重要的目的：了解文本关键信息。作为一篇学术性随笔，当然应该掌握作者的基本观点，并且可以掌握得更好一点，同时在此基础上，学习作者思考问题、解决问题的方法，可能更重要。也就是说，我们不仅要关注他写了什么，更要关注他是怎么写的、怎么想的。

二、林庚问题的提出与确定

师："木"的特征，"木叶"的特征，以及背后诗歌语言的暗示性，是文本最重要的知识内容。这些，文本第四段才开始阐述。那么，可以不要前面三段吗？其作用是什么呢？

生：我觉得前面三段是有作用的，因为它们揭示了林庚发现问题的过程。《说"木叶"》这篇文章的写作契机，是因为林庚发现了一个现象——"木叶"是那么突出地成为诗人们笔下钟爱的形象。

生：我也觉得有前三段有意义。因为林庚先生的论述，从"木叶"到"树叶"到"落木"，最后他讨论的重点，其实是"木"的特征。

师：这就是聚焦问题的过程。如果将第一、二、三自然段概括为简短的两三句话，你准备怎么概括？

生："木叶"特别成为诗人钟爱的形象，还从"木叶"发展到了"落木"。

生：我觉得，还需要加上这样一句话：其关键在"木"这一字。

师：一般人以"说'木叶'"为题，可能怎么写？

生：可能直奔主题，直接写"木叶"的特征。

生：可能先提出诗歌语言的暗示性这个观点，再用"木叶"的例子来佐证。

师：林庚的做法是什么？

生：他先从一些现象说起，再提出自己要论述的核心话题。

师：林庚这种思维方法，特别值得我们学习。先请默读课前三个自然

课例6　一片木叶的诗与思
——《说"木叶"》

段，标记出林庚说到的那些现象。

（生读书标记）

师：我们按顺序来说一说。

生：在这里我们看见"木叶"是那么突出地成为诗人们笔下钟爱的形象。

生：可是问题却在于我们在古代的诗歌中为什么很少看见用"树叶"呢？

生：其实"树"倒是常见的。

生：一般的情况，大概遇见"树叶"的时候就都简称之为"叶"。

生：这里我们乃可以看到"落木"一词确乎并非偶然了。

师：这一句，不是谈现象，这是一个小的结论。这一句前面几句，在谈现象。

生：谈诗人较多地使用"落木"一词。

师：嗯。林庚先生梳理了一些诗词用词现象。这些现象，是有层次的，你发现了吗？

生：有些是并列的，有些似乎不是并列的。但是，不是特别清楚。

生：我能感觉到有三个现象是同一层次的：在诗歌中，"木叶"很常见；"树叶"不常见；"落木"也很常见。我感觉，这三个常见或者不常见，是林庚并列在一起，让我们获得一个具体感知的。

（师边听边板书：现象一、现象二、现象三）

师：你的概括很好。你概括出的这三个现象，可以很好地帮助我们思考。

生：我再来补充。在诗歌中，"树"很常见，"叶"很常见，应该是下位的现象，是从属于"树叶不常见"这个现象的。

师：的确。你发现了树常见、叶常见两种现象，是和"树叶不常见"相关联的现象，下位现象。请同学们在纸上，用思维导图的方式，展示这三个段落林庚提出问题、分析问题的过程。

139

（生绘制，请一个学生上黑板画，师巡视、指导。然后组织讨论，最后明确如下图）

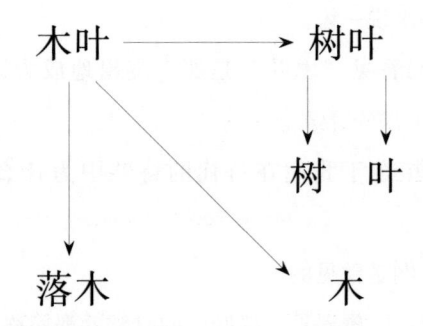

```
木叶 ————→ 树叶
  \           ↓  ↓
   \         树  叶
    \
     ↓       ↙
    落木    木
```

师：这个图，很清晰地体现了林庚发现问题的基本思路，现在，我们细读课文第一、二、三自然段，边读边思考，也可以小组同学讨论一下，具体看看林庚是如何发现问题、思考问题的。

生：林庚发现"木叶"成为诗人笔下钟爱的形象之后，没有直接去写"木叶"有什么特征，而是从"树叶"写起。他发现了一个矛盾，"树叶"和"木叶"概念意义差不多的，但是，"树叶"在诗歌中却很少见，至少是没有产生经典好诗。

师：发现矛盾，很好。发现矛盾是思维的开始。从"木叶多"到"树叶少"，思路上是——

生：对比？

师：可以这么说。对比联想，横向展开。"木叶"和"树叶"，两者概念意义相同，而审美意味不同。这就很值得下一番同中求异的功夫。

生：林庚在比较了"木叶"和"树叶"的不同之后，又发现了"木叶"和"落木"的相似之处，就在于"木"。他说，从"木叶"发展到"落木"，其中关键显然在"木"这一字，其与"树叶"或"落叶"的不同，也正在此。

师：如果从"木叶"到"树叶"是横向展开的话，那么，从"木叶"到"落木"是一种什么方式呢？

生：纵向展开。

课例6 一片木叶的诗与思
——《说"木叶"》

师：很好。用"纵向深入"更准确。林庚发现，从"木叶"发展到"落木"的关键是"木"，这就是同类信息整合。仿照"同中求异"，我们给这种方法也取一个名字。

生：异中求同。

师：林庚还运用了别的思维方法吗？

生：林庚还运用了猜想的方法。当他发现"树叶"在诗歌中不常见的时候，就猜想是不是因为古人出于文字洗练的缘故，省略了"树"而单用"叶"呢？

生：但是，他随机又否定了自己的猜想，因为，诗人在用"木叶"的时候，就没有省略"木"而单用"叶"呀。

师：猜想，又否定了猜想，那，这个猜想是否还有意义呢？

生：我觉得是有意义的。林庚的猜想和否定猜想，实际上真实地写出了他思考问题的过程，这让我想起一句话：大胆假设，小心求证。猜想是大胆假设，否定猜想是小心求证。

师：通过猜想和否定猜想，思维更开阔也更严谨了，迂回曲折地抵达了问题的核心——关键在"木"。这是一个打开思路，又不断聚焦问题的过程。

师：同学们还注意到没，这三段文字，高频率地使用了一种句式。

生：我发现问句特别多。

师：跳读课文，把这些问句都找出来看看。然后，我们按顺序读一读。想一想，这些问句在文章中间起到了什么作用。

生：木叶是什么呢？

生：在概念意义上，我们在古代的诗歌中为什么很少看见用"树叶"呢？

生："树"倒是常见的，可是为什么"树叶"就不常见了呢？

师：这里，其实还隐含着一个没有问出来的问句：难道是因为文字洗练的缘故吗？

生：洗练不能作为"叶"字独用的理由，那么，"树叶"为什么从来就无人过问呢？

141

言语的森林
——王良生长语文课堂12例

生：然而天才的杜甫却宁愿省掉"木叶"之"叶"而不肯放弃"木叶"之"木"，这道理究竟是为什么呢？

师：林庚提了这么多问题，大家怎么看？

生：我感觉林庚像一个好奇的孩子一样，打破砂锅问到底。

生：不断提问，其实就是打开思维、整理思维的过程。

生：不断提问，是因为他关联了很多现象，于是有了矛盾，比较，猜想，所以产生了各种问题。

师：太精彩了，思维大师啊。我们来小结一下，在第一、二、三自然段中，林庚发现诗人们钟爱木叶之后，没有直奔主题分析"木叶"的艺术特征，而是关联种种现象，充分展开思维。有矛盾的发现，有同中求异，也有异中求同，有猜想和否定猜想，等等，这是一个非常丰富的思维过程。如果要把林庚这种论说问题的方法，命一个名，成为我们以后思考问题的一个参照的话，你准备怎么命名？

生：我想用"迂回"这个词。就是他不是一开始直奔主题，而是先从一些看似不相关的东西谈起，比如树叶，但最后落到了主题上。

生：我想用"言在此而意在彼"这个词语。虽然他前面说的，好像不是木叶，但是，实际上都是为了更好地说木叶。

生：或者，叫欲擒故纵？

师：都蛮有创意的。问题的展开，文章的布局，和打仗的运筹帷幄，是有点相似。林庚的提出问题和分析问题的方式，老师姑且借用一个围棋术语，名之曰"腾挪"。在这里，腾挪是指不断关联其他信息，纵横展开，不断深入，获得更大的思维空间。这样，问题渐渐定向，聚焦。问题的价值，也在腾挪中呈现出来。这是一种思维的力量，看看黑板，你会发现，我们的板书，形成了一个几何图形。

生：平行四边形。

师：是的，这个思维过程，大致与物理学讨论力的合成时的平行四边形法则吻合。当然，这不是物理的力量，这是思维的丰富和力量。是不是很妙？

课例6　一片木叶的诗与思
——《说"木叶"》

生：借林庚先生的说法打个比方吧，"腾挪"是一棵思维之树，枝繁叶茂；直奔主题就像落木，太疏朗了。

师：妙哉！我雅礼少年。因为腾挪，林庚的思维展开得特别充分，所以也就特别有说服力。我们之前学过朱光潜的《咬文嚼字》。他分析"你这"句式，认为"在赞美时便不适宜"，你信服吗？

（生沉默）

师：能举出反例吗？

生：你这调皮蛋。

生：你这坏蛋。

师：哈哈，可能是父母、师长或恋人表达喜爱赞美的话吧。所以朱光潜先生的论述有瑕疵。

生：没有更充分地占有材料。如果只注意到这样一个或一类现象，没有注意到另外的不同的现象，立论的基础就不牢。

师："另外的不同"，这个句子很重要。结构化地占有材料很重要。

师：腾挪，需要扩散和聚焦。扩散不是目的，聚焦才是；扩散，实际上是对聚焦点的筛选过程。有基于比较、联想、猜想的充分扩散，聚焦才有价值。思维的展开和腾挪，其实就是问题逐渐变得清晰的过程，就是问题不断得到聚焦的过程，甚至，它还能够揭示问题可能的解决方向和路径。展开，定向，聚焦，我们搞学习，我们思考生活当中的话题，我们将来读大学，写本科论文，写研究生论文的时候，确定论文题目的过程，其实就是这样的艰苦的过程。《说"木叶"》这篇文章，给我们提供了启示。

三、分析"木""木叶"的艺术特征

师：通过前面的腾挪，林庚把问题聚焦在一个"木"上。林庚却也没有立刻说"木"有什么特点，思维在这里又稍稍逗留了一会。他先思考了一个什么问题？

生：他是这样说的：首先我们似乎应该研究一下，古代的诗人们都在什么场合才用"木"字呢？也就是说都在什么场合"木"字才恰好能构成精妙的诗歌语言呢。林庚是抓住"木"字的使用场合来分析。

师：很对。所谓场合，指事物发生某个特定的时间和空间。事物总是存在于一定时空中，存在于一定情境中。我们不可以孤立地分析事物。"木叶"使用的场合是什么呢？

生："木叶"使用的场合，自屈原开始，都在秋风叶落的季节。后来的诗人们，都是在表现秋天的时候，使用"木"这个词语。

生：所以，"木"字就包含着落叶的感觉。秋风扫落叶，叶子纷纷落下，只剩下光秃秃的木了。

生：林庚说，"木叶"带来整个疏朗的清秋的气息。这使我想起了晏殊的一句词：昨夜西风凋碧树，独上高楼，望尽天涯路。

师：你有非常敏锐的语感。西风凋碧树，就有一种疏朗的美感。刚才我们的课堂，一直在慢慢地腾挪，慢慢地顺着林庚的思路聚焦，现在，我们改变一下课堂节奏，张弛有度，做一个速度练习。跳读课文第四至七自然段，寻找到"木"和"木叶"的艺术特征。

生：我找到了"木"的艺术特征：其一，包含落叶的因素；其二，带给人微黄和干燥之感。

生："木叶"的艺术特征：疏朗与绵密交织，迢远而情深，正像《九歌》中的湘夫人。

师："木叶"还有别的特征吗？

（生沉默）

师："木叶"的第一个特征，林庚先生是联系"落木"来谈的。在比较中，才见出特征。大家读这几句：

然则"木叶"与"落木"又还有着一定的距离，它乃是"木"与"叶"的统一，疏朗与绵密的交织，一个迢远而情深的美丽的形象。

（生朗读）

师："木叶"更基本的特征呢，是综合"木"的特征吧，是区别于"树叶"的吧。

生：那我明白了："木叶"就自然而然有了落叶的微黄与干燥之感，它带来了整个疏朗的清秋的气息。

课例6　一片木叶的诗与思
——《说"木叶"》

生：我们把这句话，只当成了"木"的一个特征了，只看到了"微黄与干燥之感"。

师：不仔细看，真会以为只是"木"的第二艺术特征。这个句子很自然地综合了"落叶的""微黄与干燥之感"两个艺术特征，并指出综合的效果是"带来了整个疏朗的清秋的气息"。

师："木叶"是一个好词。那么，我们再往反方向想一想：树叶，为什么是一个艺术价值低下的词语呢？

生：树叶，语言不够洗练。

生：树，本身就暗示着枝繁叶茂，颜色上，通常也暗示着绿色，这样，"树""叶"两词连用，没增加什么信息量。

生：树叶没有明显的季节特色，一年四季都可以用，因为太普通，所以也就没有特色了。诗人，总是愿意自己的语言与众不同的嘛。比如杜甫就说，语不惊人死不休嘛。

师：嗯，树叶没有什么季节感。有创意的句子。

生：是的，我补充，树叶的颜色特征也不鲜明，可能是黄、绿、红各种颜色都具有，就不能使人产生特定的联想，不能成为大家都明白的语言密码。

师：语言密码，好，好好。这样的语言密码很多时候就是"意象"。意象是有诗性的人之间的暗语，是彼此都懂得的，所以读着读着，就会产生一种共鸣的愉悦。

四、拓展迁移，领会诗歌语言的暗示性

师：其实，我们在刚才的讨论中，已经慢慢接近本堂课的更为核心的议题——诗歌语言的暗示性。林庚"说'木叶'"就很有趣，他想通过说"木叶"，说"诗歌语言的暗示性"。诗歌的暗示性是如何产生的呢？我们来齐读第五自然段的文字。

生（齐）：要说明"木"它何以会有这个特征，就不能不触及诗歌语言中暗示性的问题，这暗示性仿佛是概念的影子，常常躲在概念的背后，我们不留心就不会察觉它的存在。敏感而有修养的诗人们正在于能认识语言形象

145

中一切潜在的力量，把这些潜在的力量与概念中的意义交织组合起来，于是成为丰富多彩一言难尽的言说；它在不知不觉之中影响着我们；它之富于感染性启发性者在此，它之不落于言筌者也在此。

师：既然有暗示，那就会有明示。想一想，对于一个词语意义来说，何为暗示性，何为明示性？

生：我觉得，明示性就是词语的概念所代表的意义，暗示性就是林庚说的概念的影子，相当于词语的联想意义。

师：很好。你借用了朱光潜《咬文嚼字》的观点。我们回忆一下，朱光潜先生是怎么说的。

生：概念意义即直指意义；暗示意义即联想意义，是不稳定的、游离的、个性的。

生：直指意义是明确的，而暗示意义则因人而异，也因场景不同而有不同。

师：朱光潜和林庚都特别重视词语的暗示性，他们共同的观点是什么？区别又在哪里？

生：词语的暗示性，使表达意蕴丰富、含蓄、富于启发性和感染力。

生：可以说，使诗歌或者说一切文学作品魅力无穷的，正是语言的暗示性。因为暗示性可以使人产生联想，在联想的基础上产生丰富的理解。正所谓一千个读者就有一千个哈姆莱特。

生：朱光潜强调了联想意义的不好确定与不易控制，这正是应该"咬文嚼字"的深沉理由。

生：而林庚强调的是，正是因为诗歌语言的联想意义和暗示性，才使诗歌魅力无穷，不落言筌。

师：他们的写作目的不一样。大家想一想，我们在读翻译作品的时候，是不是经常会发现有一些地方不知所云？我们以为是翻译不好的问题，但是，联系今天的学习来看，有可能是什么问题？

生：可能就是语言的暗示性的问题。

师：一般来说，一个民族、一个国家的语言，就像一棵生长在水里的

课例6 一片木叶的诗与思
——《说"木叶"》

草,在水中,水草才韵致无穷。捞出来,就枯萎干瘪了。诗歌语言符合冰山原则,其水下的部分更为丰富;词语拖着的文化尾巴,弥散着历史气息,不再是一个单独的存在。你们有过这样的阅读体验吗?

生:比如说桃花,就不仅仅指桃树这种植物的花朵,还往往寓意爱情,这就是从"桃之夭夭,灼灼其华"发展而来的。

生:蓬草也是。因为它是无根的,风一起,就随风飘荡,所以就带有漂泊的含义。如"征蓬出汉塞,归雁入胡天"。

师:你们的联想很丰富。词语产生和运用过程中堆积的种种,包含故事、形象、情感等,都附着在词语之上,使每一个词语,都像有了三生三世,绵绵不绝。因此,我们感知一个词语,绝不仅仅是感知这个词语所指示的概念意义,而要连带它背后的整个文化。"木叶"如此,"枯蓬""桃花"如此,其他诸如"柳""梅""孤雁"等,也都是如此。我们用林庚"说木叶"的方法,来说一说诗歌中的其他语言现象。比如说——落红。

师:落红,在概念意义上,就是落花。可是,使用"落红"的名句,貌似比使用"落花"的名句要多,可能是什么原因呢?你们先举"落红"的例子看。

生:落红不是无情物,化作春泥更护花。

生:惜春长怕花开早,何况落红无数。

生:老师,"泪眼问花花不语,乱红飞过秋千去"算不算?

师:当然算。我也补充一句:不恨此花飞尽,恨西园,落红难缀。说说,诗人为什么更爱使用"落红"一词?

生:用"说木叶"的思维方法来看,同中求异,"落红"被钟爱的原因,显然是因为这个"红"字。落红,写出了颜色。

生:是这样。强调颜色很重要。一片落红,大片大片的落红,有一种惊心动魄的凄美的感觉。红色,是最夺目的颜色。因为开得艳丽,红得夺目,所以凋谢,也就格外触目惊心。

师:你的语感,实在可以用精微来形容了。

生:如果颜色有性别的话,我觉得,红,一定是女性的。就像花,也更

147

多具有女性特质一样。落红，使人想起女性美好年华的虚度、萎谢，更具有伤感的味道。

师：独辟蹊径。你可以写一篇论文试试看，"论落红的女性气质"。

师：难怪诗人们要舍"落花"而取"落红"了。我们再来一次头脑风暴：夕阳、残阳、斜阳、白日、红日、朝阳这些词语多见，在概念上都指"太阳"，可是，为什么诗歌语言少见"太阳"呢？其他都是很常见的。比如辛弃疾的"闲愁最苦，休去倚危栏，斜阳正在，烟柳断肠处"，再比如《在太行山上》的歌词"一轮红日升起在东方，自由之神在纵情歌唱"。

生：太阳，太笼统了。不同时段的太阳，晨光熹微、红日当头和夕阳，给人的感受不一样。

师：太阳，是一个笼统的词，说得好。就像树叶是一个笼统的词一样。

生：残阳、夕阳等，除了和时间有关系，更和心境有关系。比如，夕阳、残阳和斜阳，都是指傍晚时候的太阳，可是，"残"阳就给人一种衰败的感觉，残阳如血，好凄凉的意境。

师：辛弃疾说"斜阳正在，烟柳断肠处"的时候，大概想起的，正是日薄西山的南宋王朝吧。

生：红日，一般出现在革命歌曲里较多，大概是因为红军、红色革命等等文化意义吧。

师：诗歌的词语真是这样，如林庚先生所说，是不能单凭概念的。它带着情感的温度，文化的意味。

五、思辨质疑，与林庚先生商榷

师：感谢林庚先生，带给我们这么多思考，但是，作为一篇学术随笔，《说"木叶"》对"木叶""落叶""木"的论断，未必就是定论。尽信书则不如无书，所以，课堂上，我们经常批评作者。我们批评过钱钟书，批评过朱光潜，对吧？我还没来得及跟你们一起批评大师林庚呢。（生大笑）

师：林庚其实也有一些值得批评的地方，比方说他在分析问题的时候，也是有问题的。他说"落叶"不过是一般的形象，他穷尽了所有的例子吗？比如贾岛的"秋风吹渭水，落叶满长安"，韦应物"落叶满空山，无处寻行迹"，都很精彩啊。林庚先生，你为什么说"落叶"就没有好诗呢？

生：秋风吹渭水，落叶满长安。一种萧瑟的秋意，铺天盖地，真是又惆怅，又壮观呢。

生：落叶满空山，一满，一空，真有一种说不出来的空阔和辽远的感觉。

师：再比如说，"木"就一定如林庚所说，是空阔的，疏朗的吗？你们小时候读过一首诗，"国破山河在，城春草木深"。那个"木"就是树，那个"木"就是茂盛的。杜甫要用草木的茂密来反衬国家的衰败，对不对？再比如，"木"和"木叶"，就一定是干燥的吗？你听，王维的"漠漠水田飞白鹭，阴阴夏木啭黄鹂"，陆游的"木叶最宜新雨后，鸟声更胜暮春时"。这些木呀，你有什么感觉？

生：阴阴夏木啭黄鹂，这木，可是一片浓荫的感觉呀！

生：木叶新雨，也不干燥呀！

师：其实林庚要写真正的严格意义上的论文，还要用现代统计学的方法，把所有中国古典诗歌中包含有"落叶""木叶"的诗句全部找出来，做大数据统计，然后再分析。所以，这个文章也还是有瑕疵的。

师：但林庚这篇文章还是很妙的。我们可以站在巨人的肩膀上摘星星，走得更远嘛。还有一个有趣的现象，不如当作最后的花絮送给大家，提醒我们思考问题的时候，再多一个角度。我在农村长大，对于"木叶"是很熟悉的，因为木叶，是我们村子里一般老人家喜欢说的一个词语。老人家把那种阔叶树掉落的叶子，就称为"木叶"，这种叶子很容易点燃，因此，农村的孩子们，经常会上山去采集木叶回家烧。老人家不大可能知道屈原"袅袅兮秋风，洞庭波兮木叶下"的句子。他们常常说木叶，只有一种可能——"木叶"是一个古老的词语，一直口耳相传，代代沿袭下来。其实，在屈原的时代，树，是作为一个动词来使用的，我好像没读到那个时代树作为名词使用的诗文。也就是说，屈原使用"木叶"，并非字斟句酌的结果，而很可能是，从日常生活中选取了一个普通词汇。不是"木叶"成就了屈原的作品，而是屈原的作品以及后来人的学习、模仿和创造，赋予了"木叶"无穷的艺术魅力。然后林庚为我们讨论了这艺术魅力。这，是不是很有趣？

　　生： 此话当真？

　　师： 值得探讨，大胆假设，小心求证。思想的王国，是自由的天地，可以任各位恣意腾挪。

教学反思

学术性随笔教学内容的选择和创生
——《说"木叶"》教学反思

　　作为一篇学术随笔，带领学生以科学的态度提取信息，明确林庚围绕"木叶"说了什么，也未尝不可。但是，《说"木叶"》这个文本的唯一性、独特性在哪里？

　　一

　　《说"木叶"》选自林庚的学术名著《唐诗综论》，归入其中的"唐诗远音"篇。林庚既是一个研究唐诗的卓有成效的学者，同时也是一个创作不辍的诗人。诗歌创作使他深切体认到诗歌语言的特质，他对诗歌语言的关注，较之一般学者，自是不同。

　　林庚诗学思想最富有哲学意味的层面，乃是"诗的活力源出于生命的创造"。"生命的创造"是林庚诗学思想的内核，也决定了林庚学术志趣、价值取向、治学路径和方法。可以说，这是林庚在繁多的诗学意象中，对"木叶"情有独钟的原因——"自从屈原以惊人的天才发现'木叶'的奥妙，此后的诗人们也就再也不肯轻易地把它放过"；"古代诗人们在前人的创造中学习，又在自己的学习中创造，使得中国诗歌语言如此丰富多彩"。木叶，就是这样一个累积着文化意味、生命创造的意象，是林庚诗学研究钟爱的意象。

　　林庚曾多次梳理过古典诗歌意象演进的历史传统。他不仅说过"木叶"，还说过"雨"、说过"柳"、说过"关""山""月"。他曾有一句座右铭："星

课例6　一片木叶的诗与思
——《说"木叶"》

星之火可以燎原，太多的灰烬却是无用的，我要寻问那星星之火之所以燃烧，追寻那一切的开始之开始。"

因此，《说"木叶"》，不仅仅是一篇学术随笔，更是一篇微型的文学史研究。林庚经由"木叶"这个例证，展现中国诗歌语言的创造和再创造的历史进程。这就决定了《说"木叶"》的行文特色：纵向的梳理和横向的展开同时推进，以追求论证的严密性、例证的丰富性。也决定了《说"木叶"》语言特色：丰盈，饱满，俯拾即是的都是古典文化的记忆。可以说，他的言说对象"木叶"是疏朗的，而他的言说方式，却正是绵密的。

钟元凯在《林庚的诗学思想和学术贡献》中如此说："学术品格和审美品格融为一体，诗性感悟和理性分析的统一，诗和史的融通，成为林庚'诗人治学'的鲜明的学术个性与特色。"这，何尝不是对《说"木叶"》这个文本的评价。

读懂林庚这篇文章和懂诗歌语言的暗示性，既能展开理性分析又有诗性的感悟，是不是应当成为《说"木叶"》学习追求？

请看下面的教学片段：

片段一：

生1：树，本身就暗示着枝繁叶茂，颜色上，通常也暗示着绿色，这样，"树""叶"两词连用，没增加什么信息量。

生2：树叶没有明显的季节特色，一年四季都可以用，因为太普通，所以也就没有特色了。诗人，总是愿意自己的语言与众不同的嘛。比如杜甫就说，语不惊人死不休嘛。

师：嗯，树叶没有什么季节感。有创意的句子。

生3：是的，我补充，树叶的颜色特征也不鲜明，可能是黄、绿、红各种颜色都具有，就不能使人产生特定的联想，不能成为大家都明白的语言密码。

片段二：

生4：用"说木叶"的思维方法来看，同中求异，"落红"被钟爱的原因，显然是因为这个"红"字。落红，写出了颜色。

生5：是这样。强调颜色很重要。一片落红，大片大片的落红，有一种惊心动魄的凄美的感觉。红色，是最夺目的颜色。因为开得艳丽，红得夺目，所以凋谢，也就格外触目惊心。

生1是理性的，主要是对文本内容的理解，生2和生3，就有自己创造性的理解了，并是真正懂得诗歌语言的特殊性了。生4的回答是创造迁移，生5的补充，更是理性和诗性的交融，他明白，诗意的感觉，就是生命的感觉。

也许可以这样说，只将《说"木叶"》处理成信息筛选的文本，是不合适的，只利用林庚的思想来训练学生鉴赏诗歌，更是不对的。二者的简单叠加，同样不够。理解林庚一般之旨趣，理解林庚对诗歌语言的理解，理解林庚如何思考问题，需要整合起来。这是教学此课的应然追求。

二

希望和学生一起，学习学者的思考，于是有了《说"木叶"》教学的独特性。我几乎花了一半时间探讨课文前三个段落的行文特色，探寻林庚思考问题的过程，即林庚从"'木叶'是那么突出地成为诗人笔下钟爱的形象"这一现象，推演出"从'木叶'发展到'落木'，其中关键显然在'木'这一字，其与'树叶'或'落叶'的不同，也正在此"这一核心议题的过程。

这一过程，我借用围棋术语，名之为"腾挪"。

一般学者说"木叶"，可能直奔主题，说木叶的艺术特征和艺术价值；一般老师教《说"木叶"》，也可能直奔主题，教木叶的艺术特征和艺术价值。

林庚的腾挪式行文，引而不发，欲擒先纵，展现了从容而绵密的思考。将这一绵密的、纵横展开的思考过程还原出来，梳理出来，让学生明白林庚是如何从现象中发现问题、聚焦问题并解决问题的，也就可能让他们或多或少的，能像林庚一样去思考。

这体现了我教学的一贯取向，或者说野心：让学生因我的课，而变得有一点不同。要实现这个野心，当然很难，《说"木叶"》的教学只是其中一例。深研文本和深研学情是必需的，深入到文本的肌理里去，真正懂得学生的需要，才能教有用的东西。至少，不停留在梳理信息的层次，不停留在诗歌鉴赏答题训练的层次。

谨记，我们是在学习这一位学者、诗人关于古典诗歌语言的学术思考。

课例6　一片木叶的诗与思
——《说"木叶"》

> 专家评点

凸显学术随笔的多重学习价值

郑桂华

《说"木叶"》是教材中的名家名篇，值得教的目标很多；但篇幅较长，阅读难点多，也是难教的课文。王良老师抓住文本核心教育价值——学术随笔的阅读策略，引导学生在阅读策略、思维方法的学习中提升语文学科核心素养，目标集中、得当。

阅读学术随笔一般有两个层面的活动。一是理解性阅读，明白文章写了什么，并运用阅读所得帮助自己改善相关体验；二是批判性阅读，明白文章是否自圆其说，并根据公共性的标准审视其观点的合理性。因此，要完成这两层任务，学生不仅要学习文章，还需要学习如何理解文章、如何将文章的观点对接自己的经验帮助自己有所提升、如何发现作者学术研究的意识立场与方法路径、如何分析评价文章的合理性等内容，这些内容指向阅读学术随笔的策略、提升思维品质的方法。

这些"如何"如此之多，需要教师有所取舍、有所整合。王老师这两节课涉及以上两个层面、四项学习内容，其教学的重点是后两个"如何"，这是挑战性极高的学习内容。他这样定位，原因之一是雅礼中学的学生素质很好，有学情基础；更重要的还是王老师对高中语文教学的育人价值——发展学生学科核心素养，有更高的目标和自觉追求。

在教学中，他把分析作者发现问题、解决问题的研究意识和方法作为重点目标。此外，王老师还引导学生思考学习该文的价值，反思作品的局限，并借助自己的生活经验引导学生反思屈原使用"木叶"的原因。这样的语文教学，将理性思辨的重要性充分彰显出来，将抽象的语文学习转变为具体交际语境中的语言实践活动，将语言建构与运用、思维发展与提升、审美鉴赏与创造、文化传承与理解很好地融合在一起，体现了新课标的理念。

153

言语的森林
——王良生长语文课堂12例

　　《说"木叶"》中的瑕疵是真实存在的，正如王老师与学生交流中讨论的那些内容。但是，林庚作为著名的诗人、杰出的古典文学研究者，他为什么没有发现这些瑕疵并修改完善？教材编写者又为什么没有做修改？还有，教材编写者为什么改变了该文在林庚先生《唐诗综论》中的排版样式？这些说明《说"木叶"》还有很多可挖掘之处，还有很多可以思辨、可以学习的地方，有待更多老师新的探究。语文教学也就在这样的不断探索中展现出它的迷人之处吧。

　　（郑桂华，上海师范大学中文系教授，统编语文高中教材分册主编，上海市新课标高中语文教材副主编，上海市青语会副理事长）

课例 7

黑暗边上，门开着

——《变形记》（统编语文高中必修下第14课）

教学设计

变虫平静失语慌

——《变形记》教学设计

教学目标

理解异化，透过"变形"，解读生活对格里高尔的全面挤压，体验格里高尔的压抑、恐惧以及孤独，体会格里高尔"非人化"的、不能自主的特点。

教学方法

从格里高尔对待"变形"的态度入手，抓住其对"变为甲虫"的平静和对"失去语言"的"吓了一大跳"，深入解读人物的生存困境。

教学重点

理解格里高尔的平静。

教学难点

对"异化"和"孤独"形成既具体又深刻的认识。

教学时间

2课时。

教学过程

一、导入

1.成名子变为促织，对此事，成名子的态度可能是怎样的？

预设：成名子大约是自豪的。

点拨：

成名子魂魄化为虫子，获得了超能力，拯救了父亲和家庭，赢得了富贵。

他们大约不会从现代的角度来思考这件事。变为虫子以解决问题，以人的价值和尊严的丧失为条件来解决问题，看似是喜剧，其实是深刻的悲剧。

2.格里高尔变为甲壳虫，格里高尔的态度是怎样的呢？

介绍预习作业中一些同学阅读《变形记》的感受，大家对格里高尔对于变形的态度感到奇怪。

二、探讨格里高尔的平静

1.大家为什么觉得奇怪呢？

预设：格里高尔太平静了。他似乎对自己变为甲壳虫并不很在意，他几乎不怎么想变虫这回事，满脑子都是工作、生活的不如意。

点拨：

（1）发现自己变成甲壳虫后，卡夫卡五次写到"他想"。请梳理这五次"他想"的内容，你发现了什么？

（2）梳理协理、父母、家人对待变形的态度。

学生读一读、议一议描写父母对待变形态度的句段。

（3）万一，你睡觉醒来发现自己变成甲壳虫，你会有怎样的反应？

2.怎么看待格里高尔的平静呢？

预设三种看法，分别相机点拨之。

（1）压力＞变形。

点拨：他的心思压根不在变形上，他的心思全都在工作上，说明了什么？

工作是格里高尔不可承受之重。艰辛，没啥意思，没有朋友，各种烦恼，各种憋屈，各种压抑。他觉得不公正，觉得周边的人对他有着敌意。

一般情况下，一个人发现自己变成甲壳虫，应该是惊骇的、恐惧的、忧心忡忡的。而格里高尔如此平静，想的都是工作的事，说明工作的事比变成

课例7　黑暗边上，门开着
——《变形记》

甲壳虫一事更让人惊骇、恐惧、忧虑。这种忧惧、紧张压倒一切，让躯体的巨大变化不值一顾。

（2）压力→逃避→变形。

点拨：

平静，不惊骇，还有可能是另外的原因。

一般情况下，我们对习以为常的、早有心理准备的事，才会表现得平静。

格里高尔会不会对变成甲壳虫，早有心理准备呢？

推测可以成立。

他想让"一切都见鬼去吧"，想"多睡一会儿"，"把所有这些倒霉的事儿都丢在脑后"，如果不是考虑父母的态度，他"早就辞职了"，"那样我就会走到我的老板面前，把我的所有想法都一股脑儿倒出来"。

他早存了逃离工作和生活的种种压力的冲动。如要逃离，要卸掉工作沉重的担子，通常的方式是"辞职"，格里高尔潜意识的方式是变为一只甲壳虫，或者变为别的啥玩意都行。

变形，是他长期以来压抑着的愿望的实现。所以他表现得很平静。

（3）格里高尔的矛盾与分裂。

点拨：

格里高尔为什么不辞掉这份他早已厌倦的工作呢？

他对家庭要尽责任，他在意父母的态度。

所以一方面，他想让"一切都见鬼去吧"；一方面，他想着的是，"不过，现在我得起床了，要赶五点的火车呢"，是"包装好样品就走"。

这是格里高尔的矛盾。他的内心是分裂的。在理性层面，他要尽一份家庭的责任，去做那些他一点儿也不喜欢的工作；下意识层面，他想逃离。

3.探究格里高尔的揣度。

我们来看一个小片段，平静的格里高尔揣度他人对自己变形一事平静还是不平静：

他好奇地想知道，那些现在想见他的人见到他时会说些什么。倘若他们大吃一惊，那么格里高尔就不负什么责任，他就可以安然了。倘若他们都平静地接受这一切，那么他就没有理由焦虑不安，只要他抓紧的话，说不定真还能赶上八点钟的火车呢。

预设一：

这句话暴露了格里高尔的下意识，即想逃避，想推卸。这可以印证我们此前的分析。

点拨：

格里高尔对什么不负责任呢？没有按时上班。为什么可以不负责任呢？"他们大吃一惊"。为什么"大吃一惊"呢？格里高尔变成了一只虫子。他因此可以推卸掉不可承受之责任，可以安然。

预设二：

格里高尔竟然会觉得，人们会平静地接受他变成甲壳虫的事。这是格里高尔以己之心，揣度他人。这意味着，他人，也只在乎工作，对一个人变虫子都视而不见。

点拨：

格里高尔还假定了另一种情况，"他们都平静地接受一切"。按常情来看，不会有人平静地接受这一切，但格里高尔却做了这种假定。格里高尔为什么会做这样的假定呢？

有意思的是，从后文来看，家人和协理都不是这样。如果是这样，世界就彻底荒诞了。

一个有趣的问题：小说从这里开始，可不可以有另一种写法呢？家人、协理都像格里高尔一样，对变形很平静。于是，甲壳虫去公司了，出差了。

预设三：

在格里高尔的世界里，判断和决定自己命运的，不是自己，而是他人，是外部的力量。

前文，格里高尔是把自己完全交给工作，此处，就是完全交给他人。他似乎不是为自己而活，他没有自我，没有个人意志。

点拨：

注意句式：

倘若……那么……

倘若……那么……

综合这两个句式，可以发现什么？

4. 小结与迁移。

预设： 异化，非人的生活。

点拨：

（1）请用一个词、一句话来揭示格里高尔其人或格里高尔生活的特点。

（2）给出"异化"概念。

王良： 异化，异己化，异于正常和本然。非人的生活。不能自主的生活，失去了自我。格里高尔的躯体、工作、与他人的关系，都是异化的。

哲学家们： 所谓异化，从主体或主体活动发展出对主体形成控制和压迫的客体。

卡夫卡： 不断运动的生活纽带，把我们拖向某个地方，至于拖向哪里，我们自己是不得而知的。我们就像物品、物件，而不像活人。（转引自叶廷芳《论卡夫卡》）

某种意义上说，格里高尔，下意识地，以身体的异化，来逃避人的全面异化。

（3）请列举生活中的异化现象。

（4）本单元中，还有哪些人，过着一种异化的生活。

祥林嫂，别里科夫等。

三、探讨格力高尔的惊吓

格里高尔的变形，应该包括两部分，一是躯体变形，二是失去了人的说话能力。

文段：

当格里高尔听到自己回答的声音时，不禁吓了一大跳，这声音分明还是他以前的声音，然而却掺和着一种来自下面的、无法抑制的痛苦的叽叽喳喳

159

声，使得他的话只是一开始还听得清楚，后面的话音就被破坏得不知所云，以致听的人都不知道是否真的听明白了。

1.读这一段，你发现了什么？

对于变成虫子，他平静得很。听到自己的声音，却"不禁吓了一大跳"。似乎表明，格里高尔对说话，更看重。

2.为什么格里高尔更看重他的说话能力呢？

点拨：

结合格里高尔最在意的事情来思考。也可以结合卡夫卡的痛苦来思考。言之成理即可。

3.失去语言，对格里高尔意味着什么？

预设：

不能被理解，不能和他人沟通，令人绝望的孤独。

点拨：

格里高尔"重回人世间"的努力得不到半点应和，他最后在极致的孤独中死去。

例如："格里高尔怎么恳求都不管用，也没有人听懂他的恳求，无论他多么低声下气地不停转动着脑袋，父亲只顾跺着脚，而且越跺越厉害。"

例如：妹妹怀着爱意，自作主张搬掉一些家具。

4.变形前的格里高尔，和他人的沟通状况怎样？

预设：

不好，他可能都没有真正去表达什么。

点拨：

例如："要是我在我的老板这里也这么试一把的话，我准保立刻被解雇。"

5.格里高尔的沟通困境和卡夫卡的沟通困境。

援引卡夫卡的《骑桶者》说明之。

6.《变形记》到底在表现什么？人的异化？沟通之难？令人绝望的孤独？都是。也可以认为，失语，不能沟通，也是异化的一种表现，同时是异化的一种原因。

四、怎样才有新的可能

卡夫卡向我们揭示了现代人的生存困境,被挤压,很孤独。可是,面对这个让人绝望的世界,卡夫卡说:"我们这个世界冰冷的空间,我一定要用一把火来温暖这个空间,这火正是我要去寻找的。"

1.格里高尔本人。

(1)选一份自己喜爱的工作。

(2)承担能承担的。

(3)自己决定。援引卡夫卡的小说《判决》。

(4)和同事、和家人放松的沟通。

(5)直面压力,战胜恐惧,和生活和解,做一个勇敢的人,做一个开放的人。援引卡夫卡的《地洞》。

2.他人的爱、善意与耐心。

(1)家人给予更多的爱与支持,无条件的爱与支持。

(2)公司不能过于严苛,要有对人的关怀。业绩,考勤,以及"诚然,现在不是做生意的季节,但是,不做生意的季节根本是没有的"之类的黑色幽默,都给了格力高尔巨大的压力。

五、小结

《变形记》于1915年由莱比锡库尔特沃尔夫出版社出版了单行本。卡夫卡曾为此书的封面设计致函这家出版社:"会不会去画那个甲虫本身?别画那个,千万别画那个……这个甲虫本身是不可画出的,即使作为远景也不行。"

"假如允许我对插图提建议,那么我会选择诸如这样的画面:父母和商务代理人站在关闭的门前,或者更好的是,父母和妹妹在灯光明亮的房间里,而通向一片黑暗的旁边,那个房间的门敞开着。"

对卡夫卡的建议和设想,我的理解是,《变形记》这篇小说,重点不是这只甲虫,而是格里高尔这个人,是社会、家庭边上的格里高尔这个人,一个疏离、恐惧、压抑、孤独的人。这是一种隐喻,一个寓言,是人的普遍困境与命运的象征。

同学们对于《变形记》，对于卡夫卡的建议和设想，会有更丰富的、个性化的理解吧。

如果由你来设计封面或插图，你有怎样的创意呢？

板书设计：

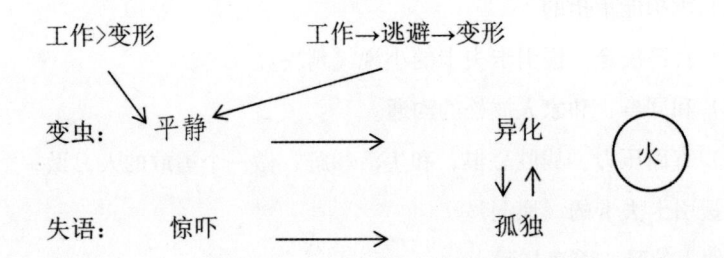

变形记

卡夫卡

工作＞变形　　　　　工作→逃避→变形

变虫：　平静　　　　　　　　异化　　　　火

　　　　　　　　　　　　　　↓↑

失语：　惊吓　　　　　　　　孤独

教学实录

黑暗边上，门开着

——《变形记》教学实录

上课学生： 长沙市雅礼中学高一年级学生

师： 卡夫卡是一位世界级的文学大师，他深远地影响了一些中外世界级的文学大师。《变形记》是他的代表作。有些同学说读起来吃力，读不下去。但不懂一点儿卡夫卡呢，将来都不好说自己是文学爱好者。（生笑）同学们还和我说，《变形记》读起来感觉沉重，压抑，其实卡夫卡的很多作品读起来都有这感觉。有人说卡夫卡太沉重，中学生适合读么？我觉得，认知世界的沉重，才有抵抗沉重的力量。

师： 在预习作业中，不少同学觉得，格里高尔对待自己变成甲壳虫，反应有些特别，态度有些奇怪。发现特别和奇怪就是思考的开始啊。还可以联

课例7　黑暗边上，门开着
——《变形记》

系刚刚学习的《促织》，成名儿子也变成了一只虫子，二人对自己变成虫子，各自态度是怎样的呢？

（屏显）

成名子变为促织，格里高尔变为甲壳虫，对此，各自的态度是怎样的？

生：成名儿子，是自愿变成促织，解决家庭面临的问题。

师：自愿，一定意义上，是的。格里高尔是自愿么？（生沉默）好，这个问题先搁一搁。

生：《促织》中有一处写到，成名儿子"应节而舞"，他很高兴。

师："应节而舞"，高兴，对此还有别的理解吗？

生：这是讨好。讨好皇帝。另外，成名儿子后来应该是高兴的，因为他给家庭带来了大富大贵。

师：以牺牲人的高贵和尊严，来逗皇帝一乐，来解决家庭的困难，并赢得富贵，这是蒲松龄批判的深刻之处。虽然，蒲松龄可能也没有自觉意识到他有这么深刻。现在来说说格里高尔对变成甲壳虫的态度。

生：谈不上高兴与不高兴，他显得很放松。

生：不安，因为他不能给家庭还债了。

生：没有很惊讶。

师：也就是比较平静。怎见得不惊讶，平静？

生：他心里想的都是工作，对变成虫子好像没什么感觉。

师：说得好。格里高尔变虫子后，卡夫卡五处写到"他想"。同学们将这五处"他想"找出来读一读，说说你的体会。

（生默读文章）

生：稍微能表现他对变成甲壳虫有点在意的，是第一处"他想"——"我发生什么事啦？"后面几处"他想"，都是关于工作的，工作很辛苦，生活苦，没有友情，老板难伺候。

师：概括得好。你注意第一处"他想"和后面几处"他想"在篇幅上——

生：第一处只有一句，后边几处都是洋洋洒洒。卡夫卡连篇累牍地写格

163

里高尔变虫后满脑门心思都在工作上。

师：连篇累牍，满脑门心思，用词生动。

师：文本中别的人，发现格里高尔变虫后的表现呢？态度是怎样的？

生：协理和一家人都很惊恐。我们看130页，最下面几行文字：

这时他听见协理"啊！"的一声惊呼——那声音听起来就像大风呼啸似的——随即看见协理本人就站在门边最近的地方，一只手紧紧捂住他张开的嘴巴，一步步向后退去，仿佛有一股看不见的、均匀地向前推进的力量在驱赶着他。母亲——她起床后还没来得及梳洗，尽管有协理在场，仍顶着一头高高耸起的乱发站在那里——先是合着双手看着父亲，而后朝格里高尔走了两步，随即倒了下去，衣裙在她四周摊了开来，头垂在胸前，脸完全埋在里面。父亲握起拳头，露出一脸敌意，好像他要把格里高尔推回到他的房间里去似的，然后他不安地环顾了一下客厅，随即用手捂住眼睛哭了起来，以致他壮实的胸脯颤动不已。

师：他们的惊恐有区别吗？

生：协理是惊骇的，"啊"的一声惊呼，"像大风呼啸似的"。母亲有一些关心，"朝前走了两步"，但她也受不了，"随即倒了下去"。父亲比较奇怪，"露出一脸敌意"，最后"哭了起来"。

师：他们是有区别的。你说父亲的"敌意"比较奇怪，你的感受是对的。父亲怎么会对儿子有敌意呢？卡夫卡笔下，经常写到父子不和谐的相处。这源于现实生活中卡夫卡和父亲关系的糟糕。母亲是有一些关心的意思。你们再看一处，132页，"她低下头，像是要仔细看看格里高尔"，这是一种关心。但是，他母亲"却身与愿违，没命地往后逃离"，怎么理解这里的"身与愿违"？

生：身与愿违，想要关心儿子，但是身体表现出来是退却。关心和惊悚交织在一起。母亲惊慌失措，课文写到，她甚至神不守舍地一屁股坐下去，碰翻了咖啡她都没注意到。

师：这里写出了一种人性的真实吧，害怕惊恐和关心担心交织在一起。这是格里高尔的妈妈，但，我想，世上还有很多妈妈，如果孩子真的变成甲

课例7　黑暗边上，门开着
——《变形记》

壳虫，不会害怕惊恐，只有心疼、救助和爱。

师：我们稍稍展开了一下。协理、父母，对格里高尔的态度，有区别。但有共同之处，那就是——

生：惊恐，害怕。

师：是的，这是绝大多数人会有的反应吧。如果是同学们，一觉醒来，发现自己变虫子了，你的脑子里想的是学习，是交作业吗？

生：哪有心思顾这个。我会觉得天塌下来了，完蛋了，怎么得了。

生：可能会觉得非常难受。很不舒服。

师：我们的格里高尔先生，一概没有这些反应。他平静地对待变虫子这件事，一门心思在想工作。我们要怎么看待格里高尔的这种平静呢？

生：格里高尔失去自我。

师：失去自我，啥意思？

生：生活中只有工作，只有家庭责任，没有关注自己，没有关注自己的身体，所以对变虫子会比较平静。

生：他习惯了应付生活工作中的难题，没有属于自己的感受，对自己身体比较麻木了。

生：他念念不忘是工作。工作就是唯一。他的工作很艰难，他必须全力以赴，对工作的关心压过了对人本身的关心。

师：同学们说得很好，他的工作很艰难，工作的压力特别大。工作是格里高尔不可承受之重。用一句流行的话说，"宝宝太难了""我太难了"。当一个人发现自己变成虫子时，都会是惊骇的、恐惧的、忧心忡忡的。格里高尔却很平静，满脑门子都是工作，说明工作的事比变成甲壳虫一事更让人惊骇、恐惧。这种忧惧、紧张压倒一切，让躯体的巨大变化不值一顾。

师：因为另一事更让人惊恐，所以对这一事就比较平静了。这是将两件事做了比较后，得来的认识。

生：还可以从另外的角度考虑。如果早想过一件事，事情发生了，可以接受啊。

生：是的，如果有预判，有预期，有心理准备，就会比较平静。

师：格里高尔对什么早有心理准备？

生：对变虫子有心理准备。

师：啊，这是什么人呀，怎么会对变虫子早有心理准备呢？

生：变成虫子，也许就解脱了。

师：你联系文本来说。

生："假如我不考虑我父母的态度，我早就辞职了，那样我就会走到我的老板面前，把我的所有想法都一股脑儿倒出来。"格力高尔对工作很厌倦，前边还希望"这一切都见鬼去吧"。他早就要辞职了，他忍老板很久了，他有把所有想法"一股脑儿倒出来"的冲动。他早就想逃避这些工作，逃避压力，变甲壳虫，就让他的逃避有可能了。

师：分析得很好，这也许是格里高尔的一种下意识。注意，格里高尔变甲壳虫，是在梦中醒来时变的哦。梦，是人压抑的愿望的实现。变形，是他长期以来压抑着的愿望的实现。也许，因此就挣脱枷锁了，所以他表现得很平静。

师：说另外一个话题，此前有同学说到成名儿子变虫是自愿的。现在，我们认为格里高尔呢？

生：也是自愿。

生：不好说是自愿，准确地说，是他的潜意识里有变形的念头。

师：理解的分寸感很好。如果说成名之子变形，一定要变成促织，那格里高尔呢？

生：格里高尔随便变什么都行，只要能逃避工作压力就好了。

生：变成一只小燕子、画眉鸟之类的可以不？（生笑）

生：那又不可以，太轻盈了，文章的氛围味道都变了。

师：奇思妙想，难能可贵很有道理。回到"逃避"这个话题来。既然想逃避，为啥格里高尔不辞职呢？

生：格里高尔是个好儿子，好哥哥，他承担着家庭的责任，他必须工作，他还需要千方百计地保住这份工作。

生：是的。一方面，他厌倦了，一切见鬼去吧；一方面，他要努力工

课例7　黑暗边上，门开着
——《变形记》

作。在理性层面，他要尽家庭的责任，做他一点儿也不喜欢的工作；下意识层面，他想逃离。格里高尔是个分裂的人。

师：清晰，有深度！我们对格里高尔的分析，是不是符合格里高尔的深沉心理呢？我们再来看格里高尔自己的一段心理活动。这是他对他人对自己变形态度的揣测。大家有什么发现？

（屏显）

他好奇地想知道，那些现在想见他的人见到他时会说些什么。倘若他们大吃一惊，那么格里高尔就不负什么责任，他就可以安然了。倘若他们都平静地接受这一切，那么他就没有理由焦虑不安，只要他抓紧的话，说不定真还能赶上八点钟的火车呢。

生：变形确实可以使他安然。

师：这个文段，是什么使他安然？

生：可以不要承担家庭责任了。

师：更具体地说，本文段说的不负责任，是指对什么不负责任？

生：对自己迟到、不能去上班，可以不负什么责任——如果那些人"大吃一惊"的话。

师：对什么情况"大吃一惊"？

生：变成甲壳虫。

师：我们连贯地理一理，他们对格里高尔变成甲壳虫大吃一惊，格里高尔对迟到没上班就不要负什么责任了，就可以安然了。也就是"变形确实可以使他安然"啊。具体的结合文本，连贯地整理思路，很必要。

生：格里高尔还设想了另一种情况，别人很平静。因为，别人把格里高尔看作工具人。你只需要去工作就是了，你是虫子还是人，不是大家关心的问题。这是格里高尔的设想，所以深层次的原因是，格里高尔把自己当作工具人。

师：格里高尔是工具人！精妙！深刻！独到！格里高尔以自己的认识，揣度别人的可能认识。

生：我注意到，这两种情况都是格里高尔的假设。我觉得格里高尔是一个不自主的人。

师：精彩，你综合考虑这个句段了。作者用的一组关联词是？

生：倘若……那么就；倘若……那么就。

生：格里高尔依据别人的态度，来决定自己的应该做出的反应。

生：也就是前边同学们对格里高尔的一个认识——格里高尔失去自我，把自己交给别人来决定。

师：能联系前边同学的发言来分析，非常好。格里高尔没有自我，他是被外在的力量控制的。他把自己完全交给了工作，完全交给了他人。

师：现在，我们小结梳理一下：格里高尔是一个怎样的人呢，他过着一种怎样的生活呢？

生：工作繁重，没朋友，一切压得他喘不过气来。他想要逃避。

生：他失去自我，被外在的力量裹挟着，压抑着。

生：他没有一般人的正常的感受和欲望，他对自己比较无感。

师：同学们概括得很到位。大家的这些感受、认识，如果用一个哲学化一点的词来说，就是"异化"。

（屏显）

王良：异化，异己化，异于正常和本然。非人的，不能自主自由的。

哲学家们：异化，从主体或主体活动发展出对主体形成控制和压迫的客体。

卡夫卡：不断运动的生活纽带，把我们拖向某个地方，至于拖向哪里，我们自己是不得而知的。我们就像物品、物件而不像活人。（*转引自叶廷芳《论卡夫卡》*）

师：老师的理解，异化，异于自己的，异于正常和本质的，人的异化，就是人的非人化，没有自己，不能过一种正常的、和谐的生活。异化另一个重要特征，是不能自主，被外在的力量控制。外在的力量从哪里来呢，其实是从人自身分化发展出来的。老师查阅了哲学上对异化的解释，即"从主体或主体活动发展出对主体形成控制和压迫的客体"。艰难的工作，糟糕的人际交往，是从格里高尔这里发展出来的，反过来控制和压迫着格里高尔。用

课例7 黑暗边上,门开着
——《变形记》

卡夫卡自己的话说,就是:"不断运动的生活纽带,把我们拖向某个地方,至于拖向哪里,我们自己是不得而知的。我们就像物品、物件而不像活人。"

师:不是自己去的,是被"拖向某个地方";是物品、物件,就是"不像活人":这就是卡夫卡所表现的现代人的异化,非人的、不自由的、不能自主的。格里高尔的躯体、工作、人际关系,全面异化。这种异化,真是惊心动魄。

师:同学们,你们平时有这种感受没有?被外在的力量控制,觉得不是正常的自己了。

生:电子游戏、网络小说控制了一些人。

生:"鼠标手""手机控",也就是异化吧?

师:对呀。这两个词很生动地反映了人的异化。所以,如果有同学被网络、被手机控制了,不能自主,某种意义而言,你们和格里高尔是同类人。鼠标或键盘,就是你的甲壳虫。

师:本单元学过的一些人物形象,是否或轻或重存在异化的现象?

生:别里科夫就不是过自己的生活,他是被一套专制的东西辖制了的。别里科夫的甲壳虫,就是他的套子。

师:妙哉,妙哉。别里科夫的甲壳虫,就是他的套子。他不是过日子,是一套专制观念在束缚他。

生:祥林嫂也是异化的。她被封建礼教的糟粕戕害,这套东西最后勒死了祥林嫂。

师:活学活用,用学到的东西去解决问题,很好。

师:我们从格里高尔对待变形的态度入手,讨论了这么多丰富的东西。格里高尔对待变形,是平静的。但是文本中,格里高尔对待另一件和变形相关的事,是很惊恐的,你们注意到没有。

生:变形了,会失去工作,对这个惊恐。

师:有道理,老师的问题没说清楚。这样,格里高尔变形,其实包括两部分,躯体变了是一部分,还有一部分呢?

(生沉默)

生：格里高尔声音变了——当格里高尔听到自己回答的声音时，不禁吓了一大跳，这声音分明还是他以前的声音，然而却掺和着一种来自下面的、无法抑制的痛苦的叽叽喳喳声，使得他的话只是一开始还听得清楚，后面的话音就被破坏得不知所云，以致听的人都不知道是否真的听明白了。

生：对变成甲壳虫，挺平静的；话说不清楚了，却"不禁吓了一大跳"。这很矛盾。

生：这说明，格里高尔看重说话这件事。

师：为什么很看重说话这件事？

生：格里高尔最重视的是什么？工作。他的工作是推销，推销就必须与人交流，和人说话，如果不能说话，就不能工作。格里高尔心心念念的都是工作，现在赖以工作的说话能力失去了，所以就"不禁吓了一跳"。

师：太厉害了，太厉害了。了不起，向你献上我的敬意。话说不清了，就不能交流，不能沟通，就会失去工作。失语，不能和人沟通，是非常痛苦的。大家浏览一下，跳读文章，看看后文哪些部分表现了这种不能沟通带来的痛苦。

（生浏览，跳读，花了一点时间）

生：128页最下面，由于协理的指责、威胁，危及他的工作了，格里高尔"控制不住了"，"由于激动而忘记了一切"，于是说了好长一通话，表明自己要立刻去公司，赶火车出差。格里高尔是"像滚滚流水似的把这一席话说了出来"，他"几乎不知道自己说了些什么"，一个人自己都不知道自己说什么，别人又怎么知道呢？何况他的话是不清晰的。所以，课文这样写协理的反应——"您二位听懂他哪怕一句话了吗？"协理问父母，"他不是把我们当傻瓜吧？"

师：梳理得非常好。你想表达的意思是——

生：别人一句都听不懂他的，还觉得被他愚弄。对于格里高尔来说，挺悲催的。

生：格里高尔如此想表达自己，却一点也不被理解，这是很痛苦的事。

生：130页，"格里高尔怎么恳求都不管用，也没有人听懂他的恳求，无

课例7　黑暗边上，门开着
——《变形记》

论他多么低声下气地不停转动着脑袋，父亲只顾跺着脚，而且越跺越厉害。"这个时候，格里高尔最迫切的事，是留住协理，留住协理才能保住工作。父亲却要把他赶回房间去，格里高尔是"怎么恳求都不管用"。没人听得懂啊，这是让人崩溃的感觉。

生： 这是深深的孤独，一种让人绝望的感觉。父子都不能沟通，不能理解。

师： 后文有一个情节，妹妹怀着对格里高尔的爱意，搬掉格里高尔房子的东西，以方便格里高尔活动。可是，这不是格里高尔真正想要的。爱，因为没有沟通，就也变成了伤害。人是如此的孤独。这都是变虫子后，失去语言能力的结果。那此前，格里高尔和他人沟通是顺畅的吗？

生： 他应该是不怎么擅长和别人交流。"他晚上从不出门"。一个推销员，晚上却从不出门，他的性格和工作需要，是有冲突的。

师： 老师再举一例："要是我在我的老板这里也这么试一把的话，我准保立刻被解雇。"大家怎么看这个句子。

生： "要是"是一种假设语气，"准保"却很肯定。

生： 在想象中，格里高尔判断了一个坏的结果。他没有真正去尝试表达。

师： 老师个人认为这种理解是成立的。格里高尔有很多不满，但是他可能没有真正表达什么。卡夫卡有一篇小说，《骑桶者》，一个冬天，一个穷得买不起煤的人骑着煤桶，飘到煤店上空，结果被煤店老板娘的围裙扇到了冰山区域。一般认为，借煤事件显得很不真实，很可能没有真正发生，这个人只是在想象中去借了一回煤。这个人不能勇敢地和现实世界互动，不能有效沟通，不能和世界融通。

师： 我们讨论到这里，发现小说的主题变得复杂起来。小说是表现异化呢，还是孤独呢？

（屏显）

变虫：平静 ——→ 异化？
失语：惊吓 ——→ 孤独？

171

生：好像都讨论了。

师：现代派小说，主题不一定是单一的。《变形记》表现变异和孤独，都是深刻有力的。另外，异化和孤独有怎样的关系呢？

生：孤独，不能与人沟通，就是异化的一种表现。

师：是的，人的异化是全面的，躯体、工作、同事关系、家庭关系。卡夫卡潜意识里希望以躯体的异化来逃避人的全面异化。这注定会是失败的。后来，格里高尔与社会越来越疏离，也不见容于亲人，死掉了。小说是如此的沉重、压抑，可是，卡夫卡曾这样说——

（屏显）

卡夫卡：我们这个世界冰冷的空间，我一定要用一把火来温暖这个空间，这火正是我要去寻找的。

师：我们读卡夫卡的小说，应该理解人的困苦，理解这种沉重、压抑、悲凉，但又不能被沉重、压抑、悲凉裹挟。以对沉重的理解，来对抗沉重吧。如果我们是格里高尔，是格里高尔的亲人，是格里高尔的同事，我们将如何寻找一把火呢？

生：家人要给予格里高尔更多的爱与支持，无条件的爱与支持。

生：家人要一起承担责任，不能把家庭的负担都放到格里高尔身上。

生：是的，承担家庭责任是必须的，尽力承担自己能承担的就好。

生：格里高尔要有自己的生活，要做自己。

师：尽责任是美德，但承担无限责任就没必要。人要做自己，但一个人如果全为自己，又不行。要平衡好做自己与为他人的关系。

生：格里高尔如果能够找一份热爱的工作，工作就不会构成对格里高尔的压迫。

师：将来同学们找工作，找一份自己喜爱的工作太重要了。至少要能够接受。格里高尔很讨厌自己的工作，又不得不做，这就可能导致人的分裂。当然，同学们，工作总会有沉重处、麻烦处，王老师并不是说，你们工作一不如意就辞职。就拿王老师来说吧，我很累，有时候也烦，但我总体是非常热爱教书工作的。我绝对不会变成甲壳虫的。（生笑）

课例7　黑暗边上，门开着
——《变形记》

生：格里高尔要自主一些。自己要决定自己的命运，不要把自己都交给环境和他人。

师：说得好。卡夫卡有一篇小说《判决》，也写了父子矛盾。小说结尾，父亲说"所以你听着：我现在就判你溺死！"儿子竟然真的去跳河了。这在现实中当然不存在，和格里高尔变甲壳虫一样，都是荒诞的。我们需要思考的，就是一个人不能完全由另一个人支配。你决定你自己的生活。

生：格里高尔可以更勇敢、更直接地和世界沟通。

师：是的，格里高尔可以更勇敢些，放开自己。同时，世界也需要对格里高尔这样的人，有足够的爱和耐心。这样才会有好的互动，情况才会慢慢好起来。

师：这样来审视文本，审视生活，也许我们可以找到一把火。最后，我们来看一则资料：

（屏显）

《变形记》于1915年出版了单行本。卡夫卡曾为此书的封面设计致函出版社："会不会去画那个甲虫本身？别画那个，千万别画那个……这个甲虫本身是不可画出的，即使作为远景也不行。"

"假如允许我对插图提建议，那么我会选择诸如这样的画面：父母和商务代理人站在关闭的门前，或者更好的是，父母和妹妹在灯光明亮的房间里，而通向一片黑暗的旁边，那个房间的门敞开着。"

师：对卡夫卡的建议和设想，我的理解是，《变形记》这篇小说，重点不是这只甲虫，而是格里高尔这个人，是社会、家庭边上的格里高尔这个人，一个疏离、恐惧、压抑、孤独的人，一个异化的存在。这是一种隐喻，一个寓言，是人的普遍困境与命运的象征。让我们有些安慰的是，"那个房间的门敞开着"。

师：同学们对于《变形记》，对于卡夫卡的建议和设想，会有更丰富的、个性化的理解吧。也给同学们留一个作业：如果由你来设计封面或插图，你有怎样的创意呢？

教学反思

找到撬动文本和学生的关键点

——《变形记》兼谈教学取舍问题

《变形记》是自读课文，我做教读课文处理。小说很经典；也很难，很长。学生读起来不习惯，不怎么亲近，不少学生说不怎么读得下去，所以做教读课文处理。

教学此文，首要的是考虑其在单元中的地位和作用，考虑是整体推进还是单篇突破或其他。一开始，我凝练了"困境与突围"这样一个人文主题，设想单元整体推进，先研究祥林嫂、别里科夫、林冲、成名、格里高尔等面临的生存困境，再研究每个人的挣扎与突围，最后研究不同作家在表现这一共通主题时的个性化的方法。后来我放弃了整体推进的路子，因为任务比较宏大，学生不太好下手，且和学生阅读小说的真实状态不相符合，同时不利于学生结构化地掌握"这一篇"经典。最终采用的是"单元整合、单篇推进"的思路。即单篇教学推进，但"困境与突围"这一单元主题存乎师生心中，既保持各篇教学的相对独立性，又贯彻凸显单元主题。单篇教学结束后，请学生就"困境与突围"写一篇小论文。

具体就第14课来说，有《促织》与《变形记》两篇课文，我最初的考虑也是采用两篇合一的方式，综合研究二文在"变形"上的异同。但"变形"不足以统摄两篇文章，又考虑二文各自的经典性、独特性，以及难度，我最终采用了"统观两课、比较呼应、单篇推进"的方法。其思路和处理整个单元的思路类似。

所以《变形记》的教学，我们可以看到"困境与突围"这一单元主题的具体体现：格里高尔生活在忧惧和孤独中，他的全面异化正是现代人的困境；他以躯体的异化来逃避困境，最终是失败的；也可以看到在"异化"这一点上二文的比较——当事人对待异化的态度，对可变之物的分析等等，并

课例7 黑暗边上，门开着
——《变形记》

不全面。

但具体到《变形记》的教学，教什么和怎么教，还是令人犯难。

可以教的内容实在很多，选择什么来教呢？至少要考虑如下问题：

一是学生的阅读感受和困惑。这应该成为我们内容选择和方法安排的依据。我做教学设计，往往都会整合学生的初读感受和困惑，《变形记》设计也是这样。比如学生觉得文本读不下去，这个感受本身就有意义，这可能与同学们对西方小说的叙述方式、对"表现主义文学"不习惯有关。这一点不急着处理，可以放在单元总结课上，让学生比较单元几篇小说的不同特别是叙事的不同。比如学生觉得，父亲对儿子的态度比较奇怪，不像一个父亲，对此，我在教学时穿插呼应。实际上，卡夫卡终其一生，都没有得到父亲的接纳也没有接纳父亲。他曾经写过一封长长的信《致父亲》，但至死没有寄出去。学生将来如果读到这些文字，无疑会回想起《变形记》的这些细节。又比如学生觉得，格里高尔对自己变为甲壳虫，反应很奇怪，我以此为切入点，并将之作为主要教学内容。

二是文本本身的特质，在表现"异化"这一主题上，《变形记》无疑是非常经典的文本。当然，作为高深的哲学问题，如何在文学鉴赏中，引导学生具体而较为深刻的领悟，避免抽象的概念分析，是需要特别注意的。

三是执教者对育人的高度自觉，学生学习《变形记》，会觉得沉重、压抑，会觉得悲凉和绝望，如何发挥这样一个经典文本在立人上的作用，需审慎对待。既不能淡化卡夫卡的悲凉和沉重，也不能在学生心灵上蒙上阴翳。

可以选择的教法也很多。

也许可以采用学生课堂提问、师生讨论的方式，或评点交流的方式，或主题漫谈的方式等等，这些方式，自有其好处，处理不好却也容易导致课堂结构感和整体质量不好。长文章，难文章，学生不大感兴趣的文章，需要找到一个点，撬动文本最关键的内容，撬动学生的思维，撬动学生的生活。

最终，我的处理方式是，将格里高尔的变形理解为两部分：一是躯体变形，二是失去清晰的说话的能力。进而发现格里高尔本人对两者的态度是矛盾的，对前者，是平静的，对后者，"不禁吓了一大跳"。抓住矛盾的态度，较为深入地探讨《变形记》异化、孤独的深沉意味，很好地激活了文本，激发了学生。

如何发现格里高尔这一矛盾的态度呢？我还真经历了一番苦苦探寻的过程，最后才灵光一现。

首先，我了解到较多的学生觉得格里高尔对变虫的态度是比较奇怪的。但一般停留在觉得奇怪这个层次。直觉"如何看待格里高尔对待变形的态度"是一个很有价值的点，所以围绕这个点做了整合和挖掘。所谓整合，就是把协理、父亲、母亲对待此事的态度整合过来，把"如果你醒来发现自己变成甲壳虫还会满脑子想着要交作业吗"这样的生活内容整合过来，进而把师生生活中如"手机控""鼠标控"等有关异化的感受整合过来，把本单元其他有关异化的内容整合过来，等等。所谓挖掘，就是引导学生梳理相关文本，发现格里高尔平静背后的意味，感受到生活压力如何占据了格里高尔的全部心思，体会到格里高尔下意识的逃避心理，等等。

但感觉这样做不够，这个点还不足以统摄《变形记》最关键、最重要的内容。

我阅读揣摩文本久之。某一天，突然"发现"一个句子：

当格里高尔听到自己回答的声音时，不禁吓了一大跳，这声音分明还是他以前的声音，然而却掺和着一种来自下面的、无法抑制的痛苦的叽叽喳喳声，使得他的话只是一开始还听得清楚，后面的话音就被破坏得不知所云，以致听的人都不知道是否真的听明白了。

是的，突然发现。

这个句子读过多次，这一次突然意识到，格里高尔的身体变化可以包括躯体变化和声音变化两部分。对于自己的变化，他的态度形成鲜明对比：变虫子，他似乎没什么感觉，心思还都在工作上；不能把话说清楚，却"吓了一大跳"。这不是很耐人寻味么？

失语，正如学生说的，意味着他失去了从事推销员这一工作所需要的基本沟通能力，所以格里高尔才"吓了一大跳"。矛盾在此统一起来，这说明工作真是压倒一切的事情，工作形成了对人的全面挤压。如此平静，是因为工作闹心，如此惊吓，是因为会影响工作。

另外，正因为失语，格里高尔才不能和协理，不能和家人沟通，他能听懂他人的话，他人却听不清他说的话，并且，他人不知道他能听懂。这真是令人绝望的痛苦。不能沟通，孤独，隔膜，是一种深刻的人生困境。这种困境是格里高尔的——我们知道，也是卡夫卡的。小说的意味就变得丰富起来。

可以说失语这一设计，在文本结构中起着至关重要的作用，既含蓄回应了前文所表现的工作对人的深刻挤压，又决定了文本及格里高尔后来的走向。此后格里高尔的种种痛苦，都与失语有关。应该说，抽掉失语这一设计，《变形记》就会崩塌。

"如何理解格里高尔对于变躯体和变声音的矛盾态度"，就成为撬动文本和学生的关键点。它把又长又难的文本的关键内容整合起来了，结构化，有张力，可操作。它把学生调动起来了，学生发生困惑，发现文本，发现生活，全过程积极主动、饶有兴味。

专家评点

看得见的课堂生长

徐昌才

在王良老师的《变形记》课堂里，我仿佛看到一片田园，春风吹拂，禾苗吐绿，生机勃勃。那是一种生命成长的姿态，也是一种精神拔节的歌唱。莘莘学子参与老师的教学，如沂水沐浴般舒畅，如夏夜鸣蛙般快乐，如百花绽放般惬意。对于一位语文人来说，这是一种令人神往的教学境界。师生同步，交感共鸣，释放才思，碰撞思维，享受教和学带来的甜蜜与美好，激发生命探索的兴趣与好奇。王良老师坦言，自己喜欢教学，乐在其中，享受语文，享受言语，享受价值探索与逻辑建构。程翔老师说，我一走进课堂，浑身充满了力量，眼睛放光，神采奕奕，仿佛换了一个人似的。是的，所有热

言语的森林
——王良生长语文课堂12例

爱语文、热爱课堂的语文人都一样，课堂就是他们的田园，学生类同禾苗，老师则如同农民，用自己的汗水、智慧、爱心与勤劳苦心经营这片天地，等待自然的恩赐与勤劳的馈赠。我乐意采撷几片语文田园风景，流连，观赏，品味，交流，表达我的欣慰与喜悦，表达一位语文人的观察与思考。

王良老师的课堂，咬住文本，贴近生活，着眼任务驱动，创设教学情境，践行教学理念，引爆学生思维，既体现出语文教学的学理温情，又释放出人文底蕴的璀璨光芒。在丰富鲜活的情境中，在积极的氛围中，学生能充分感受和体验文本世界的孕大含深，积极探索和内化文本思想的精神价值，在经历当中学习，在活动当中体验，在关联当中建构，从而实现语言的建构与运用、思维的发展、思维、审美的鉴赏与创造，以及文化的传承与理解。在课堂上，我们可以看到，针对格里高尔对待变形的态度，王良老师设问，"如果是同学们，一觉醒来，发现自己变成了虫子，你脑子里想的是学习，是交作业吗？"迅速激活学生思维，引发他们的对比思考，促进学生对格里高尔"平静"态度的理解与探索。针对格里高尔"被外在力量控制，不能自主，失去了正常的自己"，"被拖向某个地方"，"像物品、物件而不像活人"，王良老师类比发问，"同学们平时有没有这种感受，被外在力量控制，觉得不是正常的自己了"，引发学生对电子游戏、网络小说之类事情的近似联想与切实体会。针对格里高尔的严重异化、绝对孤独与人生凄冷，王良老师找来卡夫卡的金句，"我们这个世界冰冷的空间，我一定要用一把火来温暖这个空间，这火正是我要去寻找的"，以此切入，引导思考："我们读卡夫卡的小说，应理解人的困苦，理解这种沉重、压抑，但又不能被压抑、悲凉裹挟。以对沉重的理解，来对抗沉重吧。如果我们是格里高尔，是格里高尔的亲人，是格里高尔的同事，我们将如何寻找一把火呢？"从三个维度将学生带入文本情境，切事切人，切情切境，给学生提供一个尽情表达，充分释放的机会。学生自然而然会从格里高尔所处的社会的冷酷与倾轧，亲人的惊惧与拒绝，同事的冷淡与漠然，自己的厌倦与疲惫当中，体会到格里高尔的生存困窘，以及如何不做格里高尔而做自己的思想。探讨之中王良老师又置换情境，现身说法，"就拿王老师来说吧，我很累，有时候也很烦，但我总体

课例7　黑暗边上，门开着
——《变形记》

是非常热爱教书工作的，我绝对不会变成甲壳虫"。学生当能领悟，做人做事要有热爱，才会自由，才能自我救赎。情境当中发生多维对话，有学生与文本对话，有学生与学生对话，有学生与教师对话，有教师与文本对话，穿越时空，探讨人生，感应生命，将课堂教学掀起思想与人文高潮。

教学的结尾，王良老师匠心独具设计一个情境，品评卡夫卡对《变形记》封面设计的理解，并请学生设计《变形记》封面。作者有作者的设计，出版社有出版社的考量，教师有教师的理解，将任务交给学生，引发他们后续的思考、创造、表达。以此情境驱动做结，言有尽而意无穷，思有余而味无尽。王良老师见机行事，就文本，就生活，就自己，就学生，就众人，多维造境，多方关照，多层思考，让学生浸润在课堂思考与探索的氛围之中，既体验到学习的快乐，又享受到学习的尊贵。

王良老师的教学，目标定位准确，目标分解到位，落实课堂见效。王良老师将《变形记》的教学目标定位为"理解异化"，即透过"变形"，解读生活对格里高尔的全面挤压，体验格里高尔压抑、恐惧以及孤独，体会格里高尔"非人化"的、不能自主的特点。如何抵达这个目标，他的方法是，引导学生从格里高尔对待"变形"的态度入手，极具创意地抓住其对"变为甲虫"的平静和对失去语言的"吓了一大跳"，深入解读人物的生存困境。实现教学目标需要突出重点——"理解格里高尔的平静"，需要突破难点——"对异化和孤独形成既具体又深刻的认识"。将这些目标对应课堂实录，不难发现，王良老师的教学呈现出实打实，点对点，既稳准狠，又短平快的特点。

仅以探讨格里高尔的平静为例，简要述评。先探讨格里高尔对自己变形的态度（平静），比对众人对待变形的态度，既而探讨"如何看待格里高尔的平静"。换言之，格里高尔为何如此淡定、平静，甚至无感呢？此问题关涉三种可能：压力大于变形，逃避压力而变形，人格的分裂。接着探究格里高尔的揣度，换一个角度来看格里高尔，平静的格里高尔揣度他人对自己变形一事是平静还是不平静，这意味特别丰富。最后小结、迁移，提炼升华，概括作品主题。每一个环节的探究，预设与生成相结合，师生平等对话推进，咀嚼文本言语，品味情思意蕴，搭成思维与思想的课堂大餐。

整体而论，《变形记》依托教学目标，设计枢纽问题，紧扣文本片段，有序推进探讨，巧妙激活思维，呈现出课堂既生动活泼，又逻辑井然的风貌。这启示我们语文教师，落实新课标，践行新理念，开展新教学，巧用新教材教语文，教师的"教"是为了学生的"学"，要"教"方法，"教"思维，"教"兴趣，教"素养"，"教"能力；"学"是为了"生长"，要"学"如何学，学什么，为何学，学得怎样。师生同步，教学相长，双向发展，享受语文。绝对不能仅仅依凭教学经验教学，绝对不能随心所欲教学，务必要对接新课标，确定教学目标，落实核心素养，培养关键能力，保证教学不跑偏方向，不说糊涂话，不干荒唐事。

王良老师的课堂对话有思维的宽度，思想的深度，哲理的厚度，师生互动，思维活跃，识见纷呈，民主平等，气氛和谐，参与对话是一种思想享受，离开课堂获得一种精神提升。我坚信一个观点，对于经典而言，读与不读不一样，读深与读浅不一样，读了卡夫卡与没读卡夫卡绝对不一样，只是这个不一样表现得或隐或显，程度不同而已。用在王良老师的课堂之上，是不是可以说，听了王良老师的课和没听王良老师的课也有诸多不一样呢？我看是可以的，至少在我，在课堂发言和不发言的许多学生的身上，很多东西在生长，思维、言语、思想、感情、关系、意义、价值、逻辑、智慧、审美，等等。比如导入，"不懂一点卡夫卡，同学们将来都不好说自己是文学爱好者"，于风趣当中蕴含情怀与希望；"认知世界的沉重，才有抵抗沉重的力量"，于辩证当中体现理性的深刻；"以牺牲人的高贵和尊严，来逗皇帝一乐，来解决家庭的困难，并赢得富贵，这是蒲松龄批判的深刻之处"，于评点当中升华题旨，于批判当中警醒生命。"生活中只有工作，只有家庭责任，没有关注自我，没有关注自己的身体""他习惯了应付生活工作中的难题，却没有属于自己的感受，对自己身体比较麻木""他必须全力以赴，对工作的关心压过了对人本身的关心"，感受来自文本虚拟的情境，情怀却是打动真实的你我。"工作是格里高尔不可承受之重""他不是在过日子，是一套专制观念在束缚他"，于语序调整当中，醍醐灌顶，豁然人生。"格里高尔是一个工具人"，人成为工具，警醒人们，人不是工具，不是手段，而是目的，且是唯一目的。"爱，因为没有沟通，也就变成了伤害""人要做自己，但一个人全为自己，不行，要平衡好做自己与为他人的关系"，既温婉，又睿智，促人深思，催人警醒。如此话语，闪现师生交流之中，或同情共理，或碰撞思想，或激荡思维，或探索人生，丰富多彩，绚丽纷呈，构成精神的大餐，思维的拼盘，令人耳目一新，心神振奋。我要说，一次教学，于教师而言是一次精神历练，于学生而言，绝对是一次生命出游。

作为语文同道人，我理解王良老师的"爱与生长"的语文教育观；更欣赏他痴迷语文，纵情课堂，与学生一道畅游语文的幸福人生；也理解他对语文教育的不断追求。

此课也还有可商榷之处，学生的思考与表达确实很积极，颇震撼听课老师，但较多是对老师话题的响应、补充、生发，自主发现似乎还不够。教师教之启发、牵引与学生的主动探索如何完美统一，这是一个难点，也是一个值得所有语文人不断探讨的问题。二是有些内容，如甲壳虫的隐喻，梦境与现实的关系等，尚可见仁见智。总之，瑕疵不掩美玉，课堂熠熠生辉。与王良老师共勉，与语文人同道。期盼语文教学田园茂盛，庄稼丰稔，形势喜人。稻花香里说丰年，听取蛙声一片！

（徐昌才，长沙市雅礼中学教师，中国作家协会、中国文艺评论家协会、中国散文学会会员）

课例 8

如果烛之武推托

——《烛之武退秦师》（统编语文高中必修下第 2 课）

教学设计

如果烛之武推托

——《烛之武退秦师》教学设计

教学目标

1. 在掌握字词句的基础上熟读成诵。重点掌握"鄙、微、与"等多义词的意思，"行李、东道主"等古今异义的词，文中出现的词类活用的现象和特殊句式。

2. 鉴赏烛之武形象，理解他智勇兼备及不计个人遭际而以国事为重的特点。

教学重点

说辞之妙：能够示弱，为对方着想，巧用矛盾，善说利害，提供方案而将决定权交给对方。

教学难点

让智勇忠兼备的人物形象深入学生心灵。设计"假想烛之武的推托""理解烛之武的牢骚与担当"突破之。

教学方法

点拨引导，讨论交流。

教学时间

2课时（第1课时学生自读，解答学生词句及文意基本理解的问题，主要完成教学目标1，第2课时主要完成教学目标2）。

教学过程

> **一、起：假设烛之武推托**
>
> **师**：如果，如果烛之武要拒绝接受"退秦师"这任务，他可以怎么说？
>
> **预设**：主要结合文本，结合必要的历史知识，结合一般推诿拒绝的心理和言辞来说说。说得越充分越好。
>
> **师**：假定的烛之武为什么有这么多说辞？
>
> **预设**：
>
> 畏惧困难，怕解决难题。
>
> 不愿意承担责任。
>
> 计较个人得失。
>
> ……
>
> **小结**：真正的烛之武没有这多说辞，因为他敢于挑战难题，勇于承担国家责任，能放下自己的委屈。当然，"郑伯你凭什么不去"这样的话，估计一般人都说不出的。这就是"无礼于郑伯"了。
>
> **二、转：品读烛之武的牢骚与担当**
>
> **师**：真实的烛之武怎么办？
>
> **预设**：
>
> 1. 辞曰："臣之壮也，犹不如人；今老矣，无能为也已。"
>
> **品读**：
>
> 发点牢骚，可以理解。这只是嘴上说说，心里其实很想去。小傲娇。卖萌。
>
> 2. 许之。
>
> **品读**：
>
> 这是《左传》行文的干脆，也应该是烛之武行事的干脆。郑伯说得很诚恳。"然郑亡，子亦有不利焉"，晓以大义。

烛之武大约就差没说，"我也是这样想的"。

长期不被重用，有委屈，国家需要的时候呢，虽发了点小牢骚，但挺身而出。没有没完没了地叽叽歪歪。

3.夜缒而出，见秦伯。

品读：

解释"缒"，见出形势之危急，烛之武之勇敢。老人家也是拼了。

为什么是见秦伯？何以能见秦伯？

三、承：探析烛之武劝说的高妙

1.你认为烛之武有哪些高明之处，最终说动了秦伯？

预设：

牢牢抓住了利害来说事。（晓之以害，诱之以利，挑之以恨，预之以祸）

抓住矛盾，分化对方的联合。

示弱，消除对方的戒备心理。

总是从对方的立场出发，解决对方的问题。（解决自己的问题，从解决别人的问题入手）

提供对照性方案，客观呈现不同做法的结果，将决定权交给对方。

2.如果从烛之武说辞中，找一个最有杀伤力的词，最让秦伯心惊肉跳的，你会找哪一个？

预设：

陪邻、阙秦等。

讨论过程中，关注下面词语：

越国以鄙远　东封郑　肆其西封　东道主　陪邻　阙秦

抓住三个国家的地理位置，阐述利害，无疑是烛之武高明之处。"陪邻"和"阙秦"等词，最让秦伯心惊肉跳。

四、合：回扣开头，明忠勇智之宏大

一个忠、勇、智兼备的人。受了委屈，还是挺身而出担当国事，这是忠。夜缒而出，这是勇，直面超级难题，这更是勇。说退秦师，这是智，大智慧。

课例8　如果烛之武推托
——《烛之武退秦师》

板书设计：

烛之武退秦师
左丘明

忠勇智 ｛ 矛盾　利害　他人立场　……

教学实录

致敬烛之武的担当和智慧
——《烛之武退秦师》教学实录

上课学生： 长沙市雅礼中学高一年级学生

一、起：假设烛之武推托

师： 我们已经预习了这篇文章，知道烛之武去做了一件大事，一件难度系数很高的大事。当遇到很难完成的任务时，很多人都会选择拒绝。如果烛之武也要拒绝这个任务，拒绝退秦师的任务，他可以怎么说？

生： 我不如别人，让更有能力的人去吧。"臣之壮也，犹不如人；今老矣，无能为也已。"

生：我觉得很难说服秦王，因为秦王和晋王的盟友关系好。

师：秦、晋关系好，怎见得？

生：比如，"微夫人之力不及此"，如果没有那个人的力量，我是到不了这个地位的。注解说明了秦穆公对晋文公的帮助。

生：有个成语，秦晋之好。秦国和晋国一直有通婚的习俗，并且这个习俗延续了很多代。

师：厉害厉害。请烛之武继续推托。

生：我没有把握劝退秦王。

师：不打没有胜算的仗，干脆不打仗。

生：佚之狐为什么不自己去？您为什么不亲自去？凭什么我去？我去了有什么好处？

（生笑）

师：真是灵魂之问！

生：去了也是白去，就别去了吧。

师：有挑战的事，干脆放弃，很多人会这样。

生：烛之武可以说"我年纪大了，去不了"。

生：而且文章第三段提到了"夜缒而出"，说明当时郑国都城已经被包围了，出城很危险，说不定还没出去就被抓住了，甚至有可能死亡。烛之武也可以用这个做理由来推辞。

师："夜缒而出"这种出城的方式对烛之武来说，确实很危险。《东周列国志》中曾提到"烛之武是个70岁的老人家"。照这样看，烛之武完全还可以说："我老了，我恐高！"

（生笑）

师：看来，烛之武确实可以用很多理由来推辞，如果他真这样做了，推辞了，你说说，这是个怎样的烛之武？

生：如果他真这样，对于郑国来说，他就是一个自私的人，只注重自己的利益。

生：如果他这样做了，就没这篇文章了。

（生笑）

课例8　如果烛之武推托
——《烛之武退秦师》

师：历史就改写了。

生：我会觉得他是胆小的人。

师：你会认为他是个懦弱、不勇敢的人。对，我们紧扣文章展现出来的情境来看，城墙那么高，敌人那么多，他不敢去，虽然正常，但确实不够勇敢。

生：我认为那样的烛之武贪生怕死，不敢去面对困难的事情。

师：难以面对困难，有这个体会特别重要。人生其实有很多难题，可能是个人的难处，可能是民族的难处，还有可能是国家的难处，当难题出现在我们身边时，能像烛之武这样挺身而出，就让人敬佩。

生：我会认为他是个畏缩，没有挑战精神的人。

生：他没有将国家利益放在个人利益之上，是个自私的人。

师：综合同学们对这个假定情况的分析，我们可以来看烛之武真正的选择。他没有退缩，反而迎难之上，勇于承担这个任务，只此一点，我们就可以说，他是具有忠正品质、以国事为重、大勇向前的人。

（板书：忠　勇）

二、转：品读烛之武的牢骚与担当

师：在接受重任前，他只对郑伯说了一句话，我们齐读这个句子。

生（齐）：臣之壮也，犹不如人；今老矣，无能为也已。

师：这句话有什么意味？

生：我认为，烛之武说这句话的目的并非是在推辞，而是烛之武在和郑伯赌气，因为郑伯之前没有重用他。

师：你的理解很有意思。我们一般说，小朋友才喜欢赌气，要人哄，烛之武这个老头子有些孩子气。

生：我也认为烛之武不是真的推辞，他就是故意说给郑伯听的，他可能有点小任性。

师：同学们说得好，烛之武心里有点委屈，有点儿赌气，但他并没有真的想拒绝郑伯。《东周列国志》里面讲，烛之武在郑国，负责养马的活儿，和咱们齐天大圣孙悟空干的活一样，孙悟空当时就撂挑子了，后来还大闹天宫。烛之武呢，有点小牢骚，小傲娇，可以理解。面对烛之武的小任性，郑

187

伯是怎么说的？

生（齐）：吾不能早用子，今急而求子，是寡人之过也。然郑亡，子亦有不利焉。

师：郑伯气量不错。听完郑伯的话，烛之武即"许之"。一般来说，一个人受了委屈，发点牢骚很正常，发完牢骚之后呢，烛之武以国事为重，挺身而出。历史上还有个人，叫蔺相如，他听到自己的同僚廉颇，扬言要羞辱自己，便时时避之。门客不理解，干吗要受这委屈？蔺相如说："吾所以为此者，以先国家之急而后私仇也。"这就是一种境界。烛之武和蔺相如在面对委屈的时候，能以大局为重，以国事为先，都是好样的！

烛之武接受任务后"夜缒而出，见秦伯"。这句话也不可小看。

生：烛之武为什么去见秦伯，而不是晋侯呢？烛之武很高明。因为第一段中讲到，"晋侯、秦伯围郑，以其无礼于晋，且贰于楚也"，晋国和秦国攻打郑国，是因为郑国对晋国无礼，而且郑国除了依附晋国，还依附楚国。

生：也就是说，围郑的发动者应该是晋，因为郑得罪了晋，见秦伯才可能有一线生机。

师：这一点烛之武和佚之狐有共识，你们读佚之狐举荐烛之武时说的话。

生："国危矣，若使烛之武见秦君，师必退。"

生：因为郑国灭亡，对晋国有利，但对秦国不利，这个理由可能更容易说服秦国。

师：做事情，只靠忠勇还不够，还要智慧。面对重重困难，如何撕开口子，很重要，烛之武没有傻乎乎地去找晋侯，而是明智地去见秦伯。

另外一个问题，秦晋联军而来，烛之武现在见秦伯，可能有什么问题？

生：被晋发现。

师：能够不被晋发现吗？

生："晋军函陵，秦军氾南。"他们驻扎的地方不同，这给了烛之武机会。这句话也表明，两个国家的关系可能没那么铁。

生：《左传》的叙说非常厉害，简单的几个字，就能透露出重要的信息。

课例8　如果烛之武推托
——《烛之武退秦师》

从行文上说，这是一种呼应。

生：夜缒而出，晋就看不到。烛之武生怕晋侯在中间干涉、挑拨，所以夜晚去。

师：烛之武"夜缒而出"，直奔秦伯。"缒"，什么意思？

生：用绳子拴着人（或物）从上往下送。

师：夜色深沉，把一个老人家拴好了往城墙下面送，是一种什么感觉？

生：要小心翼翼，怕把他摔下去。

生：我认为更多的是害怕被发现。

生：老人家很勇敢。

三、承：探析烛之武劝说的高妙

师：高高的城墙，为了郑国，烛之武老人家也是拼了。要做成一件事情，就得有这种拼尽全力的大勇之气。夜缒而出，游说秦穆公，效果如何？

生："秦伯说，与郑人盟。使杞子、逢孙、杨孙戍之，乃还。"

师：去攻打郑，结果和郑结盟，结果还派兵帮忙戍守。大反转！"秦伯说"！说服别人，追求的就是"悦"的效果。当你说的话让别人高兴了，你的目的也就达到了。烛之武的游说，高明在哪里？

生：烛之武示弱，"秦、晋围郑，郑既知亡矣"。

生：我认为，他是站在秦伯的角度来思考的。他没有求同情，他不卑不亢，他从秦国帮助郑国和晋国产生的利弊来打动秦伯。

师：说得很精彩。烛之武示弱，却没有卖惨。从秦伯最关心的利益出发，解决秦国关心的问题，这是他说话的大智慧，也是谋事的大智慧——要解决自己的问题，先解决别人的问题，要实现自己想要的，先实现别人想要的。（板书：智）

生：我补充一点意见，文中说："且君尝为晋君赐矣，许君焦、瑕，朝济而夕设版焉，君之所知也。"所以我认为烛之武还清算了晋的旧账。秦伯有恩于晋，但是晋却说话不算话，这样更能引起秦伯的不悦，以便达到自己的目的。

师：见解很深刻。挑起历史的仇恨，让秦伯不满，让秦伯不信任晋。

189

"朝济而夕设版焉",说得多高超啊,这里有"朝夕"对比,有"济"和"设版"这样生动的场景。秦伯,你早上送晋侯回去,他晚上就开始筑城防备你。秦伯,你要看清楚啦,这种人,我们可不能跟他玩哈。

生:前边说了挑起过去的矛盾,我再说说展望痛苦的未来。(生笑)"夫晋,何厌之有?既东封郑,又欲肆其西封,若不阙秦,将焉取之?"这里的意思是:晋国是不知道满足的,他从东边吞并了郑国的领土后,还要向西扩张。向西扩张,那就会向秦国进军,侵蚀秦国的土地。这样,就挑起了秦晋的旧恨新仇。

师:分析得相当精彩。注意两个"封"字,"封"的本意,是一个人在土堆上面栽树,"封"字右边本来是个"手"。国君赐土地给诸侯,于是在某个地方种棵树,作为标志,作为界限。"封"字因此有边疆的意思。"又欲肆其西封"的"封",就是边疆的意思。"东封郑"的"封"呢?

生:做动词用,使郑国成为它的边疆。

师:正如前面同学所说,"又欲肆其西封",这是对未来的痛苦展望,是一种设想。如何看烛之武的设想?

生:让秦伯担忧。

生:让秦伯坐卧不安。

师:大家都懂秦伯的心理,烛之武更懂,所以啊,他不仅用历史的眼光给秦晋两国找点旧矛盾,还展望未来给秦伯描绘坏前景,制造新问题。旧恨新仇,都上咱秦伯心头!(生笑)笑过后大家继续。

生:他没有很明确地表明自己的立场,反而步步为营,从秦国的根本利益出发,也就是土地,来说服秦伯。

生:我赞同这种看法。利益,土地,这就是关键。烛之武抓住关键,抓住秦伯的心理,他一直在分析保存郑国和灭亡郑国对秦的利弊。

师:其他同学再补充说说。

生:"越国以鄙远,君知其难也"。结果就是,"邻之厚,君之薄也"。

师:说得真好。我们来看地图,晋国处在秦郑之间。"越国以鄙远","国"是指的晋国,"远"指的是?(生:远方的郑国)"鄙远"意思是?(生:

课例8　如果烛之武推托
——《烛之武退秦师》

把远方的郑国当作边境）秦越过晋国，把远方的郑国当作边境，这太难了。抓住地理位置说事，也是烛之武高明之处。

生："若舍郑以为东道主，行李之往来，共其乏困，君亦无所害。"这是说郑国能为秦国做的事情，秦国使者来来往往，郑可以补充他们缺乏的东西等。主要是让秦国看到郑国存在的价值。

师：郑国是"东道主"。这个"东道主"和我们所说的北京申奥成功的"东道主"的意思，有点不同。

生：文中的"东道主"意思很实，它就是指"东方道路上的主人"。我们现在使用"东道主"这一词，沿用了"做主人"的意思，但不一定要在东边。烛之武说郑国若做了"东道主"，就能够惠及秦的使者。

师：如果当年郑国在秦的西方，我们现在用的词可能就是"西道主"了。

师：同学们找了很多句子来说明。你们觉得，可能，哪一个词语对秦伯的刺激最大？

生：阙秦。

生：陪邻。

生：利晋。

师：哈哈，同学们的眼光很好。"阙"的意思是？"陪"的意思是？（生答）这对于把扩张领土作为根本利益的国家，尤其是秦国这种有虎狼之心的国家来说，这几个词就是一把把尖刀，剜得肉痛啊。

师：抓住利益来说事，灭郑，有什么坏处，存郑，又有什么好处。这是烛之武游说成功的关键。烛之武的游说，还有其他特点吗？

生：他没有逼迫，步步为营，请君入瓮。

生：将决定权交给对方。烛之武只是提供方案，分析不同情况的可能结果。主意，由秦伯去拿。最后他说的是："阙秦以利晋，唯君图之。"

生：说得好！人都不愿意被说服，被勉强，希望自己做决定。

师：说得好！自己做决定，是人性深处的需要。高明的说服者，就要满足这种人性的需要。

师：来，我们总结一下，烛之武的大智，体现在哪里？

生：对问题突破口的选择，选择了与郑国没有根本利益冲突的秦伯，而放弃了有实质性矛盾冲突的晋侯。

生：扣住了利害关系来说事，对于国家与国家地理位置很了解，对于秦晋历史很了解，对于秦晋都想称霸的野心很了解。

生：补充一点，为了离间秦晋的关系，他不仅挑起了秦晋的历史矛盾，还在秦伯心里，种下了一颗仇恨或者说防范的种子，让秦晋之间，不可能结成紧密的联盟。

师：哈哈，这就可以永绝后患了。

生：说话的时候，隐藏了真实目的，声东击西，明明是为了保全郑国，却让秦伯觉得，他处处在为秦国着想。先解决别人的问题，然后解决自己的问题；别人的问题解决，自己的问题也解决了。

生：他没有咄咄逼人，而是把选择的权利交给秦伯。和国君、上级讲话，这很高明。

师：同学们纷纷发表了高明体会。烛之武说秦伯，从对方的角度考虑问题，抓住对方的核心关切，抓住最重要的利益——国土问题反复阐述，步步为营。他先示之以弱，再析之以祸，"邻之厚，君之薄也"，然后诱之以利，"若舍郑以为东道主，行李之往来，共其乏困"，接着挑之以恨，抓住历史上的矛盾分化他们的联合，最后展望未来，一幅让秦伯心碎的图景出现了。（生笑）这个谈话过程没有咄咄逼人，也没有盛气凌人，帮着你秦伯把问题分析清楚了，接下来秦伯你自己看着办。

四、合：回扣开头，明忠勇智之宏大

师：一个70岁的老人家，表现得如此勇敢，如此智慧，固然是因为见多识广，更主要的是，是因为什么呢？

生：他对自己国家的一片忠爱之心。

生：他敢于担当，挺身而出。

师：是啊，有大忠者，才有大勇和大智。烛之武这个人啊，是一个有血有肉的、可亲可敬的人，他有点小委屈，发点小牢骚，但关键时刻挺身而出，毫不畏惧，绝不推辞，最终凭一己之力，为郑国解决大患。这样一个集大忠大勇大智于一身的可爱的老人家。向老人家学习，做一个忠勇的、智慧的、能担当的小伙子、小妹子！

教学反思

让学生的自我审视，变得非同寻常
——《烛之武退秦师》教学反思

听课完毕，有老师说，这似乎不是一堂很有设计感的课，你就是和学生聊一聊，读一读，掰扯掰扯，但课听起来很舒服，很过瘾。还有老师说，学生怎么那么愿意说，说得那么好。又说，这样的课上下来，学生确实会变得有点不同。

让学生变得有点不同，是我每一堂课的教学野心。一定程度上实现这样的野心，其实，也还是有一点设计的。

大忠、大勇、大智，构成了大写的烛之武。苟利国家生死以，岂因祸福避趋之，烛之武因此奉命于危难之间，并且使命必达！如何让烛之武这样的"大"，成为学生的"大"，是我做教学设计的首要考虑。我思虑再三，选择了返璞归真的教学策略，用最朴素的设计，安排最简约的结构和流程，给学生最大的空间，真诚地、真正地把课堂还给学生。把课堂真正地还给学生，就是要激发学生内生的力量，让学生充分言说、充分思考，充分与文本主人公烛之武的精神相往来，实现较为充分的心智生长。

教学从"假设烛之武推托"开始。这是一个内容设计，活动设计。好的内容和活动设计，应该先于课堂具体技巧的设计。"假设烛之武推托"，这一设计本身比较好玩，带有游戏的味道。学生的热情一下子就激发了，课堂氛围就起来了。当然，不是为了好玩而好玩，这是有意义的好玩。它整合了很多惯常的人生经验，这些经验为学生熟悉，也可能是他们应对类似问题时的下意识反应。当然，学生调动这些经验时，还需要与"这一个文本"结合起来。学生的发言，是基于文本和基于经验的一次游戏性的表达。游戏性的表达，就不是很沉重，这些经验和应对方式原本也可以理解，但需要审视。表达的同时，审视就发生了。参照着烛之武，审视就"非同寻常"了。某种意义而言，经典文本，都能使得学生的自我审视，变得"非同寻常"。

这是这一设计的本来意义。同时也是为整个课堂教学蓄势，为学生精神生长蓄势。就课堂推进而言，就学生精神升级而言，这一设计都有反跌的意味，它和烛之武的真正选择形成了对照。

然后，是"理解烛之武的牢骚与担当"。"牢骚"这一内容不可以放过。他很贴近学生的现实。一个真诚的、丰富的烛之武，更容易为学生接纳。但牢骚之后呢？这是值得每一个人思考的。

"品读烛之武游说之妙"，先让学生略略讨论游说的结果，突出传奇性。这依然是为后续教学蓄势，强化学生深入揣摩游说之高妙的热情。

可以说，春秋战国的历史，既是一部战火纷飞的历史，也是一部唾沫星子横飞的历史。很多国家的生死存亡，系于纵横家的唇舌之间，所谓"一怒而天下惧，安居而天下熄"。春秋战国的外交辞令，是一门高深的艺术，于风平浪静中藏波涛汹涌，在和颜悦色中见剑影刀光，就像"神仙打架"，字字句句有玄机。于是，课堂上，我引导学生通过咬文嚼字，潜入文本深处，把那些消散在历史烟尘中的场景一一还原，洞见当事人在历史的具体情境中的幽微心思。这样，读史才真可以使人明智。

于是，学生发现了烛之武舍晋侯而见秦伯的智慧——找准目标，从薄弱处下手；发现了烛之武牢牢抓住对方核心关切的智慧——郑之存亡，孰利孰弊；发现了烛之武向秦伯陈述保全郑国的智慧——隐藏自己的真实目的，始终站在对方角度考虑问题；发现了烛之武离间秦晋联盟的智慧——提醒旧矛盾，安插新问题；发现了烛之武与秦伯沟通的智慧——把决策权留给对方、留给尊长者……

师生相互激荡碰撞，课堂涌现了很多精彩。比如：

生：前边说了挑起过去的矛盾，我再说说展望痛苦的未来。（生笑）"夫晋，何厌之有？既东封郑，又欲肆其西封，若不阙秦，将焉取之？"这里的意思是：晋国是不知道满足的，他从东边吞并了郑国的领土后，还要向西扩张。向西扩张，那就会向秦国进军，侵蚀秦国的土地。这样，就挑起了秦晋的旧恨新仇。

受前边师生讨论的激发，该生发现了相关联相对照的内容。并以"旧恨新仇"一词归结了这个片段的讨论。这样的生成，让人欣喜。

烛之武处事和说服的智慧，就在这样的碰撞过程中，启迪着学生。学生参悟着言语的智慧，今后做人做事，因此都会有些"非同寻常"了吧。

简约，自然，丰富，和谐，丰富的生成，师生都变得有些不同——这是我追求的。虽未必能至。

专家评点

将课堂真正的还给学生

刘晓军

《烛之武退秦师》作为课文选入高中语文课本，至少有两个地方值得学生学习：一、烛之武严密的论辩逻辑，是为语言之美；二、烛之武赤忱的爱国之心，是为思想之美。烛之武的爱国之心，又体现在他的言行之中。其行感人，其言服人。烛之武劝退秦兵的过程，堪称行人辞令的典范，历来颇受好评。清人金圣叹说"妙在其辞愈委婉，其说愈晓畅"（《天下才子必读书》），林云铭说"计较利害处，实开战国游说门户"（《古文析义》）。

《烛之武退秦师》多次入选不同版本的中学语文教材。对于这篇经典课文，常规的讲法大多是从《左传》的文体特征、作者身份、本文的历史背景等知识介绍入手，然后逐层分析段落大意，分析烛之武劝退秦兵的前因后果以及烛之武与郑伯、秦王等人的人物形象，再分析课文的语言特点与修辞艺术等。这种讲法的特点是面面俱到，能够全面覆盖文章内容，帮助学生理解文章的各个知识点。这样讲当然也不能说它有错，只是教师如果全方位包办文章内容，对学生进行无死角的知识灌溉，就很容易唱独角戏，忽视学生的主体作用，不利于调动学生的主观能动性，不利于培养学生的逻辑思辨能力，难以真正提高学生阅读古文的能力。长此以往，会导致学生丧失自主学

言语的森林
——王良生长语文课堂12例

习文言文的兴趣，进而影响学生学习语文的信心，其潜在的危害不可谓不小。

王良老师这堂课的教学设计打破常规，独具风味。

不难看出王良老师的教学逻辑：设置问题，引导学生自主探寻。经过教师的适时点拨、归纳和总结，学生一步步朝向预设的教学目标前进。就这样你问我答、你来我往，几个环节下来，教学任务就完成了。很明显，在课堂这个舞台上，教师承担的只是导的职能，只是在给学生搭台子，唱主角的正是学生。

整堂课分为四个环节。第一个环节"假设烛之武推脱"可视为导入部分。这又不是一个简单的导入，它整合了很丰富的东西，并为后边的教学蓄势。王良老师很现实地提出了一个很现实的问题："如果烛之武要拒绝这个任务，拒绝退秦师的任务，他可以怎么说？"这个问题的设置符合现实生活的逻辑，人们面对艰巨的任务时，都有退缩拒绝或临阵逃脱的本能反应。学生需要结合对文本的初了解和生活初经验，说一番推辞拒绝的话。至此，教学之势已成。并且，学生也从反面，理解了烛之武的"忠""勇"的品格。

如果说第一个环节是导入，第二个环节"品读烛之武的牢骚与担当"才算步入正题。烛之武出征前与郑伯的对话很有意思，君臣俩唇枪舌剑，暗藏机锋。王良老师抓住了这个细节，且大做文章。他抓住烛之武应允前的一句牢骚，引导学生分析牢骚背后的委屈、赌气和傲娇，再结合中学课文中蔺相如谦让廉颇的故事，让烛之武这个近乎神奇的人物变得真实、生动，这样就消解了烛之武的"神性"，还原了他的"人性"。接下来师生讨论了"烛之武为何选择见秦伯而不是晋侯？"这个问题。该问题能够引导学生回到具体的历史语境，理解历史人物的行事逻辑与历史事件发生的必然性。然后再抓住秦军和晋军分别驻扎的位置以及烛之武"夜缒"出城的细节，分析烛之武说秦的艰险之处，从而强化烛之武忠义、勇敢、智慧的品质。

第三个环节"探析烛之武劝说的高妙"是这堂课的重点。最能体现烛之武行人辞令之美的地方就在他与秦穆公的交锋这一段。清人吴楚材、吴调侯说："越国鄙远，亡郑陪邻，阙秦利晋，俱为至理。古今破同事之国，多用此说。"（《古文观止》）烛之武打动秦君，瓦解秦晋联盟的三条主要理由即

课例8　如果烛之武推托
——《烛之武退秦师》

"越国鄙远，亡郑陪邻，阙秦利晋"，这充分体现了烛之武的大智慧。王良老师通过层层设问，引导学生从心理动机、历史背景、国家利弊等多个层面对烛之武的说辞进行剖析，使学生逐步领会烛之武说辞的高妙之处。

第四个环节"回扣开头，明忠勇智之宏大"，是课程思政的重要内容。王良老师带领学生回到课文的开头，从烛之武的高龄以及他壮年被弃的经历说起。烛之武之所以不计前嫌、不避艰险，愿意冒险去说服秦王退兵，完全是出于赤忱的爱国之心，王良老师引导学生认识到，如何处理个人委屈与国家需要的关系，认识到，一个人的才华，勇敢，其施展的前提是"忠"。至此，这堂课就圆满地实现了所有的教学目标。

总体而言，王良老师的这堂课首尾呼应，结构整饬，充分体现了语文教学的圆融之美。其授课角度新颖，教学方法独特，以问题设置贯串始终，步步为营，环环相扣，将学生带入课文的规定情境，使之站在主人公的立场思考问题，从而提出自己的见解。教师只负责提问与总结，把课堂彻底还给学生，让学生感悟研究性学习的魅力，这是这堂课最成功的地方。此外，王良老师语言幽默、风趣，整个课堂充满欢声笑语，学生在轻松愉快的氛围中完成了学习任务，同样是这堂课的亮点。

（刘晓军，华东师范大学中文系教授，语文教育研究中心研究员）

课例 9

在情境中共情

——《陈情表》（统编语文高中选择性必修下第9课）

教学设计

在情境中共情

——《陈情表》教学设计

教学目标

1. 分析李密是如何说服晋武帝的，鉴赏文章融情于事、情理交融的特点。

2. 积累文言词语，特别是有助于理解"融情于事、情理交融"这一特点的重点词语。

教学重点

从为什么要这样说的角度，品评文章的动人力量。

教学难点

一课时，如何取舍内容，且处理好理解文言字词和鉴赏作品的关系。

教学方法

点拨引导，讨论交流，配乐朗诵。

教学时间

1课时。

教学过程

一、蓄势："狼狈"切入

1. 由刚学过的《祭十二郎文》说起，说到《陈情表》，突出一个"情"

字，千古至情之文。

2.由李密遭遇一个两难（"狼狈"）问题切入文本。

先请学生谈谈李密遭遇了一个怎样的两难问题。这需要学生整合文本和有关注释，对文章陈述的情事，对李密和晋武帝的身份有一个初步了解。对说话者和听话者身份的确认，是理解文本的前提。

再投影第二段中的一句话（PPT）：

臣欲奉诏奔驰，则刘病日笃；欲苟顺私情，则告诉不许：臣之进退，实为狼狈。

（1）翻译，解词。重点字词：奔驰，苟顺私情，日笃，告诉。这里突出了忠孝难以两全的尴尬。这是从句式与句意上理解"狼狈"。

（2）诵读一：本段写朝廷授官的句子。

诵读二：本段写辞官的句子。

略略讨论，帮学生进一步理解李密要做出选择的艰难。

（3）再联系：晋武览表，嘉其诚款，赐奴婢二人，使郡县供祖母奉膳。老师要用意渲染一番：一件万难答应的事情，晋武帝竟然答应了，不仅答应了，还赐奴婢二人，帮李密奉养祖母！这是从陈情效果上给学生以震撼。

至此，"学习之势"将成，学生当有迫不及待一探究竟之欲望。顺势要求学生自读全文。

二、鉴赏：融情于事

学习第一段，点拨引导，鉴赏融情于事的特点。根据学生的表现，相机点拨引导。

预设学习环节和要点如下：

1.请一学生诵读，品评情感。

2.找出总括李密不幸命运的句子，思考文段是如何展开这个句子的。

（1）翻译"臣以险衅，夙遭闵凶"一句。

（2）纵向展开：生孩六月，慈父见背；行年四岁，舅夺母志；九岁不行。

解释"见背""舅夺母志""不行"等词。注意"六月""四岁""九岁"

等词可以理解为对"夙"一词的展开。

（3）横向补充和深化："既无伯叔，终鲜兄弟""门衰祚薄，晚有儿息""外无期功强近之亲，内无应门五尺之僮"等。

突出一个"无"字，其中"终鲜兄弟"的"鲜"本是"少"的意思，这里当解释为"无"。

（4）鉴赏"茕茕孑立，形影相吊"一句。先翻译，后赏析。此句写尽孤独寂寞，写尽四顾无依的悲酸，无人援手的凄怆。

3.提问：李密为何要叙"险衅""闵凶"之事，写无依无靠之状，抒悲酸孤苦之情？

明确：一方面，表明当日祖母抚养，恩深似海；现在李密尽孝，责无旁贷。理解后者，可联系"夙婴疾病"一句，讲解"婴"这一词语。另一方面，抒悲苦之情，意在打动晋武帝，唤起他的恻隐之心。

归结：融情于事。

4.诵读训练。一生配乐朗读。老师配乐示范朗读。要求想其事，想其人，以低沉的语调，读出悲苦之感。

三、品析：情理交融

学习三、四段，讨论交流，相机点拨，品析"情理交融"的特点。

1.再次自读三、四段，思考李密是如何进一步说服晋武帝的。读读想想后，同桌间可以讨论。

2.预设学习要点如下：

第三段：

（1）为什么要提出"圣朝以孝治天下"？

明确：为自己尽孝找到理论依据，自己尽孝合理合法。

（2）为什么要陈述"少仕伪朝，历职郎署，本图宦达，不矜名节"的情况？

策略：一是翻译文句，突出"矜"字，并与"犹蒙矜育"的"矜"比较。二是引入相关背景。李密本在蜀汉做官，现在被晋武帝征召做官。朝代更迭之际，新君最忌讳旧臣矜于名节，眷念旧朝。说话内容，总是由说话对象和说话背景决定的。根据说话双方的关系和相关背景来理解说话内容，是重要的读书方法。

明确：李密此意，正是要打消晋武帝的猜忌之心。这是特别关键的一处说辞。

（3）赏析并诵读"刘日薄西山，气息奄奄，人命危浅，朝不虑夕"和"臣无祖母，无以至今日，祖母无臣，无以终余年"两组句子。

前者刻画老病垂危、朝不保夕之状，后者勾画祖孙二人相依为命之情。

（4）小结：本段先以理服人，而理中含情；后以情动人，而情中含理：情理交融。

学习第一段重点鉴赏"融情于事"的特点，学习第二段重点品析"情理交融"的特点。应注意的是，这样分开，只是为学习时有所侧重，其实二者是结合在一起的，并且这两个特点，在每段中都有体现。

第四段：

（1）给出了问题解决办法：先孝后忠，愿乞终养。作者算了一笔时间账，问题解决合情合理。解释"愿"字，"很希望"，与"乞"近义词连用，起强调作用，以此理解理中之情。

（2）强调了尽忠之心：生当陨首，死当结草。

四、总结：范读共情

李密至真至孝之情，感天动地。《陈情表》一文，融情于事，情理交融，说服了晋武帝，感动着后来人。

老师配乐朗读，诠释这种感动。同学们可跟着老师小声朗读。

课后拓展：

1.整理文本重要的词语。

（1）古今异义词

例如：臣之辛苦（辛酸苦楚）

（2）重要实词

例如：犹蒙矜（怜惜）育 不矜（自夸）名节 矜（怜惜）悯愚诚

（3）重要成语

例如：日薄西山

2.反复诵读课文。

板书设计：

陈情表
李密
孝 ⟷ 忠
↑
融情于事
情理交融

教学实录

忠孝两难孝为上，理情融贯情尤深

——《陈情表》教学实录

上课学生： 陕西师范大学附属中学高二年级学生

（课后和顾之川先生合影）

一、蓄势："狼狈"切入

师：同学们好。同学们刚才学习了《祭十二郎文》，一定被文章当中真

课例9 在情境中共情
——《陈情表》

切的情感打动了,那么接下来我们要再被打动一次,因为我们将学习《陈情表》。"表"这种体裁长于抒发真情,同学们初中学过一篇《出师表》。古人说:"读《陈情表》而不下泪者,其人必不孝。"(板书:孝)读一文章而泪下。可见文章确实是感人至深。那么李密是向谁陈情呢?(停顿一下)晋武帝。李密因为什么要向晋武帝陈情呢?

生:他的祖母疾病缠身多年,想回去继续服侍他的祖母。

师:他想奉养祖母,朝廷方面想要他怎么样?

生:他想辞官。

师:他要辞官,但是朝廷想要他做官,对不对?

生:对。

师:也就是说在做官和归家奉养祖母之间,他很为难。对此,文中有一个生动的表述:"臣欲奉诏奔驰,则刘病日笃,欲苟顺私情,则告诉不许。臣之进退,实为狼狈。"(PPT)

臣欲奉诏奔驰,则刘病日笃;欲苟顺私情,则告诉不许;臣之进退,实为狼狈。

(生齐读)

师:大家看"奔驰"这个词语,刻画了李密怎样的形象?

生:我觉得"奔驰"这个词,表现出他想去当官。

师:怎样去?

生:很快地去。

师:很快地,而不是慢腾腾地,是吧?

生:但他要照顾他祖母,所以不能那样做。

师:你说得挺好,"奔驰"这个词活画出李密愿意积极为晋武帝奔走效劳的形象,刚才这位同学也说到了。可是他需要奉养祖母,文段中哪个词语体现出这个意思?

生(齐声回答):苟顺私情。

师:私情就是要奉养祖母。这里表现的是我们中国人最传统的两种情感的冲突,"忠"与"孝"。(板书:忠)"臣欲奉诏奔驰,则刘病日笃。"祖母

203

刘的病一天比一天重。笃，重的意思，病重。这是一种矛盾，欲苟顺私情，姑且顺应自己孝顺祖母的这种情感，则告诉不许。"告诉"古今异义，什么意思？

生：申诉。

师：对，看起来朝廷是一定会让李密去做官的，"诏书切峻，责臣逋慢，郡县逼迫，催臣上道，州司临门，急于星火"。可是奇妙的地方就在这里，李密上陈情一表，晋武帝就答应了李密的请求，让他先不做官，并且不仅答应他的请求，还赏赐了两个奴婢帮着他奉养祖母。怎么会有这样动人的力量呢？他究竟是如何陈情的呢？请同学们再看一看课文，看哪些句子最能说服晋武帝，最能打动晋武帝？好，开始。

（生自主阅读并圈画，师引导生）

二、鉴赏：融情于事

师：我们先来看第一段。先请一位同学朗读第一段，看看应该读出一种怎样的情感。

（一生比较有感情地朗读）

师："外无期功强近之亲"的"期"，读"期（jī）"。好的，你觉得你读出了一种什么样的情感？

生：李密和他的祖母两个人相依为命。

师：李密的身世经历怎么样？

生：我觉得他很悲惨。

师：说得好，也就是说应该要读出一种悲苦的情感。文段当中有一个句子，总括了李密的不幸的身世，大家看出来是哪一句话了吗？

生（停顿）：第一句。

师："臣以险衅，夙遭闵凶"。"险衅"是什么含义？

生：艰难的意思。

师：艰难祸患，命运不好，我因为命运不好"夙遭闵凶"，"闵凶"的含义是什么呢？你来说一说好吗？

生：就是可忧患的事、不幸的事情。

课例9　在情境中共情
——《陈情表》

师："闵"，可忧患的事情。通假字，通"悯"。"凶"，不幸的意思。"臣以险衅，夙遭闵凶"，后面是具体怎样展开的呢？

生：他是从小时候说起，文中说"生孩六月，慈父见背，行年四岁，舅夺母志"。总体说了一下他小时候的悲惨遭遇，紧接着祖母出现了，抚养他，因为他的父亲去世了，母亲也改嫁了。

师：你说得非常好。那么我们注意这几个词，六月、四岁、九岁，具体是对哪个词的展开？

生：夙。

师："夙"是什么意思？

生：早。

师：早些时候，这里是小时候的意思，有一个成语"夙兴夜寐"，"夙"的意思是"早晨"。这里是从纵向展开，无父无母，身体柔弱，真真可怜。

师：为了表现自己的闵凶和险衅，还有一组句子你们发现没有？

生："既无伯叔，终鲜兄弟，门衰祚薄，晚有儿息。外无期功强近之亲，内无应门五尺之僮。"

师：对的，也请同学们注意这几个词，"既无""终鲜""外无"，这些词反复言说。其实"终鲜"的"鲜"的意思本来是什么？这里应该是什么？

生：少。

师：本来是少，这里也可以理解为什么呢？

生：没有。

师：无，反复地强调"无"，最后逼出八个字"茕茕孑立，形影相吊"。大家体会一下，"茕茕孑立，形影相吊"刻画了一种怎样的人生情状呢？

生：他孤孤单单，无依无靠，自己的形体和影子相伴，就是说没有人让他去依靠。

师：你对文本的体会真的非常不错！孤独、寂寞。我们可以想象，如果发生了什么事情，那他真的是无依无靠，无人援手，"形影相吊"的"吊"是什么意思？

生（停顿）：安慰的意思。

205

师：就是说人的身子和影子互相安慰。你们以前看到过比这种表达自己的孤独更形象的词没有？非常精炼，"茕茕子立，形影相吊"。这一部分，"臣以险衅，夙遭闵凶"总括自己不幸的命运，然后从纵的方向展开，横的方向补充和深化，反复言说，不断强调，渲染了一种孤苦、悲伤之情。（PPT）

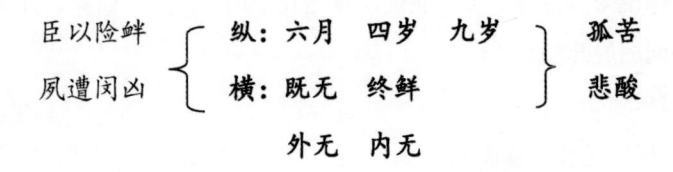

$$\left.\begin{matrix}臣以险衅\\夙遭闵凶\end{matrix}\right\{\begin{matrix}纵：六月\quad 四岁\quad 九岁\\横：既无\quad 终鲜\\\quad\;\;外无\quad 内无\end{matrix}\left.\right\}\begin{matrix}孤苦\\悲酸\end{matrix}$$

师：同学们想一下，为什么要渲染自己人丁衰微，求告无门的情况？用意在哪里？（停顿，让生思考）

生：我想应该是为了突出他祖母对他的重要性。

师：是的，在孤苦无依的情况下，没有了祖母，李密恐怕都不能成人了，对不对？那么当祖母重病以后呢？

生：祖母重病以后，如果没李密的话，身体就会虚弱得更快。

师：有别人可以来照顾祖母吗？

生：没有。

师：身世凄苦，祖母抚养恩深似海，人丁衰微，李密尽孝责无旁贷。也就是说这里写自己的孤苦无依，有一个意图是为后文写要赡养祖母做铺垫。因为当时祖母的情况，用原文的句子来说，怎样讲的？

生：第一段是："而刘夙婴疾病，常在床蓐，臣侍汤药，未曾废离。"

师："婴"是什么意思？

生："婴"是缠绕的意思。

师：久病缠身，常在床蓐。大家再想一个问题，渲染这种孤苦悲伤之情，还有一个什么意图？

生：为了让皇上答应他回家照顾祖母。

师：让皇上答应他，可能皇上当时还很生气，但是一看这个人太可怜了，就会产生一种同情。带着这种理解，老师想为大家把文段朗读一遍。

课例9　在情境中共情
——《陈情表》

（师配乐深情范读，生纷纷鼓掌）

师：听了老师的朗读，我刚才发现你好像特别动情。那么再次请你为大家朗读一遍。虽然你前边已经有很好的表现了，但是这次老师也给你配点音乐，肯定会比之前更好。

（师配乐，此前读过一次的生再朗读，进步明显，感染力明显更强。生纷纷鼓掌，全场鼓掌）

三、品析：情理交融

师：你真的打动了老师，——你眼睛中噙着泪花，——这样的文段当然也会打动晋武帝，但是还不能够完全打动。接下来李密将如何进一步陈述衷情？请同学们再看一看文章的三、四段，看哪些句子最有说服力，哪些句子最能打动晋武帝。我们分一下工好不好？这一大组的同学，你们重点学习第三段，这一大组的同学重点学习第四段，可以讨论，每位同学都做好交流的准备，开始。

（3分钟自主学习）

师：读第三段的同学可能要特别注意一下，李密的身份，说话的对象——晋武帝。

（3分钟讨论，师参与引导）

师：好，我们现在就一起来说一说，先来看第三段，大家有什么发现没有？可以放开说，你说。

生："臣无祖母，无以至今日，祖母无臣，无以终余年。母孙二人，更相为命，是以区区不能废远"。这一句体现了李密和祖母相依为命的感觉。

师：说得很好，相依为命，你把这句话有感情地读一下，好吗？

（生朗读）

师：好的，应该注意读"更（gēng）相"，交互的意思。你听老师读一遍，之后请你再读一遍好不好？这个句子应该怎么读，乃至整个陈情表的情感应该怎么把握？跟《祭十二郎文》比较一下，《祭十二郎文》当中它有一些句子，它可以是哭告哀号，自己对着侄子说的，但是这个是对谁说话？对皇上说话，所以他很动情，但是情感又要怎么样？节制。老师试着读一下，

"臣无祖母,无以至今日,祖母无臣,无以终余年。母孙二人,更相为命,是以区区不能废远"。

师:你再读一下,好吗?

(生再读,读得有进步)

生:"伏惟圣朝以孝治天下",它这里面突出了"孝"字,说明朝廷都是以"孝"来对亲人。

师:朝廷把"孝"作为了一个基本国策。

生:对,然后他后面又说……

师:先暂停一下,你说他为什么要说朝廷有这么一个政策?

生:因为他想要回去照顾自己的祖母。

师:那么我回去尽孝就怎么样?

生:在响应国家。

师:响应朝廷号召,是这个意思吗?你晋武帝应该支持我才对。你接着说。

生:后面他写道"且臣少仕伪朝,历职郎署,本图宦达,不矜名节"。他说他本来是想求官职的。

师:这样,你把"本图宦达,不矜名节"翻译一下。

生:他本来希望官职显达,不想自命清高。

师:"矜"是什么含义?

生:自夸。

师:前面"犹蒙矜育"的"矜"呢?

生:怜惜。

师:它有区别,"犹蒙矜育"的"矜",怜惜,暗含对晋武帝的一种称颂。这个地方的"不矜名节"的"矜",是自夸,一个人可以自夸名誉节操,老师觉得挺好的。为什么他又说我不自夸名节呢?你说谁不愿意他自夸名节?知道为什么吗?

生:我觉得应该是晋武帝不希望他自夸名节。资料里说他是蜀国的旧臣。

课例9　在情境中共情
——《陈情表》

师：蜀国的旧臣，如果你坚守名节，那你就老是眷念旧朝，对不对？

生：不愿意侍奉当朝。

师：不愿意跟晋武帝做事。朝代更迭之际，新君最忌讳的就是臣子眷念旧朝，所以李密的"本图宦达，不矜名节"，说得太漂亮了，说得太关键了。就是要打消晋武帝的这一个顾虑，让他别猜忌自己，明白了没有？

这段文字前边部分说孝，我是在响应朝廷号召，然后说"本图宦达，不矜名节"，打消晋武帝的顾虑。我的尽孝之事合理合法是不是的？并且我想做官呀，后面还表达"过蒙拔擢，宠命优渥"的感激之意。然后来一个转折，只是因为祖母刘日薄西山，气息奄奄，人命危浅，朝不虑夕，老病垂危，相依为命，只能尽孝。孝情动人，道理服人，理中有情，情中有理，情理交融。

（板书：情理交融）

师：我们在前边第一段的时候比较侧重地强调了一点，叙事当中他融入了那种悲苦之情，融情于事。

（板书：融情于事）

师：第三段是很关键的一个段落，比较难，但是同学们还是发现了很多奥妙。那么现在我们再来看看第四段，你来说。

生：他先说自己年四十有四，祖母今年九十有六，然后说他还很年轻，祖母已经老了，留在世上已经不长了，他用乌鸦反哺的例子表明希望自己能够赡养祖母终老，然后说自己44岁，是表达祖母终老以后，还有很长时间可以效忠朝廷。他也想知恩图报，愿意为朝廷效命。

师：你讲了两个意思，第一个是他给两难的问题找到了解决的办法，什么办法？先尽孝后尽忠，先孝后忠。先愿乞终养，你们想"愿乞终养"是什么意思？读这句话的时候应该是什么口气？

生：乞求。

师：乞求，愿是什么意思？"愿"跟我们今天讲的"愿意"是一样的吗？

生：不一样。

师：非常愿意，很希望的意思。近义词连用，强调哀哀求告之情，这是你说的第一点。你还说了一点，他再一次表达了对晋武帝的忠心，最紧要的，你觉得是哪个句子？

生：死当结草。

师："生当陨首，死当结草"，说得非常忠诚动情。今天，我们学这篇文章，可以发现李密一腔拳拳之心，至诚至性，令人感动。陈情一表，情理交融，融情于事，打动了晋武帝，也打动了我们，而文言文的学习离不开朗读。老师想将这篇文章读一遍，同学们可以在下面跟着老师轻声地朗读，你可以跟老师同步，也可以不跟老师同步，慢一点也不要紧。

四、总结：范读共情

（师配乐深情诵读。全场师生热烈鼓掌，有听课师生流泪）

师：老师希望同学们，首先是真的为这种孝情打动。老师读文章，想到了很多亲人。同学们课后去读、去品味它。当然文言文的学习字词也是非常重要的。我们这堂课是随文解词，大家课后还可以做一些梳理。比方说古今异义的词语，比方说成语，比方说其他你认为重要的实词。今天这堂课就学习到这里，谢谢大家。下课。

教学反思

还原创作的初始情境
——《陈情表》教学反思

2009年，第七届语文报杯全国中青年教师课堂教学决赛。临时抽签，抽到《陈情表》，我想，如此经典篇目，一课时，教得朴实些，精粹些吧。

"表以陈情"，表既具实用性，又具文学性。不妨从实用性入手，鉴赏品读文本。这就应当还原李密创作的初始情境。

写作往往有一个触发点，有一个不吐不快、非说点什么不可的理由，有时候还有特定的倾吐对象，这些构成写作的初始情境。初始情境对写作有内容激发和形式规定作用，产生写作的动力，并具体地影响着写什么和如

课例9　在情境中共情
　　　　——《陈情表》

何写。

　　初始情境对写作内容有激发作用。一个两难触发了写作。第二段有这样几句话："臣欲奉诏奔驰，则刘病日笃；欲苟顺私情，则告诉不许：臣之进退，实为狼狈。"一方面作为前朝旧臣，拒绝晋武帝征召，可能有杀身之祸，一方面祖母"九十有六"，离开了李密的照护，"无以终余年"。这真是一个巨大的两难，而他的写作动机是要妥帖地解决这个两难，陈情对象是操生杀大权而且可能正猜忌、恼怒的晋武帝。还原这样的初始情境，体察李密当时所思所想，才能理解他内容的选择。开篇就写祖孙无依无靠之状，抒悲酸孤苦之情，并且这种情状贯穿始终，这是要唤起晋武帝的恻隐之心。中间陈述自己"少仕伪朝，历职郎署，本图宦达，不矜名节"，是避免晋武帝的猜忌之心。最后提出"先尽孝、后尽忠"的办法非常完美，响应了以孝治天下的国策，表达了为国尽忠的臣子本分。

　　初始情境对写作形式有规定作用。《陈情表》创作的目的和言说的对象，决定了李密言说态度，必须是诚恳谦卑的，决定了言语顺序，应当是先情后理，只有先在情感上做充分的铺垫和渲染，道理和主张才能为晋武帝接受。不妨再举一例说明之，《记念刘和珍君》，"三·一八"惨案两星期了，鲁迅感慨万端，交织着悲痛、愤怒、崇敬、惋惜、激励、提醒、揭露、批判等情感和意愿，言说对象也是复杂的，有死难者、段政府、流言家、庸人、进步的青年等。这样的初始情境，这样复杂深沉、浓郁纠结的情感，决定了文本采用一种"盘旋往复"的言说方式，说而不说，不说而说，反复徘徊，吞吐伸缩。

　　还原写作的初始情境，体察写作的触发和冲动，体察写作的动机和任务，体察写作的困难和挑战，体察作者对读者的期待，才能从源头上理解文本很多的"所以然"，更好地理解文本为什么写这些以及为什么这样写。

　　依据这样的理解，所以直接从两难切入，品情析理。无论宏观还是微观，都注意"初始情境"和"具体文本"的整合理解，在此基础上开展扎扎实实的言语活动。

　　以下面这个片段为例。

生：后面他写到"且臣少仕伪朝，历职郎署，本图宦达，不矜名节"。他这里说他本来是想求官职的。

师：这样，你就把"本图宦达，不矜名节"翻译一下。

生：他本来希望官职显达，不想自命清高。

师："矜"是什么含义？

生：自夸。

师：前面"犹蒙矜育"的"矜"呢？

生：怜惜。

师：它有区别，"犹蒙矜育"的"矜"，怜惜，暗含对晋武帝的一种称颂。这个地方的"不矜名节"的"矜"，是自夸，一个人可以自夸名誉节操，老师觉得挺好的。为什么他又说我不自夸名节呢？你说谁不愿意他自夸名节？有同学了解这个吗？知道为什么吗？

生：我觉得应该是晋武帝不希望他自夸名节。资料里说他是蜀国的旧臣。

师：蜀国的旧臣，如果你坚守名节，那你就老是眷念旧朝，对不对？

生：不愿意侍奉当朝。

师：不愿意跟晋武帝做事。朝代更迭之际，新君最忌讳的就是臣子眷念旧朝，所以李密的"本图宦达，不矜名节"，说得太漂亮了，说得太关键了。就是要打消晋武帝的这一个顾虑，让他别猜忌自己，明白了没有？

比较辨析"矜"，"犹蒙矜育"，暗含对晋武帝的称颂；"不矜名节"，则是自污以化解晋武帝的猜忌。这样的教学，是词语理解，是思维训练，是文化辨析。这样扎实的言语活动，是建基于对创作情境、创作动机的理解的。

课例9　在情境中共情
——《陈情表》

> 专家评点

看似自然却精致

易海华

众所皆知,"语文报杯"全国中青年教师课堂教学大赛是全国中语界规格最高、实力最强、影响最大的赛事。能在这一大赛中脱颖而出无疑是教师教学功底扎实、教学能力高超的充分证明。

2009年,王良老师代表湖南参加全国第七届"语文报杯"全国中青年教师课堂教学大赛,执教《陈情表》并获得一等奖。初读这堂课,感觉它犹如"出水芙蓉",行云流水、自然生成的课堂处处浸润着教师真切的情感熏陶。再一琢磨,这堂课"看似自然却精致":教学取向科学、教学目标精准、教学内容得当、教学艺术精湛。这正是王良老师教学的用心所在。

1.教学取向辩证科学。

教师灌输有余、学生学习主动性不足一直是语文课堂教学的顽瘴痼疾,文言文阅读教学尤甚。但在《陈情表》的整堂课中,学生始终在王良老师的引导下入情地朗读、深入地品析、充分地对话,不仅用朗读表达出对文中至深之情的理解,而且通过品析文中"章法考究处、炼字炼句处",把握了本文超强之说服力量和化解两难问题之实效。之所以能高效达成教学目标,王良老师教学取向的辩证科学是教学取得成功的前提。整堂课中,他既从学生学习角度组织教学活动,始终关注学生的阅读过程和成效,又不断对学生的阅读理解和读书方法进行点拨、引导;既对学生"到哪里去、怎么去"进行充分的教学预设,又始终强调学生是学习的主动进行者,教师要通过多种方式促进学生理解、建构并学以致用。这种辩证科学的教学取向无疑是对钱梦龙老师"教师是主导,学生是主体"这一教学理念的继承和守正创新运用。

2.教学目标精准。

教学是有目的的理性行为,其理性体现为教师教给学生的一般是他们认为值得教的,其目的性主要表现为教师总是为了帮助学生达成教学目标而施教。精准确定并描述教学目标是任何课堂教学取得成功的第一步。这一点在王良老师对《陈情表》教学目标的定位中体现得非常明显。全国性的盛大赛事，临时抽签借班上课，在短短的时间内要对单元导语、课文、研讨练习进行教学解读，挖掘文本特质，分析《陈情表》的理解关键点，进而结合学生学情探测确定本课教学目标、教学重点和难点，这种挑战对每一位老师来说无疑都是巨大的。但从"分析李密如何说服晋武帝""鉴赏文章融情于事、情理交融的表达特点""积累重要文言词语"这三项教学目标的确定和叙写中，我们可以看出王良老师显然有着很强的文本教学解读能力和精准的教学目标定位能力。

3.教学内容取舍得当。

阅读教学内容不是语文教师凭空想出来的，而是依据课标要求、教材编写意图、文本体式、教学评价要求、学情精心选择出来的。因要充分展示学生学习成效和教师专业素养，竞赛课教学内容的选择更加要反复斟酌、严格筛选。作为中国文学史中的千古名"表"，《陈情表》可学习的内容远不是一节45分钟的课能全部囊括的，故从丰富的教学资源中遴选最有价值的内容引导学生学习可谓是对教师的"冰火"考验。从王良老师教学导入的"蓄势：'狼狈'切入"，到教学中段的"鉴赏：融情于事""品析：情理交融"，至教学结束的"总结：范读共情，《陈情表》的教学内容可谓紧紧围绕三个教学目标有序展开，并始终融"文言学习""章法考究""炼字炼句品析"于文本品读一体。

一方面，对于文言字词句，王良老师没有"撒胡椒面"，而是有放下、有突出。他精选能集中表现作者情思的字词句，如"奔驰""告诉""笃""险衅""闵凶""夙""见背""夺母志""不行""既无""终鲜""外无""内无""茕茕孑立，形影相吊""矜""愿乞终养"等，并调动学生生活经验、阅读经历，引导学生由表及里、联系上下文语境深入理解；另一方面，王良老师善于引导学生通过文中语段分析，在分离的字词句知识之间建立关联，且把这些字词句知识与"尽忠和尽孝""表的文体特征""说服力量""婉拒手法"这些概念勾连起来，在一堂课中巧妙地实现了"文言""文章""文学""文化"学习的浸染熏陶、融会贯通。

4.教学活动设计巧妙。

教学活动既是达成目标的手段，也是传授教学内容的载体。教学活动的设计既要和语言学习目标紧密相关，激励、驱动学生为达成具体学习结果而努力，又要能兼顾"阅读所涉及的文本类型和特质""学生须掌握的阅读能力"。在《陈情表》的教学中，王良老师以"勾连此前所学""阐述'表'的文体特征""标题解读"教学活动导入；继而引导学生解读文中第二段，体会作者两难选择之"狼狈"，凸显《陈情表》说服之强效——即"晋武览表，嘉其诚款，赐奴婢二人，使郡县供祖母奉膳"，充分激发学生迫不及待一探究竟之欲望，学生的学习积极性可谓喷涌待发；接下来，通过诵读语段、品读情感，以关键字词句的品析"举纲张目"，教师引导学生依次解读第三、第四自然段；最后，师生配乐深情共读《陈情表》，将此课推入"沉潜讽咏、咀嚼滋味"的教学高潮。以上所有教学活动无一不体现出王良老师对文言文阅读教学规律的准确把握和坚守。

这堂课虽执教于2009年，却充分彰显了文言文阅读教学守正创新的必由之路，对当下的高中文言文阅读教学仍具有很强的借鉴价值和示范意义。

人生许多精彩的事业往往由热爱、勤奋、善思而成就，这句话无疑是对王良老师以往和今日斐然教学成就的最好归因。"我不是上课，我是在享受"是他的口头禅，我想这也是作为正高级教师、特级教师、校长的他，扎根于课堂教学培养有人格、有思想、有真情之人的最真实写照。这无疑也应是当前每一位教育工作者的永久价值追求。

（易海华，湖南省教育科学研究院中学语文教研员，湖南省中语会副理事长兼秘书长）

课例 10

一支桨橹巧，欸乃山水绿

——《同中求异》（整合统编语文高中必修下第六、七单元内容）

教学设计

如何写出特点
——《同中求异》教学设计

教学目标

掌握"同中求异"的方法，刻画人物特征。

发展"同中求异"的思维，体察生活。

教学重点

领会"同中求异"的方法，并当堂写作。

教学难点

运用方法，当堂完成较高质量的写作片段。

教学方法

课文以及课外文，选点联读，读中悟法，在言意关联中，总结出一种表现人物的可操作性办法，然后以法导写。这种办法是：有意刻画人物的相似、相近处，又在相似、相近中体现差异和变化，体现特征和个性。

教学时间

1课时。

教学过程

一、复习导入，初步感知"异同"

借用《林教头风雪山神庙》写到的两次偷听的例子，引导学生关注同类

课例10　一支桨橹巧，欸乃山水绿
——《同中求异》

情节的异同。

二、细读材料，深入品析"异同"

【资料助读】

（提前下发。重点研究资料一、资料二）

（一）

黛玉一见，便吃一大惊，心下想道："好生奇怪，倒像在那里见过一般，何等眼熟到如此！"

……

宝玉看罢，因笑道："这个妹妹我曾见过的。"

（二）

袭人看时，只见腿上半段青紫，都有四指宽的僵痕高了起来。袭人咬着牙说道："我的娘，怎么下这般的狠手！你但凡听我一句话，也不得到这步地位。幸而没动筋骨，倘或打出个残疾来，可叫人怎么样呢！"

……

宝钗见他睁开眼说话，不像先时，心中也宽慰了好些，便点头叹道："早听人一句话，也不至今日。别说老太太、太太心疼，就是我们看着，心里也疼。"刚说了半句又忙咽住，自悔说的话急了，不觉的就红了脸，低下头来。

……

此时林黛玉虽不是嚎啕大哭，然越是这等无声之泣，气噎喉堵，更觉得利害。听了宝玉这番话，心中虽然有万句言语，只是不能说得，半日，方抽抽噎噎的说道："你从此可都改了罢！"

（三）

［秦始皇帝游会稽（kuài jī），渡浙江，梁与籍俱观。］籍曰："彼可取而代也。"

（高祖常繇咸阳，纵观，观秦皇帝，喟然太息）曰："嗟乎，大丈夫当如此也！"

（四）

其妻献疑曰："以君之力，曾不能损魁父（fǔ）之丘，如太行、王屋何？

且焉置土石？"

……

河曲智叟笑而止之曰："甚矣，汝之不惠！以残年余力，曾不能毁山之一毛，其如土石何？"

【品读异同　梳理策略】

联读，揣摩每组文段。在讨论中得出一种认识：

同中求异：

既有意刻画人物的相似、相近处，又在相似、相近中体现差异和变化，体现特征和个性。

几组选文，每组两段。把四组联系起来思考，把每组的两段联系起来思考，思考其内容和表达的特点。

明确：

同：所想、所为、所说相近，主要是所说相近。

异：因为性格、身份、关系不同等原因，人物说话会有轻重、强弱、缓急、褒贬、肯否等区别，相应地，口气、措辞等会有微妙的区别。

表现这种同中之异，我们需要捕捉、提炼具有特征的、焦点式的细节。

可以对比，同中之异和异中之异。异中之异，是一种大的差异。如梁山好汉吃肉喝酒，和大观园里女孩儿吃肉喝酒，就体现大的差异。但是，李逵喝酒和鲁智深喝酒，就是同中之异。是一种精细的差异，人物尤其能比较映衬，互补互生。

三、升级策略，点拨策略的方法论意义

同中求异是一种阅读策略，揣摩作者如何将两个或两个以上的对象关联起来，在刻意的重复中表现微妙的变化，强调特征，刻画个性，生发出无穷意味。用这个方法，学生往往可以在原本忽略的地方发现无限风光。读中悟法，可以指导写作，它是一种表达策略。先是求同，然后求异。要特别考虑性格、人物关系、说话情境对人物言行的细微影响。注意遣词造句，表达上有显隐、强弱、褒贬的区别。

此法在刻画人物、记叙事件以及结构篇章方面都有重要作用，如《红楼梦》写刘姥姥三进大观园，《水浒传》写三打祝家庄，《三国演义》写三顾茅庐等等，此不详论。

课例10　一支桨橹巧，欸乃山水绿
——《同中求异》

同中求异更应该是一种人生的态度，一种思考生活的方式。在很多人看来，现实生活是单调无趣的。张三像李四，李四像王五，王五像赵六，赵六像钱七。今天的日子是昨天的重复，明天的生活可能是今天的翻版。此一事像彼一事，彼一事像此一事。这样的人，态度马虎、认知模糊、思考粗浅。怎么办呢？同中求异不失为一个解决问题的好法子，在差不多中发现差别，在同样中发现别样的精彩，在熟视无睹中发现新鲜。

正是从这个意义上说，同中求异，是一种沟通阅读、表达和生活的策略，让我们的阅读、表达和生活变得丰富、细致、新鲜、有趣。

四、小试牛刀，激活生活，当堂写作

学生当堂写作（PPT）：

练习题：

1. 同学甲、同学乙、同学胡屠户议论某同学竞选不上某职位。

2. 同学甲、同学乙从老师那提前知道考了第一名，在教室里说自己考了第一。

3. 老师甲、老师乙、老师别里科夫生气地批评某事时，会是怎样的表现？

4. 自行选定话题，写一小段话，注意运用同中求异的思想。

（学生课堂训练及完成训练后相互讨论）

五、展示习作，评点指导

教师就当堂写作进行讲评。

板书设计：

同中求异

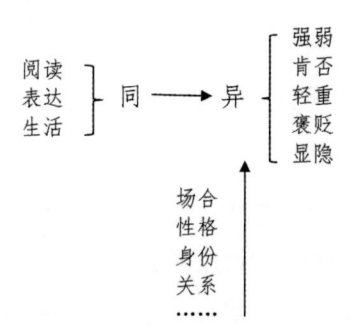

阅读　表达　生活　→　同　→　异　→　强弱　肯否　轻重　褒贬　显隐

场合　性格　身份　关系　……

教学实录

一支桨橹巧，欸乃山水绿
——《同中求异》教学实录

上课学生： 长沙市雅礼中学高一年级学生

一、复习导入，初步感知"异同"

师： 我们刚刚学习的《林教头风雪山神庙》，写到两次偷听：

一次是李小二的老婆听一伙不尴不尬的家伙在谈话，听得不真切，只好出来，因为他们在密谋，所以说得鬼鬼祟祟、隐隐约约，这样让读这段文字的我们特别紧张，为林冲担心。

第二次偷听，是林冲在山神庙，听门外的陆谦、富安他们谈论如何陷害自己的奸谋，听得明明白白，因为这些家伙，以为自己的奸谋已经得逞，有些得意，不提防，所以他们说得明明白白，被林冲听得真真切切，林冲十分

课例10 一支桨橹巧，欸乃山水绿
——《同中求异》

生气。林冲一生气，后果很严重！

师： 当时同学们对此很感兴趣。作家写了一个类似的事件——偷听，（板书：同）但是，却又能够见出变化。（板书：异）

文学作品中、生活中存在着很多"同中有异"的现象，（板书：有）作家和读者都应该探求之！（板书：探求）那么，今天我们这堂课，来学习"同中求异"。

二、细读材料，深入品析"异同"

师： 我以为，这是一种沟通阅读、表达和生活的策略。大家可以看印发的资料，也可以看大屏幕。有怎样的"同"，有怎样的"异"？为什么会这样？

（屏显）

黛玉一见，便吃一大惊，心下想道："好生奇怪，倒像在那里见过一般，何等眼熟到如此！"

……

宝玉看罢，因笑道："这个妹妹我曾见过的。"

师： 哪位同学先来？

生： 首先，黛玉和宝玉同样有似曾相识的感觉，都觉得对方是自己曾经见过的，这是他们的"同"。但是这一段更多的是他们的"异"，首先黛玉是"想"，而宝玉是直接"说"。这就是他们非常明显的不同，我认为这个"不同"，首先是跟他们的身份地位还有性格相联系的。黛玉初来乍到，她谨言慎行，不太敢把自己的想法表露出来，而宝玉他是被人宠爱的，而且跟园中的姐妹们也是玩得很熟悉的，所以说这种感觉上的事情他不会有所隐瞒，这是第一点。

然后，第二点是他们的语气和内容。首先黛玉说的是感叹句，而宝玉是肯定句、陈述句，而内容上面，黛玉是"好生奇怪，何等脸熟到如此"，宝玉是"这个妹妹我曾见过的"。就是说，黛玉是感到疑惑，而宝玉是有一种肯定、确定、深信的感觉，他们都有一种强烈的对对方似曾相识的感觉，宝玉是以一种肯定的语气说出来的，能够体现出宝玉是一种比较听从自己内心

221

言语的森林
——王良生长语文课堂12例

意志的人，这是我的看法。

（全班鼓掌）

师：说得特别全面，让我也没什么发挥的余地。（生笑）还是发挥一下吧！他们都觉得见过对方，呼应了前面，一个是绛珠仙草，一个是神瑛侍者。都有好感，心有灵犀，心心相印，就是这么一种感觉。但是你看他们的表现却不一样。刚刚刘雨桐说得特别好，她发现，其实林黛玉的感情是很强烈的，她用感叹句，注意了句式问题。（板书：句式）接连感叹，但她如此强烈的感觉，却不说出口来对不对？不像宝玉，就很直白地说出来了。她（学生）还说到她（林黛玉）这个时候要谨言慎行，——用这么一个很时鲜的词语，——《红楼梦》有更加有味道的表达，这个时候的林黛玉有怎样的心理？

生：不肯多说一句话，不敢多行一步路，生恐被人耻笑了去。原因是，她刚刚来到贾府，寄人篱下，一个这么小的女孩子，寄人篱下，所以她比较敏感，比较多心，怕别人耻笑，有事只是放在心里想着。

师：如果是林黛玉"看罢，眯眯笑道：这个哥哥我曾见过的"，会怎么样？（生大笑）我们在座的女同学肯定会这样说，对吧？长沙辣妹子。（生再次大笑）因为贾府这个具体的情境啊，对两个人来讲，是不同的意味，是吧？一个是寄居之地，一个是受万千宠爱于一身的任逍遥的所在，随性惯了。当然宝玉性格就是一个直率的人。

师：刚刚刘雨桐还说了一个意思，宝玉很肯定，要注意，其实从物理学的角度讲，从生物学的角度讲，宝玉没见过黛玉，对不对？他就说"我见过"，这表现了他怎样的性格特点？（略做停顿）痴，是不是？是一个痴人。我们这些探究，非常有意思。伟大的作家，表达近似处，却表现细微的差异和变化。这个差异和变化，与人物的性格，（板书：性格）也与说这个话的时候的具体的情境，（板书：情境）是很有关联的。这样能够写出一个人的特征和个性。

师：接下来我们再看一段，前一阵子布置大家读《红楼梦》，这是个课外片段，看大家读得如何。

课例10　一支桨橹巧，欸乃山水绿
——《同中求异》

（屏显）

袭人看时，只见腿上半段青紫，都有四指宽的僵痕高了起来。袭人咬着牙说道："我的娘，怎么下这般的狠手！你但凡听我一句话，也不得到这步地位。幸而没动筋骨，倘或打出个残疾来，可叫人怎么样呢！"

……

宝钗见他睁开眼说话，不像先时，心中也宽慰了好些，便点头叹道："早听人一句话，也不至今日。别说老太太、太太心疼，就是我们看着，心里也疼。"刚说了半句又忙咽住，自悔说的话急了，不觉的就红了脸，低下头来。

生：对于宝玉被痛打这一件事，袭人和宝钗都表达了自己的关心，但是我们不难看出，袭人的这种态度更加强烈，她的情感表达也更加迫切和直接。这里我们可以联系袭人的身份来看，袭人是常年陪侍在宝玉身边的大丫鬟，她很忠心，也很尽心，对于宝玉所受到的伤害，她更能感同身受，就是说宝玉的痛也就是她自己的痛。然后再看一下宝钗，宝钗有一点点谨慎和拘束。她的言语中，有牵涉到老太太和太太，作为自己真实情感的掩护，哪怕是说像她和宝玉这种表姐弟的关系，对于她这种在封建礼教中长大的小姐来说，表露自己的情感似乎也不太合礼仪。所以说这里可以体现宝钗的一种大家闺秀的矜持、谨慎的心理。

师：说得很好，很有水平。

（全班鼓掌）

师：有个小问题，是不是应该先说一下"相同之处"？

生：我觉得，分析袭人和宝钗她们的相同之处，还要结合一下林妹妹，才能看得更明白。我看了后面的片段，林妹妹好像是到宝玉的房间，哭肿了双眼，看见王熙凤来了，就走了。宝玉后来还送了两块旧手帕给她。林妹妹对宝玉的感情跟她们俩（袭人和宝钗）对宝玉的感情是有区别的。她对宝玉已经爱到深处，已经说不出什么话来了，直接就哭了。

师：你说到这里，我提示一下，林黛玉哭肿了双眼，说了一句，"你从此可都改了罢！"这句话特别有分量，留待同学们课后研究。很有思路，很有眼光！现在请分析课堂使用的这个文段。

生：好。她们表达对宝玉的关心，都说了一句，就是"凡听我一句"或者"凡听人一句"，她们都是那种比较正统的思想，都希望劝宝玉走上正道，不要再这样去惹贾政了。

师：这就是她们相似的地方，对吧？

生：嗯。然后她们对于宝玉都有感情，这也是比较明显的。

师：你刚刚提到"听我一句""听人一句"，前边有同学说到，宝钗的个性比较含蓄，这个"听我一句""听人一句"，跟"含蓄"，你们觉得有联系没有？

生（齐答）：有。

生："但凡听我一句"和"但凡听人一句"，她们把自己的地位摆得不同，"听我一句"把"我"作为中心，是一个更加直接更加强烈更加与宝玉相关联的人。

师：凸显，特别凸显"我"跟宝玉的关联。非常漂亮！

生：然后"听人一句"，人群范围比较大，把自己隐藏在人群中，就显得疏远一些。

师：好像虚化了"我"的意味，对吧？有个问题，"早听人一句"，这个"人"到底是谁呢？（生：她自己）就是她自己对不对？虚化"我"的意味以"人"来称呼自己，这说明她跟说话对象的关系？

生（齐答）：疏远。

师："疏远"这个词还是不太好。

生：比较亲近。

师：比较亲近，还没那么密切，对不对？所以就会说"听人一句"。反过来这个袭人，就跟宝玉特别密切，因为是贴身丫鬟，所以是"听我一句"对吧？袭人与宝钗就有这一区别。你看现在我们女孩子说话，有时候也会用"人"或"人家"来指自己，（生笑）人家不愿意啦，（生大笑）这个话如果是你妈妈跟你爸爸讲，（继续大笑）你会觉得鸡皮疙瘩掉一地，对不对？（再次大笑）所以是比较亲近而没那么熟悉，是不是？这个发现非常好。所以她

224

课例10　一支桨橹巧，欸乃山水绿
——《同中求异》

就要虚虚地带一下，早听人一句也不会这样，是不是？可见宝钗比较羞涩。

生：其实这一句还跟后面一句相像，"别说老太太、太太心疼，就是我们看着也心疼"，她先说了"老太太、太太心疼"，再说"就是我们看着"，我感觉她好像把自己摆在了一边，感觉自己像个局外人。

师：其实不是个局外人，但是还要把老太太和太太拿出来先说一会，什么原因？老太太和太太起了什么作用？

生：掩饰作用。

师：掩饰作用。我前面看大家的作业，有的同学说，这表现了她对老太太和太太的尊敬。（生笑）

不是说毫无尊敬，有那么一点点。但主要是要掩饰一下，她不想把自己的情感表达得那么直接。其实我们说"感情相同"，她对宝玉很有情啊，对不对？宝钗这个人，她的性格是怎样的？比较端庄，比较稳重。对一个男子有一点情意，她就不太好意思去表达。她这个时候都表达了，其实都已经是情动于中了。要注意一个细节，哪个细节？

生（齐答）：脸红了。

师：她情动于中，表达了以后，又觉得这样很不合适，所以只说了半句，就脸红了。你看，女孩子的那种端庄、稳重，那种情动于中、有所表达又马上打住，那种虚虚地、掩饰着把自己带过去的感觉，表达得非常有分寸，非常到位。

师：刚才讨论过程中都谈到了导致不同的原因是？

生：性格。

生：身份。

师：身份。（板书：身份）因为一个是丫鬟，一个是小姐。所以这种情感的表达与语言的意味，会有"显隐"之别。（板书：显隐）还有别的补充没有？

生：可以看到袭人说的话，她说的第一句就是，"我的娘"，（生笑）这就是丫鬟和大小姐的文化素质差异。（生大笑）表达的时候就没有那么官方，比较随意。

师：我的爷（方言，父亲的意思，读音同"牙"，整理者注）。（生笑）非官方的，俚俗一点的，语言有雅俗的区别。（板书：雅俗）宝钗的话，无疑就雅致得多。另外，"我的娘"，我们可以从背后看出一种什么样的感情？

生（齐答）：惊骇。

师：惊骇，震惊、关切！

生：袭人是咬着牙齿说的，然后宝钗是点头叹道，袭人表现的情感非常强烈，她咬着牙，有那种内心的激动与愤慨。宝钗表达自己的关切，最后只说了半句就没说了。但袭人句句都是非常的肯定与激切。

师：再一次表明了袭人的感情会强烈得多，不过"愤慨"这个词，合不合适？——从哪里看出来的呢？

生："怎么下这般的狠手"。

师："怎么下这般的狠手"，这里是不是表达了愤慨之情呢？这个词还是不合适。因为袭人从个性来讲，是一个很柔顺的丫头，对不对？你要表达愤慨的话，是对谁表达愤慨啊？

生（齐答）：贾政。

师：算不上愤慨，但她依然说了这么一句好像有点冒犯的话，那只能归结于一个原因，什么原因？（生：关心）关心则乱。她太关心宝玉，所以才说了这么一段话。这个曹雪芹啊，他有一个能耐，就是他安排的每一个句子啊，一定是只有这个人才可以"说"或者才可以"行"的。你比方说，"幸而没动筋骨，倘或打出个残疾来，可叫人怎么样呢？""打出个残疾来"这种俚俗的话，宝钗不会说。"打出个好歹来，可叫人怎么办呢？"——宝钗可以这样讲么？

生（齐答）：不可以。

师：为啥呢？

生：因为袭人其实已经是宝玉的人了，袭人以后可能会做宝玉的妾。

师：是这样吗？前面有一回"初试云雨情"，是吧？加上贾母、王夫人都比较喜欢她，袭人也认为自己将来要做宝玉的妾，姨娘的身份，是不是？

生：所以，她自己的定位就是她的命运和宝玉是联系在一起的。

课例10　一支桨橹巧，欸乃山水绿
——《同中求异》

师：后半生的——

生：幸福。（生笑）宝玉怎样，也就等于她以后的命运会怎样，所以她会关心宝玉的安危或者是身体。

师（小结）：是不是这么一个道理？托付终身的对象，你打出个残疾来，让我们怎么办？所以既有对宝玉的关心，其实也有对自己的考虑。说到这个地方，我还要说一个小细节，估计你们都没注意。我们刚刚说，袭人情感很强烈，也很直白，不掩饰，对吧？但她并没有将直白进行到底。你比方说，她如果说，倘或打出个残疾来，可叫"我"怎么办呢？那就太露骨了！所以袭人虽然比较直白，但在最关键的地方，她也含蓄了一把，这个必须含蓄，是不是？

我们读这些文段，充满着一种发现的快乐，很享受，人物的这种"显隐"，语言的那种"雅俗"，表意的那种轻重、强弱（板书：强弱）、妙趣无穷。而又都关乎性格、身份、人物关系，此间种种，构成情境，影响着人，是不是？因此同中有异，我们就要同中求异，这是很重要的策略。

三、解说策略，点拨策略在读、写、生活方面的运用

师："同中求异"是一种沟通阅读、表达和生活的策略，我们这样去读，是不是特别有意思？如果用于表达的话，也就是把一些相似相近的地方特意关联起来，然后又写出差异和变化，从而体现特征和个性。

更重要的是，读书也罢，写作也罢，它对应的是生活。我们常觉得生活有点单调无趣。每天都上课，每天都看到王老师，（生笑）王老师每天都有变化，今天没有穿外套。（生大笑）你本来以为今天是昨天的重复，明天是今天的翻版，张三像李四，李四像王五，王五其实很像我，（生再次大笑）怎么办呢？

同中求异。

也就是在差不多当中发现差别，在同样当中发现不一样。我们曾经熟视无睹的东西，你发现它蕴含了很多新鲜和有趣。

读中悟法，可以指导写作，它是一种表达策略。先是求同，然后求异。要特别考虑性格、人物关系、说话情境对人物言行的细微影响。注意遣词造

句，表达上有显隐、强弱、褒贬的区别。

四、小试牛刀，激活生活，当堂写作

师：接下来，我给大家设计了几道练习题。关键是激活和唤醒我们的生活……

（屏显）

练习题：

1. 同学甲、同学乙、同学胡屠户议论某同学竞选不上某职位。

2. 同学甲、同学乙从老师那提前知道考了第一名，在教室里说自己考了第一。

3. 老师甲、老师乙、老师别里科夫生气地批评某事时，会是怎样的表现？

4. 自行选定话题，写一小段话，注意运用同中求异的思想。

（生课堂训练及完成训练后相互讨论）

五、展示习作，评点指导

师：这个有点考验同学们的速度和才气。

生1展示作品：

老师甲：

"你看看你做的题，格式又不对，是我没讲过吗？这题，又在这里折腾，写得挤挤的，密密的，做题不讲规则，乱作！任性！"

（生大笑，鼓掌）

老师别里科夫：

你这样写格式是万万不行的，如果你再这么做，肯定是不成体统的！这怎么行！不要闹出什么乱子来才好！什么，你还敢顶嘴？如果你用这样的口吻对我说话，我是不能再讲下去的！如果这事传到督学耳朵里，还会有什么好下场么？我一定要把这事报告给教育处！

（生大笑，鼓掌）

师：特别注意了人物的性格，对吧？他（甲老师）的口头禅，他（别里科夫）背后的这种逻辑，注意得很好。

课例10 一支桨橹巧，欸乃山水绿
——《同中求异》

生2展示作品：我和我同桌，我们写的都是练习一。我读写得张扬的，她读写得内敛的。

张扬的：

小迪同学春风得意地飘进了教室，有同学拍拍他的肩膀问："成绩出来了？"小迪夸张地讲："当然了，这么容易的卷子，阅起卷来当然快了，哎呀，不是我说，这题目太水啦。"同学"呵呵"地问道："你考得怎样？""除了语文差那么0.5分——"故意不把话说完的小迪忽然提高音量，故意让教室里每一位同学都听得到，"听说啊，上次年级第一比我低了十几分，可惜啊，就差语文我就科科NO.1了。"说完他在众人羡慕而惊异的眼神中，扬扬得意地晃出了教室，把一张光鲜亮丽的成绩单晒在了课桌的正中央。

（生大笑）

内敛的：

小K同学春风满面地走进教室，教室里早已有一群同学围在一起讨论这次成绩考得怎么样。小K经过时好奇地停了一下，随即坐到座位旁读书。似乎和平常没什么两样，只是时不时地向那堆人那边张望，脸飞得有点红。同桌凑过来随意地问了一句："这回考得怎样？第一吗？"小K也不回答，只是呵呵笑，满面春风地点了点头。

（生大笑，鼓掌）

师：这两段话写的很高明，对不对？第一段那个人特别想显摆自己对吗？是哪个同学？（生大笑）什么题目太水啦，老师看卷子快啦，然后还要把成绩摆在桌子正中央。我们写作文，刻画这样的人是可以的。平时我们同学们之间关系特别好，这样也可以。在另外一种情况下，我们得到好成绩的时候低调一点，对他人来说可以表现我们的善良。（生大笑）后面那位同学的语言就和缓一点，具体节奏也慢一点，你们发现没有？一个比较高调和张扬的人，可能要通过比较急促的句子去表现。这个同学的作品，我们体会到语言有徐疾的变化，是不是。（板书：徐疾）

生3展示作品：

同学甲：

229

三岛一把把教室的前门拍开，之后从喉咙里迸发出三声爽朗的笑声，"哈""哈""哈"，全然不顾教室里认真自习的曾子与班长随哥眼中泛着红光的杀气。"这次不会又是第一吧？"有个同学嘲笑到。"不然呢？"（展示者肖其声口，众大笑）三岛边走边回答，很快他就走到了自己的座位上，把书包一甩，两腿岔开坐着，平复他激动的心情。

同学乙：

某某像往常一样，提着个小布袋子，轻轻地把门推开，又轻轻地把门合上，他慢慢地走到座位上，在总结本上写道："不要膨胀，要一步一步地继续前进，稳打稳扎。"一位同学恰巧偷瞄到了，问他："你在写什么？"他没有回答，只是使劲地摆手推开同学，口中嘟囔道："没什么，没有，走开，走开。"

（生大笑，鼓掌）

师：真是活灵活现。

六、总结本课，鼓励以后的运用

师：快乐的时光总是过得很快！用这个办法去读书吧，读三打白骨精，刘姥姥三进大观园，等等，这些都是同中有异的经典。我们自己写作也一样。更重要的是，我们要在生活中练就这种思维，形成这种人生的态度。它会让我们的阅读、表达和生活变得丰富、新鲜、有趣。我们今天的课就上到这里。

教学反思

一种沟通阅读、表达和生活的策略

——《同中求异》教学反思

《林黛玉进贾府》一文，有这样一个小片段：

黛玉一见，便吃一大惊，心下想道："好生奇怪，倒像在那里见过一般，何等眼熟到如此！"

课例10　一支桨橹巧，欸乃山水绿
——《同中求异》

……

宝玉看罢，因笑道："这个妹妹我曾见过的。"

彼此对对方的感觉大体一致，即似曾相识。年轻人一见含情，有些心有灵犀心心相印的意思。用现代流行的话来说，就是对上眼了，来电了。为什么会这样？原来前文说到，一个曾是绛珠仙草，一个曾是神瑛侍者。

大体一致的感觉，二人的表现方式却不同。

一个"吃一大惊"，止于"心想"。一个"笑道"，说出口来。并且，具体的认识和判断也不一样，语气不一样。一个是"好生奇怪，倒像"，一个是很确定，"我曾见过的"。

为什么？

一个是女孩儿，敏感多心的女孩儿，初来贾府，"不肯轻易多说一句话，多行一步路，惟恐被人耻笑了他去"，一个是集万千宠爱在一身的贾府公子，信口开河，痴狂得很。

性格、场合的差异，使得人物感觉相似而表现有异。需要指出的是，贾府这一场合，对贾宝玉、林黛玉的意义却不是一样的。

再如这个文段：

（秦始皇帝游会稽，渡浙江，梁与籍俱观。）籍曰："彼可取而代也。"

（高祖常繇咸阳，纵观，观秦皇帝，喟然太息。）曰："嗟乎，大丈夫当如此也！"

二人表达的意思也差不多，都要坐秦始皇那位置。比想当元帅的士兵更强。

但二人说的话却有区别。句式、语气有区别。一个用陈述句，直截了当，很肯定，很狂，很自信，很霸气。一个用感叹句，更多的是感慨、艳羡，想当皇帝的想法隐藏得很深，显得含蓄深沉。

为什么有这些差别呢？

一为将门之后，深受反秦复楚的熏陶，是位高富帅的小伙儿。

一为小亭长，在咸阳服役。年龄不小，快40岁了。

出身、家教、年龄以及这些因素带来的性格区别都影响着人的说话行事。

从上面的例子，我们可以发现一个相同的言语策略，即有意刻画人物的相似、相近处，又在相似、相近中体现差异和变化，体现特征和个性。我们可以把这种方法概括为同中求异。

人物说话行事同中有异，受到很多因素的影响，除开前边谈到的，人物身份、人物间的相互关系也是作家会重点关注的。我们来看《愚公移山》当中的这个文段：

其妻献疑曰："以君之力，曾不能损魁父之丘，如太行、王屋何？且焉置土石？"

……

河曲智叟笑而止之曰："甚矣，汝之不惠！以残年余力，曾不能毁山之一毛，其如土石何？"

愚公之妻和智叟对愚公移山都是怀疑的。但在意思上，在语言表达上，却有很多区别。关于基本态度，妻子是"献疑"，对丈夫很尊敬；智叟是"笑而止之"，是自以为高明的不屑和嘲笑。关于土石问题，妻子担心的是"且焉置土石？"她真诚地建设性地提出问题，所以采用了特殊疑问句式；智叟奚落的是"其如土石何？"他继续否定移山行为，采用的是反问句式。关于愚公的力气，妻子口中是"君之力"，智叟口中是"残年余力"，后者的贬损很明显。

为什么有这个区别呢？主要原因，一个是愚公的妻子，一个是河曲一不相干的老头，甚至是有些敌意的老头。从寓言的创作者给俩老头取的名字大约可以猜出一点端倪，愚公智叟是针锋相对的。

再举一个例子，探讨以上种种因素是如何综合地发挥作用，影响着人物做几乎相同的事而显出种种细微的不同。《红楼梦》中宝玉挨打，袭人、宝钗、黛玉照看探视，三人都心疼，都有规劝之意。然而人物的言行却有很多细微的差别。袭人很自然地查看宝玉"腿上"的伤，只有袭人才可以这么做，她是贴身服侍宝玉的丫头，且已有肌肤之亲。袭人规劝，"你但凡听我一句话，也不得到这步地位"，强调"你""我"的关系，有意无意间把自己

课例10 一支桨橹巧，欸乃山水绿
——《同中求异》

摆在显豁的位置，正是"屋里人"说话的口吻。而"幸而没动筋骨，倘或打出个残疾来，可叫人怎么样呢！"一句，更是只有袭人才说得出的话。袭人认定自己是宝玉的人了，宝玉要是落个残疾，可如何托付终身？而一贯低调的宝钗，"手里托着一丸药丸走进来"，大约是关键时刻要昭示她的探望之举和关心之意吧。"早听人一句话，也不至今日"，这规劝，就比袭人克制，不显摆自己。原因之一是她性格本就端方内敛，原因之二是，她待宝玉，这时自不能和袭人一样，可以显得很亲近。再看黛玉，她选择太阳落山时来，并且后来听说凤姐来时，赶忙避开，她不要向任何人表明她的关心，她只为自己的心。写黛玉规劝的是这样一句，"心中虽然有万句言语，只是不能说得，半日，方抽抽噎噎地说道：'你从此可都改了罢！'"这一句意味非常丰富。宝玉挨打，因为种种"顽劣"，归根到底因为他的叛逆，因为他不走家族安排的仕途经济的路。黛玉是宝玉唯一的知音，从没和宝玉说过仕途经济那类的混账话。"你从此可都改了罢"，就有些违心，有些无奈。一方面是做宝玉的知音，做他的支持者，另一方面，宝玉挨打，黛玉又最为伤心，"两个眼睛肿得桃儿一般"，应该说，黛玉的痛，远远超过了宝钗和袭人。于是，黛玉只好妥协，"你从此可都改了罢"。宝玉是明白黛玉的这些心思的，所以他要黛玉"放心"，表示不改。

分析这些差别，可以发现人物的性格、身份、地位、精神境界以及人物之间的关系在背后起着综合的作用，影响着人物的所言所行。

这样说来，生活中本存在这种现象，作家本乎生活而提炼提升，刻意表现人物言行相似相近处，具体遣词造句的时候，意味却会有轻重、强弱、缓急、褒贬、肯否等区别。

表现同，是内容上的辐辏和聚焦，表现同中之异，是在细微处刻画人物的特征和个性。这样，人物之间，比较映衬，互补互生。同中之异有别于异中之异。异中之异，是一种大的差异。如梁山好汉吃肉喝酒，和大观园里女孩儿吃肉喝酒，就体现出很大的差异。但是，李逵喝酒和鲁智深喝酒，就体现同中之异，是一种精细的差异。

就阅读而言，同中求异自是一种很好的角度和策略。语文教学一般应该

把阅读的重心放在揣摩作者如何用适宜的言语形式表现出他想要表现的内容。在这里，就是像前文讨论的那样，揣摩作者如何将两个或两个以上的对象关联起来，同中求异，生发出无穷意味。用这个方法，学生往往可以在原本忽略的地方发现无限风光。

这样读中悟法，自然可以用于指导写作。同中求异是一种可操作的写作策略，即在刻意的重复中表现微妙的变化，强调特征，刻画个性。我们可以从后边附录的学生优作中发现这种方法的效用。需要指出的是，这个策略与古典文论里讨论过的"特犯不犯"相近。本文只讨论了这一方法在表现人物时的办法和作用。此法在刻画人物、记叙事件以及结构篇章方面都有重要作用，如《红楼梦》写刘姥姥三进大观园，《水浒传》写三打祝家庄，《三国演义》写三顾茅庐等，此不详论。

阅读也好，自己写作也好，所读，是作家表现的一种人生，所写，是自己经历的一种生活。同中求异帮助我们阅读，帮助我们写作，当然也能帮助我们生活。同中求异更应该是一种人生的态度，一种思考生活的方式。现实中，在很多人看来，生活是单调无趣的。张三像李四、李四像王五、王五像赵六、赵六像钱七。今天的日子是昨天的重复，明天的生活可能是今天的翻版。此一事像彼一事，彼一事像此一事。这样的人，态度马虎、认知模糊、思考粗浅。怎么办呢？同中求异不失为一个解决问题的好法子，在差不多中发现差别，在同样中发现别样的精彩，在熟视无睹中发现新鲜。

正是从这个意义上说，同中求异，是一种沟通阅读、表达和生活的策略。作品中藏着一种思考生活、表现生活的方法，读者得之，又以此指导自己如何生活、如何表达生活。同中求异，让我们的阅读、表达和生活变得丰富、细致、新鲜、有趣。

附学生课后作品：

学生优作一：

同学甲：

他竞选班长，可能比较困难。当班长，要很强的综合能力。但也可以去试一试呀，说不定大家认可他呢。选不选得上，也说不清，说不准。

课例10　一支桨橹巧，欸乃山水绿
——《同中求异》

同学乙：

这小子，看不出啊，还冒这样的傻主意。班长是谁都可以竞选的吗？大家就等着看笑话吧。

同学胡屠户：

哼，就他，还想去混个班长，活活现世宝。这小子就是发了晕，癞蛤蟆想吃天鹅肉，自己也不撒泡尿照照，什么德行！（以上雅礼中学王子宜）

学生优作二：

同学甲：

他喜滋滋回到教室，喜形于色，同桌问："啥事这么高兴"。他欲言又止："呵呵，没啥，没啥。"等着同桌追问，同桌偏写作业去了。他撞撞同桌的胳膊，说："考试成绩出来了。""啊，我考得怎样？你呢？"他说："你考得不错，第六名。我，我嘛，运气，运气。""哈哈，我满足了。你第几名？"他低低地说："不小心考了第一名，撞上的，撞上的。"

同学乙：

"呼！"教室门撞开了。他风一样冲进了教室。"yes! yes! yes! yes!"边冲边嚷，嚷到最后，原地跳起转了个圈。"我的物理考了年级第一，满分，年级唯一的满分，唯一的，唯一的啊，哈哈。"（以上雅礼中学罗一）

【简评】

练习一，三位同学的意思大体一致，都认为某同学选不上班长，但说话语气又各自不同。同学甲话说得客气、含蓄，还有一点点圆滑吧。同学乙有一点奚落的意思。同学胡屠户则是恶毒的嘲讽。作者对胡屠户这一形象把握很好，说话"肖其声口"。

练习二，两位同学考了第一，都很高兴，都想通报这一消息。然而由于两个人的性格不同，他们的表达方式很不一样。甲同学内敛含蓄，努力克制自己的喜悦和宣扬的冲动。乙同学热烈张扬，毫不掩饰。

无疑，两位同学很好地领会了"同中求异"这一方法的精神。

言语的森林
——王良生长语文课堂12例

专家评点

灵动有趣的课堂，丰富的生长

邓志刚

王良老师的课，时常让听课老师浑然不觉地自动化作学生，投入地跟着王老师一起笑、一起思、一起读，听后总有一种恍然大悟、拍案叫绝之感。但是看着寥寥几语的黑板、两三张或四五张简单的PPT，又会产生狐疑：

"咦？王良老师这节课似乎也没干啥呀！"

我想，这个"似乎也没干啥"就是其课之精妙所在，正体现了王良老师功力之深厚，才会如武侠大家一般人课合一、浑然一体、了无痕迹。他潇洒自如，纵横捭阖，任由学生思维怎样发展，都能四两拨千斤，让学生有丰富的生成。

"灵动"，是我对王良老师的课的总的概括。

在这样灵动的课堂里，教师化身为潇洒飘逸的李白，为旷达豪迈的苏轼，为一腔热血的辛弃疾和岳飞，为情真意切的李密，为在故都沉醉的郁达夫，为忧愤深广的鲁迅……而在《同中求异》这堂课里，他已经是退居在幕后却能指点江山的诸葛孔明了，颇有一种"我不看天地，天地却入我心"的挥洒自如之感。

而学生们，一个个就如同被点亮了思维的火花一般，纷纷展示、滔滔不绝地表达、层层推进地补充、活灵活现地表演……

那这样"灵动"的课堂，是怎么做到的呢？

我想，主要可以概括为以下几个方面：

一、灵动的教学内容的开掘使思维活跃

王良老师很注重且擅长教学内容的开掘，比如作文课《说说吃狗肉那些事》教学生如何全面、深刻地思考冲突性事件，比如《让我们学会"啰唆"》教学生以"繁复"的言语策略表现生活中的无聊或兴奋。

课例10　一支桨橹巧，欸乃山水绿
——《同中求异》

比如本课教学生有意刻画人物的相似、相近处，又在相似、相近中体现差异和变化，体现特征和个性。有些老师，可能只停留在"人物语言描写"这样泛泛的教学内容上，王良老师却慧眼独到地从书山文海中，从自己的广泛阅读中精选文段，合并同类项，创设了一个切口小又精的读写结合训练点——同中求异。

这个教学内容选点一方面基于学生写作实际的需求。王良老师从沟通阅读、表达和生活的需要出发，选择了"求同存异"这个点，在反复地对比琢磨中，让学生在阅读、表达方面，都很好地理解了其内涵和方法，更为重要的是，进一步提醒学生观察生活、表现生活。他为此设计了三个生活滋味浓郁的写作训练题，预判同学竞选不上某职位，说自己考了第一，老师批评某事：不同性格的师生，会怎么说呢？王良老师还安排胡屠户做同学，安排别里科夫做老师，学生觉得新鲜有趣。

另一方面，它基于课文。王良老师分析了教材《林教头风雪山神庙》中的两次偷听的片段；《林黛玉进贾府》中黛玉与宝玉初见时的反应。预习资料中还涉及初中课文《愚公移山》愚公之妻和智叟对"移山"反应的文段。熟悉的课文，换一种角度来思考，让学生从旧文中获得新知。

除此之外，它还基于整本书阅读。王良从《林黛玉进贾府》顺势就拓展到宝玉挨打时袭人、宝钗、黛玉的不同反应，由一个小点勾连前后情节，窥探人物性格，极大地激发了学生对整本书的阅读兴趣。下课时，提示学生可以用这一策略阅读刘姥姥三进大观园等相关内容。

二、灵动的课型创新使效果落地

这是一堂典型的"向课文学作文"读写结合课，以读引读，读中悟法，这是我们工作室研究超过十年的课题。

所好者道也。以读引读，从课文出发，挑选出相关的文学名著片段，展开基于课文的群文阅读与群文导写。读中悟法，师生于文本的比较阅读中，抽象出思维规律，归纳出可操作性强且能举一反三的阅读与写作方法。

这一课型目的在写，讲究"读写结合，以读促写"。

理解原理，注重实践。王良老师的课，阅读引领24分钟，写作与评点

16分钟，当堂阅读，当堂写作，弄通原理，注重实践，以学生的当堂练习佳作呈现，展示读写结合效果与魅力。精心命题、当堂读写、当堂讲评，趁热打铁，效果才好。

除此之外，本堂课还由小及大，由实及虚，提升见识。把读写结合能力的培养与感悟生活的指导关联起来，让学生认识到同中求异是沟通阅读、表达和生活的策略。说得不多，但句句引人深思。作文即生活，打通阅读、生活与作文的通道，引导学生在生活中在阅读中学会做人、学会思考、学会作文。

三、灵动的课堂导引使生成丰富

孔子说"不愤不启，不悱不发，举一隅不以三隅反，则不复也"，就是主张学生要学会独立思考，教师根据其思考状况，因势利导，之后举一隅而反三。王良老师以其灵动又风趣幽默的课堂引导，带动了课堂气氛，激活了学生的思维，让课堂生成无比丰富。

如将痴公子的言行放在了矜持小姐身上：

如果是林黛玉"看罢，眯眯笑道：这个哥哥我曾见过的"，会怎么样？（生大笑）我们在座的女同学肯定会这样说，对吧？长沙辣妹子。（生再次大笑）

这样的反差、这样的关联，让学生觉得兴味盎然，也意识到了不同人的言语上的精细差异。

如再次关联学生的现实生活：

你看现在我们女孩子说话，有时候也会用"人"或"人家"来指自己（生笑），人家不愿意啦！（生大笑）

这样能进而引导学生留意人们生活用语的微妙意味，向生活学表达。

如自我调侃：

我们常觉得生活有点单调无趣。每天都上课，每天都看到王老师，（生笑）王老师每天都有变化，今天没有穿外套。（生大笑）你本来以为今天是昨天的重复，明天是今天的翻版，张三像李四，李四像王五，王五其实很像我，（生再次大笑）怎么办呢？

除此之外，还有"林冲一生气，后果很严重"等灵动表达，都让学生笑

课例10 一支桨橹巧，欸乃山水绿
——《同中求异》

声连连，情绪热烈，因而生成丰富，精彩纷呈！

总的来说，王良老师的课，朴实，清澈，灵动，风趣，有用，教学与教育水乳交融。他的课堂，师生相处和谐，氛围很好。他的课堂，道而弗牵，学生主动性强；强而弗抑，学生学习感到轻松且快乐。在雅礼，他的课是常态开放的，时常有同学科和其他学科的老师推门听课，有时还有校外的老师慕名来听课。雅礼开放周，他的教室，人总是多得水泄不通，听课老师都坐到讲台左右两侧了。王良老师到各地送教，广受欢迎，在永州，在湘西，在广西，在山东，在四川，学生到点也不肯下课……

（邓志刚，湖南省特级教师，长沙市首届、第二届语文名师工作室邓志刚工作室首席名师）

课例 11

有趣的"啰唆"

——《让我们学会"啰唆"》（整合统编语文《木兰辞》《祝福》等）

教学设计

有趣的"啰唆"

——《让我们学会"啰唆"》教学设计

教学目标

指导学生从文本中感悟、提炼出"啰唆"这一言语形式特征，以此激活文本所表现的生活和学生生活，然后根据生活特征，写出比较"啰唆"的片段。这里的"啰唆"，实质是一种有意义的言语繁复，即运用词句重复的办法突出某种生活特征，如现象的单调、言行的折腾，及与之相应的无聊、兴奋、期待等心理。

学情分析

雅礼中学高中一年级省理科实验班学生，读写基础很好。他们已有一定的"言语形式"意识，写作"表现"意识。

教学时间

1课时。

教学过程

一、导入

给大家提供了几则有意思的文段，第一则是课外片段，选自《社戏》。另外几则都是初高中教材选段。大家先读一读。觉得这些文段在表达上是不是有点特别？

于是看小旦唱，看花旦唱，看老生唱，看不知什么角色唱，看一大班人乱打，看两三个人互打，从九点多到十点，从十点到十一点，从十一点到十一点半，从十一点半到十二点，——然而叫天竟还没有来。

——鲁迅《社戏》

年年如此，家家如此，——只要买得起福礼和爆竹之类的——今年自然也如此。

——鲁迅《祝福》

东市买骏马，西市买鞍鞯，南市买辔头，北市买长鞭。

——《木兰辞》

范进不看便罢，看了一遍，又念一遍，自己把两手拍了一下，笑了一声，道："噫！好了！我中了！"说着，往后一跤跌倒，牙关咬紧，不省人事。老太太慌了，慌将几口开水灌了过来。他爬将起来，又拍着手大笑道："噫！好！我中了！"

——《范进中举》

明确：和一般运用反复、排比等方法的文段比，这些文段更特别些。

二、讨论文段一、二

1. 这戏太无聊了。从九点多到十二点，从物理时间看，也就两个多小时。可是鲁迅一"啰唆"，就无比漫长，就显得无比煎熬。这写的是一种心理时间。你写的，总是你感受、选择、强化了的生活，不是一种原初的生活。写作，需要有表现意识。

2. 三个"如此"，真是毫无变化，一切照旧，自然流露出一种失望情绪。

小结：在煎熬、无聊、失望的时候，人们会强烈地感受到某种现象的单调重复，于是以一种单调的形式表现之。

三、讨论文段三、四

1. 借助排比反复，铺陈开去，写动作的反复，正表现忙乱、紧张、兴奋。女孩子呀，替父从军，人生第一次，她会紧张、兴奋，会觉得蛮刺激的，她要准备这准备那，当然会很忙乱。

2. 重复，也还要有点变化。比如，"自己把两手拍了一下，笑了一声"，"拍着手大笑"，后者强度更大。再比如，两句重复性的人物语言，不同处，前者为"好了！"后者为"好！"前者，"了"字表完结，表现的是屡考不中，今朝得中，如释重负后的快慰。后者，单用"好"字，表达的就是较为单纯的快慰。

小结：在忙乱、兴奋、狂喜的时候，人们言行会反复折腾。

四、讨论"啰唆"的实质，归结方法

1.请学生归纳。

预设一：这些"啰唆"的文段，或表现煎熬、无聊、失望，或表现忙乱、兴奋、狂喜，有着丰富的内容，这种"啰唆"，实质是一种有意义的繁复，不是言之无物的语言毛病。

啰唆与否，关键在表达情绪、情感意义的多寡。

举一反例："我叫王二，排行第二，王一的弟弟，王三的哥哥"。

预设二：如何表现这样的生活呢？"啰唆"，重复某些句式、字眼。同时应该适当变化，或换角度，或更动词句。

2.小结：（1）"啰唆"，是一种有意义的繁复。（2）写作，写的总是感受、选择、强化了的生活。（3）"啰唆"的办法，是重复词句，重复中有角度的变化和字眼的更换。

五、激活生活，学生练习

生活中，总有无聊、煎熬、失望……总有紧张、兴奋、期待……这时我们可能会特别地感受到某种现象的单调重复，注意到自身言行的反复折腾。

1.请同学们谈谈这样的生活体验。

2.当堂片段写作。

3.当堂讲评。

板书设计：

让我们学会"啰唆"

```
    无聊 ╲
          "啰唆" ⟶ 有意义的繁复
    兴奋 ╱
```

课例11 有趣的"啰唆"
——《让我们学会"啰唆"》

⓪教⓪学⓪实⓪录⓪

"啰唆",一种有意义的繁复
——《让我们学会"啰唆"》教学实录

上课学生：长沙市雅礼中学高一年级学生

一、导入

师：给大家提供了几则有意思的文段，第一则是课外片段，选自《社戏》。另外几则都是初高中教材选段。大家先读一读。觉得这些文段在表达上是不是有点特别？

生：用了反复、排比等修辞手段。

师：对的。但是和一般运用反复、排比等方法的文段比，这些文段是不是显得特别一些？

二、讨论文段一、二

（讨论中明确，在煎熬、无聊、失望的时候，人们会强烈地感受到某种现象的单调重复）

师：先看文段一。同学们平常这样讲话吗？

生：不会。我们讲话会更简洁些。

师：这段话，平常我们可能这样讲：于是看很多角色唱，看一班人乱打——

生：从九点到十二点。

生：这段话不够简洁。

师：嗯，也就是啰唆。啰唆好吗？

生：这里好，写出了等待过程中的煎熬，无聊，这戏不好看。

师：煎熬，无聊，很好。我们无聊、无趣时，会特别注意到某些现象的单调。怎样表现这种无聊和单调？把句子写得啰唆点。怎样写得啰唆点呢？

243

生：借助反复、排比。

生：重复某一句式。

师：是的，借助反复、排比来重复。重复，带给人单调的感觉。当然，一般不要只重复一个句式，重复中要有点变化。比如，"看某某唱"，然后是"看某某打"，然后是"从几点到几点"。要是无限地重复同一句式，会让人窒息的。

师：大家再看文段二。

生：也比较啰唆。"年年如此""家家如此""今年自然也如此"，三个"如此"，强调鲁镇没有什么变化。特别是"今年自然也如此"一句，一般情况下简直是一句废话，这里却很好地表现了作者对毫无新气象的现状的不满。

生：原本寄予一些希望，然而不得，所以失望。

师：二位说得真是精彩！

师：生活中，我们有时会强烈地感受到现象的单调重复，不妨以"啰唆"的言语形式来表现这种单调重复，传递煎熬、无聊、失望等种种感受。言语形式契合生活特征，进而也就能将生活带给我们的独特体验充分表现出来。

三、讨论文段三、四

（讨论中明确，在忙乱、兴奋、狂喜的时候，人们言行会反复折腾）

师：把言语形式和内容结合起来思考，谈谈对文段三和文段四的体会。先看文段三。

生：排比，互文。内容是花木兰到处买行军用品。

师：嗯，原本一个句子就讲清楚了，然而作者"东西南北"地说下去，这是一种铺陈的手法。为什么要这样表达？

师：平时你们这样买东西吗？

生：不会这样买，不经济，太折腾了。

师：你们有过类似"瞎折腾"的时候吗？写花木兰这样折腾有道理吗？

生：第一次出远门，准备行装会瞎折腾。

生：是的，花木兰正是这样，女孩子呀，替父从军，人生第一次，她会紧张、兴奋，会觉得蛮刺激的，她要准备这准备那，当然会很忙乱。

师："女孩子呀"，你这个"呀"字用得真好，是女孩子，就很稀奇了，如果是男孩子，可能就没这么紧张兴奋。这几句，借助排比反复，铺陈开去，写动作的反复，正表现忙乱、紧张、兴奋。

师：你们以后要学习的《娜塔莎》一文，写舞会就要开始了，大家还没准备好，乱成一团粥，我给大家念一下。"梳妆完毕后，娜塔莎穿着从下边露出舞鞋的短裙，披着母亲的短宽服，跑到索尼娅面前，看了她一下，然后跑到母亲面前去了。她转动着母亲的头，用针别好了帽子，刚刚吻到了她的白发，她又跑到替她缩短裙子底边的女仆们面前去了。"够折腾吧？和写木兰买马一段，是相同的笔法，不过写木兰买马，更单调一点。请大家看看文段四。

生："看了一遍，又念一遍"，范进中举后，高兴得不敢相信。

生：（读两个重复性的句子）这里，有行为的重复，"拍""笑"，有语言的重复，"噫！好了！我中了！"这种重复，表现中举对范进的巨大刺激，表现他的狂喜。

师：精彩！不过注意，重复，也还要有点变化。比如，"自己把两手拍了一下，笑了一声""拍着手大笑"，后者强度更大。再比如，两句重复性的人物语言，不同处，前者为"好了！"后者为"好！"前者，"了"字表完结，表现的是屡考不中，今朝得中，如释重负后的快慰。后者，单用"好"字，表达的就是较为单纯的快慰。

四、讨论"啰唆"的实质，归结方法

（讨论并明确：①"啰唆"，是一种有意义的繁复。②写作，写的总是感受、选择、强化了的生活。③"啰唆"的办法，是重复词句，重复中有角度的变化和字眼的更换）

师：这些"啰唆"的文段，或表现煎熬、无聊、失望，或表现忙乱、兴奋、狂喜，有着丰富的内容，这种"啰唆"，实质是一种有意义的繁复，不是言之无物的语言毛病。

师：大家看这个例子，你姓王，叫王二。你这么和人介绍，"我叫王二，排行第二，王一的弟弟，王三的哥哥"。怎样？

生：这很啰唆，一通废话，没表达更多有价值的内容。

师：再看这个例子。你考试得了第二名。回家报告，"我的名次，第一之后，第三之前。第二名！我得了第二名！"啰唆吗？

生：啰唆。

生：好像不啰唆。这样写，才能表现出这个同学的小得意，小炫耀。

师：正是正是。这两个例子，是有些区别的。啰唆与否，关键在表达情绪、情感意义的多寡。生活中，我们有时候会觉得煎熬、无聊，会特别地感受到某些现象的单调重复，有时候会觉得压抑不住的兴奋、狂喜，于是语言和动作会反复折腾。

师：如何表现这样的生活呢？"啰唆"，重复某些句式。同时应该适当变化，或换角度，或更动词句。

师：这种"啰唆"，强化了生活的某种特征。比如，从九点多到十二点，从物理时间看，也就两个多小时。可是鲁迅一"啰唆"，就无比漫长，这写的是一种心理时间。你写的，总是你感受、选择、强化了的生活，不是一种原初的生活。写作，需要有表现意识。

五、激活生活，学生练习

师：你们生活中，有过特别无聊、特别兴奋的时候吗？特别感受过现象的单调重复吗？有过语言动作反复折腾的经验吗？

生：等人。

生：老师拖堂，讲的东西又没味。

生：惊喜。比如突然宣布明天放假。比如考了第一名。

生：宣布获奖名单的时候，自己又有希望获奖的时候，心里是十五个吊桶打水，七上八下。

生：对某一结果特别期待。比如查询考试过了还是没过。查中考成绩，就无比折腾。

……

师：好。大家说得热烈。那写一写吧。写得"啰唆"一点，强化你感受到的某种生活的特征。

六、展示，评点

生：于是输考号，输密码，手却迟迟不能按下"查询"键。关闭网站，一会儿又打开，输入考号，输入密码。终于鼓足勇气，带着期待与不安一咬牙按下"查询"，网速太慢，太慢。看到成绩了，我"腾"地站起来，6A！又细细看了一遍，不错，6A！6A!我想大喊，但没有喊，我轻轻哼唱起来："6A啊6A，6A啊6A……"

师：通过言行的折腾，写查询前的紧张和期待，查询后的兴奋和喜悦。还可以折腾一下，再来几句，"我退出网页，忍不住又重新登录，输入考号和密码，确确实实的6A，变化不了的6A，跑不了的6A，6A啊6A！"

生：我呆呆地坐在沙发上，手指不断地敲击着面前的茶几。眼睛直勾勾地盯着身旁的鱼缸，看着水泡缓缓变大，上升，最后在水面破裂，一颗，一颗，又一颗。墙上的挂钟无力地走着，好像沾了蜂蜜，或者油，走一下，停一下，再走一下，又停一下，永远也没有尽头。

师：细腻，语言能力了得！用慢镜头的办法写水泡慢慢变化的过程，如在目前。不避重复写挂钟"走一下，停一下"，这真是奇特的感受，周遭的世界都慢下来了，挂钟"无力""沾了蜂蜜，或者油"。作者分明感受到一种落寞、无聊、无趣。

师：写"闲"，赵师秀有两句，"有约不来过夜半，闲敲棋子落灯花"，很有名。赵师秀和我们的同学笔法上有什么区别？

生：同学写得繁复曲折。赵师秀只抓了一个细节，"闲敲棋子落灯花"，写出了有约不来的复杂情绪，无聊，但也还悠闲。

师：说得好，他们一繁复，一简洁，表现的意义都是丰富的，都是好的文字。

生：烦人的误点！这得什么时候到？好多人从我面前飘过去了。高的，矮的，高高矮矮的，胖子，瘦子，不胖不瘦的……面目模糊地飘过了。我东晃晃，西晃晃，停在一个大柱子边，看各种小广告，办证，租房，招钟点工，包治百病，跳楼大甩卖……无所不有，应有尽有。看树，看云，看一只

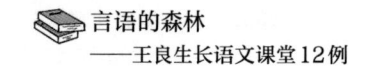

什么鸟过，啊，他！冲过去，擂他一拳！

师：啰唆得好不好？重复句式，换角度的重复句式做得很好。咱们平时等人不就是这样么？他写出来了！

师：最后一句，啰唆么？

生：简洁干脆。"冲""擂"两个动词表现激动和欣喜。

师：说得好。《故乡》中写"屋里飞出了八岁的侄儿宏儿"，一个"飞"字，就写出了宏儿的敏捷和欢喜。这段文字，把繁笔和简笔结合起来，精彩。

……

七、总结，布置作业

师：生活中，总有无聊、煎熬、失望……总有紧张、兴奋、期待……这时我们可能会特别地感受到某种现象的单调重复，注意到自身言行的反复折腾，于是我们可以用"啰唆"的方式来表现这样的生活，"啰唆"，是一种有意义的繁复。词句重复，换角度、有变化的重复是基本的办法。同学们可以再写一个片段，"啰唆"一点。如能适当结合简笔，那就更好。

教学反思

在阅读中找到激活生活的方法

——《让我们学会"啰唆"》教学反思

怎么写好作文？要读书，要有生活，要有方法。可是有些学生读了很多书，学了一堆方法，生活也还丰富，可作文还是不太好。

怎么办呢？

找到沟通阅读、生活、写作的方法。无疑，写作的根子一在阅读，二在生活。应该在阅读中找到激活生活的方法。最关键的是，从文本中提炼出具有生活规定性的言语形式知识。因为具有生活规定性，这样的知识会是情境性的、过程性的、方法性的。符号性、结论性的知识在指导操作方面总有其

课例11 有趣的"啰唆"
——《让我们学会"啰唆"》

不足。从阅读中悟表达之法，悟由生活特征所规定的形式特征，再用以激活文本所表现的生活特征，激活学生的生活体验，写作也许是自然而然之事。

从阅读中悟表达之法，悟的是言语规律，即思考在特定的情境下，作者用怎样适宜的言语形式实现意义和意图。这里很重要的一点就是，在言意矛盾的分析中，感悟言语规律，提炼形式特点。所提炼的言语形式（词句段篇怎么选择和组织）特点，一应根植于言语内容（意义和意图），二应可资分析。

比如本课讨论的"啰唆"。"啰唆"一词，就提炼了这些文本言语形式的特点，揭示了言语的奥妙。拎出这两个词，学生就获得了进入这些文本的密码，他们可以得其要领地品读这些文本，品读文本表现的生活特点以及这种表达之妙：在煎熬、无聊、失望的时候，人会强烈感受某种现象的单调，重复词句正适合表现之；忙乱、兴奋、狂喜的时候，人的语言和行为会折腾，重复词句正适合表现之。应该说明的是，"啰唆"，实质是有意义的繁复，使用这样一个概念，一是更生活化，二是可以借助概念积极和消极的两层意义之间的冲突，形成教学张力，激发学习兴趣。

"啰唆"是我和我的学生创造的一种个性化的言语形式知识，一种情境化知识，一种程序性、策略性知识。因为"啰唆"与生活有高匹配值。学生明白，在什么情境下，适合用这种知识，怎样用，可以实现怎样的意图。从这个意义上说，知识具有了方法意义。具有生活规定性的知识方法才容易转化为写作能力，利于学生形成个体化的写作智慧。

此法激活生活。具体表现在三个方面，一是如前所述，阅读教学时，指导学生循"啰唆"这一形式特征，进入文本表现的生活世界，特别是心理世界。沉寂的文本喧腾了。二是学生感知"啰唆"这一形式特征有困难时，指点学生联系已有生活经验和表达经验。这可以给学习建立支架、提供凭借。比如教学之初，学生对文段形式特点的认识停留在排比、反复等修辞手法层面时，老师结合第一段提示："同学们平常这样讲话吗？"再如木兰买马一段，可能因为是一首古体诗，妨碍了他们理解的深入，老师提示："平时你们这样买东西吗？你们有过类似'瞎折腾'的时候吗？写花木兰这样折腾有

言语的森林
——王良生长语文课堂12例

道理吗?"学习因此有了凭借,学生可以把文本内容特点、形式特点和自己习惯的生活特点、表达特点对比起来思考,展开异同分析,达成对文段具体、深刻的理解。三是动笔练习之前,唤醒学生相似相关的生活。老师问:"你们生活中,有过无聊、兴奋的时候吗?特别感受过现象的单调重复吗?有过语言动作反复折腾的经验吗?"这些话,旨在打通文本和生活。沉睡的生活喧腾了。另外,教学中自然有教师生活经验的介入。

"啰唆"既关联着言语内容,又关联着言语形式。生活是啰唆的,单调、反复、折腾,相应的,表达是"啰唆"的,重复是略有变化的重复。

所以教知识方法,要教背后的生活规定性,生活的特征规定着、召唤着相应的言语方式。反过来,这样的知识方法才能激活生活,以利写作。学习很多静态的、纯粹符号化的知识方法,比如什么叫比喻,什么叫描写,其实对读写作用都寥寥。

同时应该注意,生活是有着丰富层次的,相应地,方法也是有层次的。与"啰唆"相对,积极面是简洁,消极面是啰唆。文字好坏不能以多寡论,"啰唆"也好,简洁也好,只要是充分表现了生活的特征,就是好的。言多意寡,言少意寡,都是毛病。这样,教学时,先是举了"介绍王二"的例子来说明什么是真正的啰唆,并以"报告考第二名"为例对比阐释。讲评时,或对比"有约不来过夜半,闲敲棋子落灯花",或抓住学生片段"冲""擂"两个动词,并联系"屋里飞出了八岁的侄儿宏儿"等例,说明简洁的表现力。立足于教有意义的繁复——"啰唆",又略略辨析与啰唆的区别,探讨与简洁的共性,这样,教学充满张力,学生理解会深刻些。

与"啰唆"相邻,有"密集"等其他言语形式特征。在对话情境中,一方说话密不透风,有意无意没留机会让对方应答,是为"密集"。这是我和学生开发的另外一种言语形式知识。

比如董玉洁的《我想你们》:

"没啥事?看我们?没啥事这么大雨深更半夜你大老远赶回来?我们有啥好看的?到底出啥事啦?"爹蹙着眉头,使劲地瞅我的眼睛,想瞅出个名堂来。

课例11 有趣的"啰唆"
——《让我们学会"啰唆"》

对于在学校读书却雨夜归来的孩子，做父亲的分外关心、忧心，所以话语密集，连用五个问句。

再如《林黛玉进贾府》：

又忙携黛玉之手，问："妹妹几岁了？可也上过学？现吃什么药？在这里不要想家，想要什么吃的、什么玩的，只管告诉我；丫头老婆们不好了，也只管告诉我。"

一连串密不透风的话语，透出的，是关心，安慰，叮嘱，是管家媳妇的显摆和炫耀。

平时对话，一方忧虑、关切、激动或意存炫耀的时候，就会话多，密不透风。提炼出"密集"这一特征，讲清楚它的运用情境，学生便能沟通生活，学以致用。

以上，是围绕"啰唆"这个点在横线上的展开训练，均属语言表达这一层次。还可以纵向展开，结合例子指点学生构段谋篇，甚至锻造风格。前者如《水浒传》中鲁提辖打镇关西，每打一拳，都详尽至极，且打了三拳。泼墨如水，不厌其烦。为什么要这样写？非如此不痛快，不解气解恨。后者如《记念刘和珍君》，文章在微观、中观、宏观层面都展现出"啰唆"的特点，形成盘旋往复的作品风格。微观层面，如"我没有亲见；听说她，刘和珍君，那时是欣然前往的"这一句子，"没有亲见"与"听说"重复，"她"和"刘和珍君"复指，形成犹疑顿挫之势。中观层面，如反复写不能相信刘和珍遇难一段；宏观层面，如反复写"有写一点东西的必要了"和"实在没有话说"等，都是这样。后者再如王雪松《喜报》一文，繁简组合，构成多层反讽，妙不可言。全文如下：

在校长的正确领导下，在教务处、教导处、教科室的联合部署下，在后勤部门的大力支持下，在计算机发展工作室的真诚协助下，在语文组、数学组、理化组、英语组的共同关心下，在张××、李××、王××为首的高一年级组全体教师具体指导下，我校有十名同学在省"一切为了学生"读书比赛中分别荣获一、二、三等奖。限于篇幅，名单从略。

全文就两句，第一句真啰唆，第二句真简洁。当简不简，当繁不繁，这是第一层反讽，前繁后简，两相对照，是第二层反讽。百余字文章，把"啰唆"和"简洁"结合起来，别具讽刺特色。

更开阔地看，"啰唆"以及"简洁""密集"等，构成一个小系列，还有很多与之平行的小系列。

例如"同中求异"系列。有意刻画对象的相似、相近处，又在相似、相近中体现差异和变化，体现特征和个性，是为"同中求异"。它将阅读、生活、表达以及思维都沟通起来。或是不同的人对待同一事做出近似的反应，或是同一个人前后有差不多的言行，前者如宝黛相逢，彼此觉得见过，后者如鲁四婶子前后都要祥林嫂放下祭祀的器物，相近相似中，却有细微的区别的。

"同中求异"及其两种具体的方式，与"异中求异"，构成一个小系列，并且都可以在语言表达、构段谋篇、选材立意等方面展开。

"啰唆"系列，"同中求异"系列……组合起来，大致构成言语形式知识系统，这一系统是阅读知识系统和写作知识系统的统一，是读法和写法的统一。读写的基本矛盾是言意矛盾。根植于内容的言语形式知识正是处理这一矛盾的。支撑这些知识方法及其系统的基本思想是：阅读，就是理解作者在特定的情境下，如何用合适的言语形式实现意义和意图；写作，就是基于特定的需要，选择合适的言语形式实现意义和意图。当然，言语形式与言语内容原不可分，是一整体。

提炼、教学这些知识方法，务求理解知识方法背后的生活规定性，务求沟通阅读、生活和表达。这样的作文教学，应该是文本所表现的生活及相应表达、学生生活体验及相应表达、教师生活体验及相应表达的交互和共生。开发这样的知识方法，开展这样的教学，并大致构建系列，还任重道远。我和长沙市邓志刚老师率领的名师团队，一直致力于这样的探索，恳请方家指正。

（本文系湖南省教育规划一般资助课题"高中语文教材文学类文本解读及其教学化研究"研究成果，课题编号：XJK015BZXX049）

专家评点

成功激活并提升学生经验的写作教学

童志斌

关于语文教学,王荣生老师曾经说过这样的话:我们的语文教学似乎只有写作,而基本没有"写作教学"。实在是因为,"写作"(就是学生写作文)的实施,相对容易,老师将作文题目(写作任务)布置给学生即可,至多交代一下"一定要认真写啊……""要真诚写作啊……"。——这一类语重心长的话语,压根儿谈不上"教学"或者"指导"。真正的"有效教学",必须是基于对学生已有"经验"(学情)的把握的基础上,通过知识的传授、方法的指点,使学生的"经验"真正发生变化了的过程。

这堂课的教学目标相当明确也相当集中:了解"啰唆"(繁复)笔法的特征功能,从而初步掌握并运用这种写法。

当然,这两方面的目标达成是相辅相成、缺一不可的。"了解"了方能"掌握并运用";"掌握并运用"同时也促进学生更好地"了解"(由前一阶段的感性认知上升为理性认识)这种写法。

从实际课堂教学过程看,王老师的设计与教学都是合理科学并有效成功的。

首先,材料选择调用精当。四个文本片断都是作家自觉调用"繁复"笔法的典型,可以很好地显示繁复笔法的特征与功能。而且,四则材料分别代表了两种繁笔类型。同时,这些片断都来自学生熟悉的经典课文,可以引导学生快速切入教学正题,有效规避多余的过渡甚至枝蔓。

其次,教学过程设计科学。整堂课共七个环节,主体部分的五个环节其实是循序渐进的三个阶段:

感知繁复写法—理解繁复写法—应用繁复写法

进一步可以概括为两个阶段：

了解繁复写法—应用繁复写法

细究可知，其中第二、第三环节属于"感知"阶段，第四环节属于"理解"阶段。"应用"阶段则包括第五、第六这两个环节，分别为"激活经验"与"强化经验"环节。

我个人觉得，课堂中的第四与第五环节，最见王良老师的教学智慧，亦最显教学成效。设想一下，如果仅有第二、第三的"感知"环节，而不通过讨论、归结达到"理解"阶段，则学生仅能"知其然"而不知其"所以然"，势必影响其对繁复手法的认识把握深度，也制约其应用的自如度。

其中，第五环节之设计最为高明，也最显出王老师对于写作教学的有效性的自觉意识与积极作为。太多的老师，将写作仅仅视为"技能"，看重开头结尾、过渡照应等种种"技法"的教学指导，更强调学生对于各种技法的特征与策略的掌握，却往往忽略了对学生"经验"的有效唤醒与激活。殊不知，学生的生活经验的激活与否，恰正是写作教学效益与写作应用能力的决定性因素。

师：你们生活中，有过特别无聊、特别兴奋的时候吗？特别感受过现象的单调重复吗？有过语言动作反复折腾的经验吗？

由这一问题激发，学生沉睡的生活经验即刻活跃起来了，"等人""老师拖堂""突然宣布明天放假"……这些鲜活的生活体验一旦激活，同四个经典文本当中的生活画面互相呼应，并实现与当下"繁复"笔法应用的写作任务形成链接，后续的写作过程展开与繁复笔法应用，也便水到渠成，汩汩滔滔而来。——用王良老师自己的话说，就是有效地"打通文本和生活"，使得"沉寂的文本喧腾了""沉睡的生活喧腾了"，教师写作指导的效用自然有了。

教师指导得力到位。学生的主体性、学生的生活经验，在王老师的课堂里获得了特别的尊重与珍视。同时，作为写作指导者，教师的辅助、催化与指导者作用，也在具体的教学推进过程得以充分体现。比如在探讨木兰买马实例时，当学生面对这首古体诗，理解深入有困难时，教师适时介入提示："平时你们这样买东西吗？你们有过类似'瞎折腾'的时候吗？写花木兰这样折腾有道理吗？"这种干预引导，不仅推动了课堂的积极推进，也很好地激发学生思维的活跃展开。

课堂中快速反应且积极有效的课堂"理答"迭出，也是本堂课的亮点。比如，当学生展示了比较出彩的习作片断，王老师作了"通过言行的折腾，写查询前的紧张和期待，查询后的兴奋和喜悦"的大力肯定之后，进一步顺势作升格指导："我们还可以折腾一下，再来几句，'我退出网页，忍不住又重新登录，输入考号和密码，确确实实的6A，变化不了的6A，跑不了的6A，6A啊6A！'"以及另外一处的教师评点："细腻，语言能力了得！用慢镜头的办法写水泡慢慢变化的过程，如在目前。不避重复写挂钟'走一下，停一下'，这真是奇特的感受，周遭的世界都慢下来了，挂钟'无力''沾了蜂蜜，或者油'。作者分明感受到一种落寞、无聊、无趣。"——三言两语，要言不烦，既对学生的课堂表现予以热情点赞，激发其积极性；更以精辟精准的话语，将学生习作中的自发朴素亮点上升为自觉理性操作要领，作用可谓巨大！

我们惊喜地看到，王良老师的写作课堂，就是这样的有写作且有写作教学，有学生经验把握也有对学生经验施加实质性影响的过程，因而可以说，就是我们平素所追求倡导却不容易达到的一种真正"有效"的写作课堂教学。

最后我想要特别说明一下的是，王良老师这样的教学设计，有老师会简单地概括为"读写结合"。我个人认为，所谓的"读写结合"，多数时候都是需要加以警惕的。根据我的经验，基本可以说，实际语文教学中存在的"读写结合"是事实上的"读写互害"，两边没着落，甚至是两败俱伤。教好了阅读，当然是有利于写作的。可是，老师们往往太执念于一读一写之间的简单对应，今天读了什么作品、学习了什么方法，就想立竿见影，直接转化为学生的写作能力。阅读了朱自清《荷塘月色》就能掌握散文写作或者情景交融的写作么？阅读了曹禺《雷雨》就能够写作剧本能够设置矛盾冲突么？那都是老师的一厢情愿而已。——这样做的结果，轻则占用教学时间，耽误真正的阅读效益；重则阅读写作都做不好，处处夹生饭，得不偿失。

  王良老师这堂课也有"读写结合"，不过，严格讲起来其实是真正的"写作教学"。过程中的"阅读"，其实是借用相关（学生接触过并且熟悉的）文本阅读来激活并带动学生的经验实现变化（丰富、提升）。这堂课当中，引入《社戏》《木兰辞》等经典作品中的文本片断来进行课堂探讨，是一种典型的写作教学方法与过程。这种"用课文教（写作）"，同使用教材进行《社戏》《木兰辞》等课文的"阅读"教学时的"用课文教（阅读）"（其实应该是"教课文"，因为这些课文理应视为"定篇"），是不一样的。常规的《社戏》《木兰辞》的阅读教学时，发挥教材课文的效用，并不必须要延伸到"教写作"上来；而王老师在进行写作教学时，采用《社戏》《木兰辞》这些材料（当然也可以采用其他的文本材料，但是效果不一定有这么好），显然是一种"物尽其用"的"用课文教"的合理且相当合宜的做法。——严格而言，这种教学操作不是一般所谓的"读写结合"，而是纯粹的"写作教学"。

  （童志斌，浙江师范大学教授、博士生导师，浙江师范大学附属中学校长）

课例 12

狗肉吃和不让吃，是一个问题

——《说说吃狗肉的那些事》（统编语文高中思辨性表达训练）

教学设计

狗肉吃和不让吃，是一个问题
——《说说吃狗肉的那些事》教学设计

教学目标

1. 学生能从性质、影响、原因、冲突等角度分析事实，并初步形成想象还原和对话交流的意识。
2. 学生在讨论中懂得"不能强加于人"的道理。

教学重点

1. 从学生作业来看，学生还原意识和对话意识普遍很弱，课堂要注意相机点拨。
2. 领会"尊重不同于自己的人，不强加于人"的道理。

教学难点

对材料核心冲突的理解是难点。学生对此有模糊的感受，但不准确、不清晰。处理办法是，在整体把握材料的前提下，先突破材料的两个小的关键点，再来探究材料核心冲突。

教学方法

情境驱动法，讨论法，点拨法。

教学时间

1课时。

教学过程

一、原题再现，激活讨论

1.出示作文题。

某地有吃狗肉的习俗，还形成了一年一度的狗肉节。但很多爱狗人士认为狗是人类的朋友，反对吃狗肉，抨击吃狗肉是野蛮行径。曾有爱狗人士无法忍受当街屠宰的行为，而堵住餐馆大门。而当地人却认为吃狗肉是自己的权利，外人不能指责干涉。

对此，近几年，每年狗肉节前后，都有不少人热烈讨论。假定你是一位爱狗人士，或者是餐馆老板等其他人，你有何看法呢?

2.情境创设，激发讨论热情。

这是我们的一道写作练习题，题目中的概述性材料，是对广东卫视的一个节目以及网络各种言论的综合。

(1) 播放广东卫视的一段视频。视频非常短，大家主要是感受一下氛围。用一个词来描述这个讨论，激烈！太激烈了。注意，风度欠佳。

(2) 出示多年来网络热议、历年跟帖的截图。只需注意讨论的年份。

这个吃狗肉的事情，还是很值得讨论的。假定你是爱狗人士，或者是餐馆老板，或者是食客等，也可以跟帖呀。

看了同学们的预习作业，想和大家继续学习，如何思考得更清晰、更透彻。课后，有兴趣的同学们可以跟帖一段话，或跟帖一篇完整的文章。

3.简单梳理材料中人物的行为。

爱狗人士和当地人因为吃狗肉问题产生争执，冲突。要重点关注爱狗人士的行为，一是抨击吃狗肉是野蛮行为，一是堵餐馆门。

二、探究分析："堵住餐馆门"

1.请几位同学发表看法。

2.基本分析。

给事情定性：违法。

分析影响：老板，食客，街市秩序。

事情的原因：无法忍受当街屠宰。

3.品评一段评论,帮助学生理解"还原"和"对话"这两种方法。

提供一段评论:(PPT)

堵餐馆门肯定是不应该的。但我们也应该想想,爱狗人士为啥堵门呀?当街屠宰,血淋淋的现场,凄厉的嚎叫,确实太残酷了。爱狗人士看到这些,听到这些,确实会非常痛苦。所以,在批评爱狗人士的同时,是不是也应该照顾他们的感受?是不是应该改变当街屠宰的方式?

讨论:这段评论,有哪些可取之处?

这里面就包含了还原和对话。

还原,就是还原情境,想象现场氛围、当事人状态和心理等。这样,事情就有了情境的意味,我们就看到了文字背后的场景和人,讲道理,就不会冷冰冰、干巴巴。

对话,在这里就是指理解对方,审视自己。比如,体会到爱狗人士的痛苦和愤怒,餐馆老板可能会意识到当街屠杀,确实欠妥。爱狗人士呢,他也许会对自己的痛苦、愤怒、爆棚的正义感以及冲动有一些审视,会考虑对他人的影响,也会调整自己的行为。

要对话,不要对抗,理解对方,审视自己,是一种说理方式,是一种交际美德。

三、讨论思考:"抨击吃狗肉野蛮"

1.活动:

问几个同学,吃不吃狗肉。

和不吃狗肉的同学一起对吃狗肉的同学说:"你好野蛮啊。"

请吃狗肉的同学回应。

可能的回应一:我们的风俗;没有法律规定不准吃狗肉。

可能的回应二:你自以为文明,其实是道德绑架。

可能的回应三:那么你为什么吃猪肉、吃牛肉羊肉呢?吃狗肉野蛮,吃猪肉、吃牛肉不野蛮吗?有爱狗人士,也有爱猪人士,爱牛人士啊。爱猪人士说过你吃猪肉野蛮吗?爱牛人士说过你吃牛肉野蛮吗?

2.不过,爱狗人士要说了,狗毕竟和猪不一样啊?(反对者意识)

（1）确实，狗有双重属性，在一些人心中，狗是朋友、伴侣、生活助手，在另一些人心中，狗是一种食材。不同的人就有不同的态度。

（2）有人爱狗，有人爱狗肉。这有问题吗？如果我们完整地写一篇文章，主要写这个内容，可以吗？问题到底出在哪里？

四、开掘核心，梳理启示

讨论材料核心矛盾，梳理其对我们的启示。

1.讨论到这里，大家觉得材料蕴含的主要矛盾是什么？

可能的偏差理解："狗肉能吃"和"狗肉不能吃"的矛盾，"我爱狗"和"你吃狗肉"的矛盾。

这两个矛盾，只是背景性、前提性的矛盾，材料最核心、最直接的矛盾是"我吃狗肉，你不让我吃狗肉"。

妨碍到我吃了，这才是问题。一个要吃，一个不让吃，才是问题。

何以发现这个是关键矛盾？材料中爱狗人士如何如何，当地人如何如何，构成了两个基本面，相关词句支撑这两个面，通过具体分析和讨论，发现冲突集中在吃和不让吃上。

好的作文材料题，往往蕴含了一个问题。

2.从核心矛盾出发，我们可以获得怎样的认识？

不能把自己的意愿、态度、标准强加给别人。己所欲，勿施于人，慎施于人。写作和讨论，不管从哪个角度切入，以指向核心冲突为佳。

3.为什么不能强加于人？

（1）理由一

有的人爱吃青菜，有的人爱吃萝卜，有的人既爱吃青菜，又爱吃萝卜。

爱吃青菜就吃青菜，爱吃萝卜就吃萝卜，爱青菜的人说，大家都不准吃萝卜了，爱吃萝卜的啥感受？

世界是多元的，人和人是不一样的。人是独立的，自由的。

（2）理由二

何况，强加的东西，也还不一定对啊。（当然，已经强调，即使对，也不能强加）

链接《阿Q正传》：（PPT）

课例12　狗肉吃和不让吃，是一个问题
——《说说吃狗肉的那些事》

　　然而他又很鄙薄城里人，譬如用三尺三寸宽的木板做成的凳子，未庄人叫"长凳"，他也叫"长凳"，城里人却叫"条凳"，他想：这是错的，可笑！油煎大头鱼，未庄都加上半寸长的葱叶，城里却加上切细的葱丝，他想：这也是错的，可笑！

——《阿 Q 正传》

　　这段材料里，阿Q认为城里人都错了。但我们仔细读了后会发现，其实是什么问题呢？

　　明确：只是他们看待事物有所不同，各自有其惯性认知；阿Q莫名其妙地狂妄自大，自以为是。

　　你以为的对错是非问题，其实可能只是大家看法不同。我们常常理直气壮地说一句话，"岂有此理"。其实很可能就是自己的偏执和狭隘。我们看不惯同学，可能只是你和他有些不同。

　　（PPT）

　　你以为你以为的就一定是对的么？

　　你以为你以为的就应当是大家以为的么？

　　你以为可以霸蛮将你以为的变成大家以为的么？

　　没有人会被迫接受一种信念，信念是自由的。（卡斯泰里奥）

　　4.要允许别人的不同，要尊重他人的独立和自由，要允许各是其是，各行其是。各是其是，各行其是，相安无事，才构成了这个世界的丰富和自由。

　　当然，这需要一个前提，大家都尊重规则和共识。（PPT）

不要强加于人
⇕
多元：独立　自由
⇕
各是其是，各行其是，相安无事
⇕
规则

　　在尊重规则的前提下，有分歧，可以沟通、协商、呼吁。比如，我赞同呼吁、倡导大家不要吃狗肉，狗毕竟是一种特殊的动物。至少，不要吃那些

261

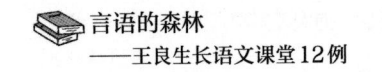

作为人类朋友和助手的狗。但不能去强迫他人。

五、完善作业，小结展示

小结；学生完善预习作业，展示。

1.讨论一件事，要注意事实的情境性，事实蕴含的冲突。我们学习了三个基本的思维方法，一是分析事实的性质、影响、原因以及矛盾冲突等。二是还原生活场景，体味当事人的状态和心理等。三是展开有现场感的对话，包括当事人之间的对话，写作者与当事人的对话等。具体问题具体分析的基础上，我们还应抽象出基本概念、基本问题、基本关系。后者如今天讨论到的"多元""规则""独立""自由"等。

2.今天这堂课，我们训练思维，学习如何思考一则材料，同时也有思想的收获，形成了对"让不让吃狗肉"这一问题比较系统的认识。

3.请学生吸纳课堂讨论的成果，完善自己的预习作业并交流。

课后拓展：

1.方便的时候，网上跟帖，当然，还需要依据前边帖子的观点，再次调整今天的思考。或跟帖一段话，或一篇文章。

2.高考有一条规定，英语科考前15分钟学生未进入考室，就不能入场。一位同学迟到了1分钟12秒，考点没有允许他入场。该同学和家长非常痛苦，觉得考点不通情理，还有10多分钟才正式开考，也没有影响他人，为什么就不能入场！大家对此也有各种议论。

你怎么看呢？

请同学们写一段话发表看法。

板书设计：

说说吃狗肉的那些事儿
——如何思考一则材料

```
    还原 ↘              ↗ 性质
        （情境）事实 ─── 原因
    对话 ↗      ↓       ↘ 影响
            基本概念
            基本关系
```

课例12　狗肉吃和不让吃，是一个问题
——《说说吃狗肉的那些事》

教学实录

立言立人，生长丰富的意义
——《说说吃狗肉的那些事》教学实录

上课学生： 长沙市怡雅中学高一年级学生

一、原题再现，情境激发

师：事事关心——今天我们说说吃狗肉的那些事。同学们做过预习作业，对这样一段材料已经很熟悉。这是一段概述，是对广东卫视的一档节目以及近几年网络上的一个讨论的一个综合。（PPT）

某地有吃狗肉的习俗，还形成了一年一度的狗肉节，但很多爱狗人士认为狗是人类的朋友，反对吃狗肉，抨击吃狗肉是野蛮行径，曾有爱狗人士无法忍受当街屠宰的行为，而堵住餐馆大门。而当地人却认为吃狗肉是自己的权利，外人不能干涉。

对此，近几年，每年狗肉节前后，都有不少人热烈讨论。

我们现在看一段小视频，特别短，特别需要大家凝聚起精神来看，感受一下氛围——

（生观看广东卫视关于玉林狗肉节的讨论的极短视频）

师：用一个词来描述一下这个现场的氛围。

生：乱、激烈……

师：讨论得特别激烈，我们的讨论也要热烈一点，但不要这么"激烈"，因为我们怡雅的同学是一群有风度的讨论者。然后我们再看老师对一些网络讨论的截屏，此事从2014年前后引发热议以来，你看2015年、2016年甚至到2019年、2020年，大家都在说这个事情，说明这个事情还真的值得我们说道说道。现在，假定你是爱狗人士（餐馆老板、食客等），你准备去网上跟一个帖，你要怎样将这个帖跟得有质量一点，展现出你的思考水平呢？我们先用一句话来概括一下，材料讲了一件怎样的事情啊？

生：爱狗人士和吃狗肉的当地居民产生的矛盾。

师：嗯，我们可能会更容易注意到爱狗人士的行为，爱狗人士都有什么行为啊？

生：堵门！

生：抨击！

师：抨击吃狗肉是野蛮的事情。

二、探究分析："堵住餐馆门"

师：好，我们先来看一看大家最先注意到的堵餐馆门的这一件事，大家有什么看法呢？

生：我认为这种行为是不正确的，因为他们堵住了餐馆的大门，不仅影响了餐馆的正常营业，也对当地的居民产生了一定的影响。

生：我认为这种行为是妨碍了餐厅正常营业的违法行为，是错误的行为。虽然这是出于爱狗才做出来的行为，但方式是非常不合理的。

生：我认为这种做法是错误的，他们应该在表达自己的观念的同时，做到不损害他人的利益。

生：我觉得这个行为是不对的，堵门之后会进一步引起爱狗人士和当地人的矛盾与冲突。

师：可能会进一步激化矛盾与冲突。同学们的讨论让老师很欣喜，分析事实，同学们注意到了它的影响。另外你们刚才还说这是违法行为，这是从哪个角度说的啊？

生：法律。

师：就分析事情而言，是分析了事情的——

生：性质！

师：非常好！是性质分析。除了分析事情的影响、性质以外，还可以有新的角度吗？分析材料不能只看一个词、一个短语，要看它的整体语境。

生：原因。我认为还是要看原因的，为什么爱狗人士要堵住餐馆大门？

师：什么原因呢？

生：因为他们无法忍受当街屠宰的行为。

师：行为态度都不是孤立的！好，非常好。他注意到了材料里面的这句话——"无法忍受当街屠宰的行为"。

师：有一个同学特别注意到了这个原因，他为此还写了一段话——（PPT）

堵餐馆门肯定是不应该的，但我们也应该想想，爱狗人士为啥堵门呀？当街屠宰，血淋淋的现场，凄厉的嚎叫，确实太残酷了。爱狗人士看到这些，听到这些，确实会非常痛苦。所以，在批评爱狗人士的同时，是不是也应该照顾他们的感受？是不是应该改变当街屠宰的方式？

师：这段话有什么我们可以借鉴的？我们评说一事时，可以从中取法什么？

生：换位思考——既要站在餐馆和食客的角度考虑，也要为爱狗人士考虑一下。

师：分析堵餐馆门行为的时候，我们否定爱狗人士，而这位同学他就能站在爱狗人士的角度想一想事情。所以，你刚才说的四个字很重要——

生：换位思考。

师：换位思考就有了对他人的理解，理解了他人以后也可能反过来审视自己，这一点非常重要。如果能够理解他人，又能够审视自己，那我们就具有了初步的"对话"意识了，就不会轻易一边倒地去肯定或否定一件事情，而是考虑多方的感受和意愿。所以刚才赵柯驿同学的回答我觉得非常好！这段话还有一点我觉得是值得我们注意的，你看他这两句话——当街屠宰后，他说是"血淋淋的现场",说是"凄厉的嚎叫",这几个词好在哪里?

生:用比较生动的描写把我们带入了现场,让我们产生了画面感。

师:带入了现场!他通过想象还原了生活场景,并且通过想象体会到了场景中的人的——

生:感受!

师:什么感受?

生:残酷、痛苦。

师:可能还会感受到爱狗人士在痛苦之后产生的内心的愤怒。这些讨论,蕴含了一个什么样的思维方法呢?——还原!就是借助我们的想象和推测还原情境,还原生活的味道,还原场景当中人的状态、人的心理。我们讨论道理的时候也是离不开对生活的丰富感受的,不然我们讲道理就很空洞,就只看到一段材料中冷冰冰的干巴巴的文字,那就不好。所以一般的分析之外,我们今天借助这段作品发现——还需要还原情境!还需要有现场感的对话!这样的讨论就会是更具体的,也会是更周全一些的,是这样吗?

生:是!

三、探究分析:"抨击吃狗肉野蛮"

师:非常好,那我们再来看一看第二个关键行为——抨击吃狗肉是野蛮行径。

生:我不赞成。因为人类是需要吃肉和蔬菜来维持自己的生命的,吃猪肉、牛肉和吃狗肉是一种性质的。当然,我们应该尽可能地减少它们被屠宰时的痛苦,而不是以当街屠宰的方式让它们死去。

师:说得蛮好!我们不可避免地要吃一些本就是饲养来供人食用的动物,但是要注意动物伦理,不要残酷地去剥夺它们的生命,杀戮的方式要更少一些痛苦。说得非常好,很有一种人道主义的温暖。

师:你吃狗肉的吗?

生:不吃。

师(面向一些同学):那你吃不吃?那你呢?

(生有的回答"吃",有的回答"不吃")

课例12　狗肉吃和不让吃，是一个问题
——《说说吃狗肉的那些事》

师：不吃狗肉的同学一起来，对吃狗肉的说一句——"好野蛮！"

（生笑，有的跟着说"你好野蛮"）

师：我们比广东卫视里论辩两方要温柔许多，对不对？进入对话的现场，试想我是一个吃狗肉的人，被别人说野蛮，要怎么回应呢？

生：吃狗肉只是我们饮食习惯的一种选择，有的人选择吃狗肉，就会有人选择不吃狗肉，我们不能因为自己不吃狗肉就不准别人吃。

生：我赞同胡宇轩同学说的——吃狗肉和吃其他动物的肉的性质是相同的，猪肉、牛肉、狗肉都是用来维持人的生命活动的食物，只是肉的种类不同而已。爱狗人士可以选择自己不吃狗肉，但是不能干涉或指责其他的人吃狗肉。你比如说，回族人是不吃猪肉的，但他们也不会像爱狗人士那样抨击吃猪肉是一种野蛮行为。

生：假如我是吃狗肉的人，遭遇抨击时我可能会这么回应——狗，是除人之外的一种生物，而对人有贡献的生物肯定也不止狗一种，世间万物皆有情，花草树木皆如此。既然说吃狗肉是一种野蛮行径，那是不是要检讨一下对其他生灵的做法？

师：说得很好！岂不是吃其他东西都野蛮？

生：像我老家那边就有吃狗肉的习俗，说是可以驱寒。

师：材料也说，当地已经形成了吃狗肉的习俗，恐怕跟他们的生活环境是相关联的。我们有一句古话叫入乡随俗，现在的爱狗人士"入乡说你好野蛮"。

生：我觉得野蛮行径不是吃狗肉，而是乱吃狗肉。像养殖场里的肉狗，我觉得是可以吃的，如果是流浪狗，或者是别人想方设法拐过来的宠物狗，吃它们我才觉得是野蛮的。

师：很有道理！同学们都讲得很好，我们再回到前面讲的这个"还原"的方法，你想想，爱狗人士说"你们吃狗肉，好野蛮！"是持一种什么样的心理才说这话？

生：我觉得他们是以自己对狗的情感为出发点去指责别人的行为的。我就总结一下前面同学说的看法吧，爱狗人士虽然将狗视为人类的朋友，但狗

267

本质上还是牲畜，是人类养育和利用的一种资源。你可以利用它获得美好的情感体验，也可以将其当作可餐之食，如何利用这种资源是每个人的自由选择。

师：有四个字非常重要——自由选择！

生：爱狗人士可以做的是爱护好自己的狗狗，吃狗肉的人也可以避免当街屠宰，别引起爱狗人士的不适。而且只因为狗就伤害了人与人之间的感情，引起了矛盾，这样的行为实在是不可取的。

师：说得相当系统！但我们当下的问题是——如何回应吃狗肉是野蛮行径这一指责。

生：抨击别人吃狗肉的人是站在了一个道德制高点上，因为他们对狗是有感情的。那些吃狗肉的人当街屠杀狗，就在他们心中留下了残忍的、不遵守道德的印象。

师：是的，说这句话的时候，爱狗人士一定认为自己是正确的。相对于野蛮，他们认为自己是文明的，更有道德的，所以说他们是站在了道德的制高点上。但问题是，我们会不会都认为吃狗肉是野蛮的呢？——不会。爱狗人士这样用自己的道德标准强迫人，这叫——

生：道德绑架。

师：大家的思路很开阔，前面很多同学都说到一个问题——吃猪肉、牛肉的问题。我要再次肯定大家思路的巧妙，如果说吃狗肉是野蛮的，那么类推一下——吃猪肉是野蛮的吗？吃牛肉是野蛮的吗？爱狗人士如果吃猪肉、吃牛肉，那请问你问过爱猪人士和爱牛人士的意见了吗？这样的回应，通过一个类比的推理，确实是很有力量的。但大家要记住一点哦，我们说，要有对话的意识。我们拿吃猪肉、吃牛肉的事说一番以后，爱狗人士一定会有反对啊，你说爱狗人士会怎么反对？

生：猪和牛，它们可以大面积地饲养，人在日常生活里并没有经常接触它们。

生：爱狗人士认为狗是人类的朋友，他们爱狗是因为他们把狗视为陪伴自己的宠物或精神寄托，在狗身上寄寓了很多美好的情感。因此对于其他人吃狗肉的行为很不能接受。

四、开掘核心，梳理启示

师：也就是说狗跟猪和牛还是有区别。有的人认为狗是一种可以吃的动物，但也有人认为狗是人类的朋友和助手，爱狗人士肯定就会这么反对吃狗肉，对吧？你们觉得他们的反对有道理吗？也还有道理啊。当然了，如果爱狗的人他就不吃狗肉，爱吃狗肉的人他就吃狗肉，这也没有问题。那你们说这个问题的关键到底在哪里呢？另外我还注意到有同学在作业里更多地讨论"狗肉是吃得还是吃不得"的问题，当然一般性地讨论还是可以的，但是假如我们写一篇完整的文章，都在讨论"狗肉是吃得还是吃不得"，可不可以呢？

生：不可以，太单调了。

师：仅仅是因为它太单调了吗？这就涉及一个问题——这个材料的核心冲突到底是什么？是不是狗肉吃得和吃不得的冲突？

生：不是。

师：它是个冲突吗？是的，它是冲突但不是核心冲突。谁来说说看？

生：我觉得材料蕴含的核心冲突应该是——爱狗人士认为狗不应该被吃的思想观念和当地居民吃狗肉的习俗之间的冲突，由这两种思想观念的冲突引发具体的言行冲突。

师：你刚刚说得很清晰很完整，如果进一步抽象，我们来找到矛盾冲突的两方——一方是爱狗人士，一方是吃狗肉的人。我们一起来理一理：吃狗肉的人说，我要吃狗肉；爱狗人士呢？

生：要保护狗。

师：那没问题啊，一方要吃狗，一方可以保护狗啊。

生：我觉得主要矛盾应该是爱狗人士是否能够干涉他人吃狗肉的权利。

师："干涉"这个词，我觉得是抓住了关键。如果说得更清晰一点就是，喜欢吃狗肉的人要吃狗肉，而爱狗人士——阻止他们吃狗肉，不让他们吃狗肉，对不对？你注意区分一下，狗肉吃得还是吃不得，这是个冲突；吃狗肉和——不让你吃狗肉，这是另外一个冲突。后者才是主要冲突、核心冲突；前面那个冲突是一个前提性、背景性的冲突，对不对啊？我们在解读一个材

269

料，分析一个材料的意蕴的时候，如果能够把握这个核心冲突，往往能够得到比较准确和深刻的想法。那我们可以获得什么想法呢，如果从这个核心冲突出发？

生：从此核心冲突出发，那就是爱狗人士想要干涉别人吃狗肉的权利，爱狗人士不仅不让自己吃还不让别人吃。

师：就是说不要去干涉别人。好，请坐。

生：人与人之间由于道德观念不同，行事是有差异的，可以各自有界限，互不打扰才最好。

师：哦，互不打扰才最好。而现在的爱狗人士呢？

生：打扰到了其他人。

生：我们不能把自己的思想观念凌驾在别人的思想观念上，进而否定他们的行为。我们应该互相尊重。

师：此处应该有掌声！非常好！特别有个词用得非常好——凌驾！很有深度的一个评论性词语，我们不能把自己的观念凌驾于别人的观念之上，不能够——强加于人，对他人要有更多的尊重。那我要问大家另一个问题：不能够强加于人，不能够凌驾于人——为什么呢？提示一下，要看看人的本性和特点。

生：如果按人的特性来讲的话，少部分人会尊重别人的想法，然后主动吸收，将矛盾内部消化。但是大部分人，当别人的思想凌驾于自己的思想之上时，他会排斥和反驳，也就是说矛盾将会不断地激化，导致问题最后不能解决。

师：从问题解决这个角度来说是有道理的！

生：我觉得从人的本质上来说，人，本来就是独立的思想个体。每个人都应该有自己独立的思维，而当别人将他的思维强加到自己身上时，人们第一反应是会排斥的。我一定会第一时间先考虑自己的想法，然后再酌情考虑他人的想法。

师：说得有道理！人都是独立的，人都是自由的，前面你们还说到了四个字，不要妨碍别人的——自由选择。有一句古话说得好啊，"萝卜青菜，各有所爱"，有的人爱萝卜，有的人爱青菜，有的人萝卜青菜都爱或都不爱。

课例12 狗肉吃和不让吃，是一个问题
——《说说吃狗肉的那些事》

这说明人跟人是有差异的，是不同的。然后爱吃青菜的吃青菜嘛，爱吃萝卜的吃萝卜嘛，每个人都可以过他想要的生活。那你怎么能够去强加于人呢？何况——（PPT）

然而他又很鄙薄城里人，譬如用三尺三寸宽的木板做成的凳子，未庄人叫"长凳"，他也叫"长凳"，城里人却叫"条凳"，他想：这是错的，可笑！油煎大头鱼，未庄都加上半寸长的葱叶，城里却加上切细的葱丝，他想：这也是错的，可笑！

——《阿Q正传》

师：阿Q这段材料告诉我们什么？阿Q认为城里人都错了，但我们仔细读了后会发现，其实只是一个什么问题？

生：习惯、潜意识不一样。阿Q自以为是。施加于人的观念不一定对啊。

师：只是他们看待事物有所不同。这个世间啊，很多事情好像是对错问题，其实只是大家看法有不同的问题。比方说，我们有时候看一个同学总是看不顺眼，觉得他这也不对，那也不对。现在你明白了吗？可能只是你和他不同。我们一起把这个句子读一遍——（PPT）

你以为你以为的就一定是对的么？

你以为你以为的就应当是大家以为的么？

你以为可以霸蛮将你以为的变成大家以为的么？

师：对的不能强加于人，不对的当然更不能强加于人，强加本身就是有问题的！

卡斯泰里奥有一句很有名的话，我们也一起读一遍——（PPT）

没有人会被迫接受一种信念，信念是自由的。

——卡斯泰里奥

师：我们可以对前面的讨论理一理：不要强加于人，因为人是不一样的，是多元的，是独立自由的。但是有个问题我们要想一下，每个人都不一样，我们要过一种很美好的公共生活，就应该各是其是，各行其是，而相安无事。怎样才能过这样一种不乱套的美好生活呢？大家要接纳，要包容，要尊重，要遵守规则。比方说，堵餐馆门就是违反了规则。在尊重规则和法令的前提下，我们就可以各是其是，各行其是，相安无事。这是对人的独立性，对人的自由的一种尊重。所以我们不应该去把自己的想法强加于人。

271

师：这是我们借助这样一段材料获得的思想收获，同学们，我们来理一理我们思考问题的思路办法。分析事实，要特别分析事实所蕴含的核心冲突，以及其结果、影响、性质、原因等等，需特别注意其情境性意味，需借助还原，需展开有现场感的对话。它可以让我们的分析更加具体，具体问题具体分析，就不空洞。同时，还要适当抽象，抽象出一些我们思考问题的基本概念、基本关系。比方我们讲到的多元、独立、自由、规则等，它就使我们的思考不表浅。这样既具体又抽象，既丰富又深刻。这是我们以后解读一段材料时可以运用的一些思维工具。（完成板书，如下图）

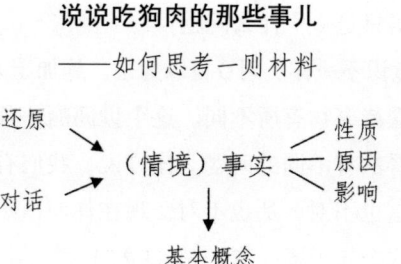

说说吃狗肉的那些事儿
——如何思考一则材料

还原 ↘　　　　　　↗ 性质
　　　（情境）事实 — 原因
对话 ↗　　　　　　↘ 影响
　　　　　↓
　　　基本概念
　　　基本关系

五、完善作业，小结展示

师：好，课上到这里，我们通过这样一堂课的学习，同学们应该有很多新的想法和体会，请同学们抓紧时间，将课堂讨论中你觉得愿意吸纳的整合到你的预习作业当中去。待会儿请同学们报告你自己完善了的作业。

（生整理）

生：首先，我知道了核心冲突是，当地人吃狗肉与爱狗人士不允许吃狗肉的冲突。其次，当街屠宰是不理智的、错误的行为，因为它会影响到社会的秩序，当街屠宰的画面的确是很残忍的，也必然会引起爱狗人士的反感，所以我认为必须要改变屠宰狗的方式。第三，如果我是被阻止吃狗肉的人，会这样回复：吃不吃狗肉是我自己的自由选择，你并没有权利干涉，你可以自己不吃狗肉，俗话说，萝卜青菜各有所爱，这是我自己的权利，你无权干涉我，将你的观念强加于我。最后我认为，不要将自己认为对的观念凌驾在别人的观念上，强加在别人的意志之上。

师：好的，这为我们将来写出完整的议论文做了一个很好的准备训练！

生：在爱狗人士不让当地人吃狗肉的分歧上，我认为，虽然爱狗人士认为那是野蛮行径，但那已经是当地人的习俗了，并且人的想法本来各个不同——吃与不吃狗肉，是每个人的权利，他人无权干涉。我从《论语》上找了一句"己所不欲，勿施于人"，并把它改了一下，——"己所欲，勿施于人"。

师：我觉得这句话很有意思——己所欲，勿施于人，至少，要慎施于人，是吧？同学们的思考，我都觉得很有价值，课后我们还可以继续做这种交流。这是作业——（PPT）

作业（二选一）

1.方便的时候，网上跟帖，当然，还需要依据前边帖子的观点，再次调整今天的思考。或跟帖一段话，或一篇文章。

2.高考有一项规定，英语科考前15分钟学生未进入考室，就不能入场。一位同学迟到了1分12秒，考点没有允许他入场。该同学和家长非常痛苦，觉得考点不通情理，还有10多分钟才正式开考，也没有影响他人，为什么就不能入场！大家对此也有各种议论。

你怎么看呢？请同学们写一段话发表看法。

教学反思

为需要而教

——《说说吃狗肉的那些事》教学反思

一、在不同层次理解学情及设计相应的方法

层次一：具体学段具体班级在某一方面的学情。

长沙市怡雅中学高一年级2101班的学生，基础和说理能力都比较弱，但整体好学向上，能意识到"对事物形成看法并积极交流看法"很重要，只是"能力还不强""怕说不好尴尬"。应对方法是，加强书面和口头表达的训练。一方面在平常课堂上多引导，多训练，一方面设计"事事关心"专项活动。师生共同选择一些"值得说、有兴趣说"的事情,然后分析评论。可以是课外小组内成员"跟帖式"书面评论(小组几位同学共用一个时事评论本),可以是课堂讨论,后者,可以是课初几分钟,可以是一整堂课。"说说狗肉那些事",属于后者。

层次二:面对具体学习内容的学情。

课前布置学生对材料做一点分析。检查学生的预习作业,学生分析"堵餐馆门",一般能注意到事情性质、影响、原因等几个方面。但普遍缺乏还原意识和对话者意识。

怎么办呢?可以是课堂教学时在"还原意识和对话者意识"这一点上重点引导,但有可能比较零碎,可能难以调动学生大面积参与。于是临时修改了教学方案,从预习作业中挑了仅有的一份质量较高的,要求该生进一步完善,然后制作到课件里,于是变成了请学生品评这段文字:

堵餐馆门肯定是不应该的。但我们也应该想想,爱狗人士为啥堵门呀?当街屠宰,血淋淋的现场,凄厉的嚎叫,确实太残酷了。爱狗人士看到这些,听到这些,确实会非常痛苦。所以,在批评爱狗人士的同时,是不是也应该照顾他们的感受?是不是应该改变当街屠宰的方式?

学生对照自己的作品,就容易发现问题,梳理出具体地、辩证地分析的应有的办法:还原和对话。

同时在后续分析"抨击吃狗肉是野蛮的"这一内容时,再次点拨学生运用还原和对话的方法。

另外,学生基本不能发现材料蕴含的核心冲突,即"吃与不让吃"的冲突。解决办法是,让学生对材料有个大致的整体感知后,并不马上展开对核心冲突的分析,这样的分析比较抽象,思维挑战很大。从哪里入手呢?从两个动作感很强的争议点入手。学生讨论"堵餐馆门""吃狗肉是野蛮的",就比较容易上手,就有得说。学生活跃起来了,形成一些认识了,再来理解核心冲突,就容易一些。

二、首要的,为需要而写

为需要而教,大前提是为需要而写。

课例12　狗肉吃和不让吃，是一个问题
——《说说吃狗肉的那些事》

此课较为充分地体现了我主张的"为需要而写"的观念。其一，选择现实材料，持续多年都有热度的材料，有争议的材料，并安排"跟帖"的现实任务，这都是为了引发写作需要。其二，在具体的讨论过程中，在学生思维困惑时，给予针对性的指导。其三，借助对材料的讨论，让学生自主领会，"人是独立、自由的，人与人是不同的，不能强加于人"等道理，以完善学生的心智和人格，这当然也是"为需要而写"的应有之意。

下面再就"为需要而写"说几句。

为什么写作？为了学习，为了生活，为了工作，为了生命本身的成长。为需要而写，写作就是一种有意义的表达，有意义的交流。

需要总是在情境中，所以应该开展"情境写作"。其特征可以概括为"情境生成，任务驱动，读者激发"。学生真实的日常学习，研究性学习，鲜活的生存时空和文化环境，产生了真实、具体的问题，生成了特定的任务，于是需要写作。具体情境中的写作，总是有确切的或潜在的读者（读者群）。

惯常的"文章写作"教学，将文章视为静态的结果，分析出"描写""抒情""观点""论据""议论角度"等知识，并安排一些为训练而训练的写作任务，这样的写作训练固然有其价值，但也有一些问题。问题主要表现在学生不知道为什么要写，向谁写，并常常觉得老师教的写作知识派不上用场。于是觉得无聊，于是拼凑应付。

情境写作，较好地解决了这些问题，并将"为什么写，向谁写，写什么，怎么写"统一起来。文章写作教学，纠缠于"怎么写"，教写作知识和方法，效果不好。后来我们意识到"写什么"比"怎么写"更重要，但更专注的是所写内容的价值，如何找到有价值的东西，这个源头和动力问题，我们缺少足够自觉。从"为什么写、为谁写"着手，应当是一个突破口。"为什么写、为谁写"决定了"写什么"和"怎么写"。为什么写呢？学生的学习、生活中的问题和解决。可以说，情境写作较好地解决了写作动机与动力、内容选择、表达策略相统一的问题。

所以中学写作教学，应该是"通过写作"，而不是"为了写作"。为解决复杂情境中的真实问题，展开写作，过程中遇到问题，再教一点针对性的、

用得上的、可操作的写作知识。平时训练，应用好部编教材大量的基于情境的写作任务，也可设计拟真写作任务，尤其要在现实生活中创生写作任务。让学生面对真实的问题，产生真实的需要，才会具体问题具体分析，才会写出具体的、有个性的文章。

专家评点

聚焦写作情境，开展深度学习

黄尚喜

学生很喜欢听王良老师上课，包括最难讲的写作课。在雅礼听课，能够感受到学生特别喜欢，在怡雅听课，即便这里的学生语文能力整体不如雅礼，也能够感受到学生特别喜欢。喜欢的理由各种各样，我以为主要有以下几点：一是基于学情，问题导向。学情是教学的出发点，王良老师课巧于预设，更善于生成。教学设计符合学生的认知水平，切入学生的兴趣点，与时俱进，富有时代感。二是学养丰厚，理明术精。王老师总能引领学生进入独特的视野，抵达独到的高度。三是智慧独到，思想深刻。王老师的作文课，每一个环节都在诠释着他对写作中思想和思维的深刻理解，而正因为教师本身对材料有独特的理解，从而使课程设计从起手就定位高端，内涵丰富，而非流于方法，浮于表面。四是风格独特，儒雅亲切，又潇洒大气。建立在师德学养和个人性格兴趣基础上的教学风格，体现了教师优秀的综合素质。

《说说吃狗肉那些事》一课同样体现了以上特点，这里重点就教学设计的精巧——聚焦写作情境，开展深度学习——谈谈我的观感。

当下教学中对于情境教学的理解与实践往往停留在教学导入的"激趣"上，而学习过程中往往少有情境化建构和高阶思维的形成，因而很难真正抵达指向素养发展的深度学习。

本堂课从四个方面聚焦写作情境，引导学生走向深度学习：设置真情境，提出真问题，开展真探究，经历真体验。

课例12　狗肉吃和不让吃，是一个问题
——《说说吃狗肉的那些事》

一、任务情境挑战欲望，激发参与热情

任务情境的创设有利于激发学生与生俱来的挑战欲望。创设基于任务的情境，能够有效激活学生已有的思维和情感，激发学生强烈的学习参与热情，主动去搜索相关资料，回忆与主题任务相关的知识和体验。本节课"原题再现，情境激发"环节，王老师在出示作文题之后，进一步指出："这是我们的一道写作练习题，题目中的概述性材料，是对广东卫视的一个节目以及网络各种言论的综合。"然后先播放广东卫视的一段视频，并引导："视频非常短，大家主要是感受一下氛围。""用一个词来描述这个讨论，激烈！太激烈了。注意，风度欠佳。"再"出示多年来网络热议、历年跟帖的截图"。最后引导："这个吃狗肉的事情，还是很值得讨论的。假定你是爱狗人士，或者是餐馆老板，或者是食客等，也可以跟帖呀。"通过视频及教师与同学们看似漫不经心的描述与交流，同学们已经跃跃欲试了。这样，课堂被激活了，深度学习的氛围形成了。

二、生活情境真实可感，诱发深度思维

设置学生熟悉可感的生活情境的意义，就在于有效引导学生在完成任务时置身情境，形成新旧知识和体验的关联，将问题情境与自我经验相融通，促进学生自主建构，实现多元解读和个性表达。

针对"爱狗人士和当地人因为吃狗肉问题产生争执，冲突"，重点关注爱狗人士的行为，一是抨击吃狗肉是野蛮行为，一是堵餐馆门，请同学们跟帖一段话，或跟帖一篇完整的文章。这一任务贴近当前信息时代学生的生活，刷微信、微博，留言、跟帖是很多同学生活的常态；同时城市家庭喂养宠物的越来越多，同学们都有自己的认识和看法。为引导理解"还原和对话"方法，王老师还出示了一位学生的跟帖，从而引出了"置身情境、换位思考"的讨论，课堂探究进入"深水区"，深度学习有效发生。

三、认知冲突情境呈现矛盾，强化探究心理

认知冲突是指认知发展过程中原有概念或认知结构与现实情境不相符时在心理上所产生的矛盾或冲突。皮亚杰认为个体遇到新的情境条件，原有认知结构不能适应现实环境要求时，只有通过调节不断解决认知冲突，当同化

与顺应的交替发生处于一种均势时，才能保证主体与客体的相互作用达到某种相对稳定或平衡的状态，从而使人的认知活动不断丰富和深化。良好的教学往往始于一个体现强烈认知冲突的矛盾性问题。

比如，这节课在探讨"抨击吃狗肉野蛮"的问题时，王老师问同学，"你吃狗肉吗？"有的同学说"不吃"，还有的同学回答说"吃"，从而迅速营造出认知冲突情境，"吃狗肉是一种野蛮行为，还是只是我们的饮食习惯的一种选择？""吃狗肉和吃猪肉、牛肉等是否相同"。这样，同学们的思维就聚焦到问题中，新知与已有认知结构矛盾产生不平衡，而这种不平衡就会激发探究欲望，激活批判性思维。对矛盾激疑、引疑、探疑、释疑，诱发学生强烈的探究心理，在理性而热烈的探讨中，建构新的认知，从而让深度学习深刻发生。

四、课堂文化情境和谐，实现教学民主

课堂文化情境是教师在长期课堂教学中形成的一种稳定性心理场。教师个人的教学风格是形成课堂文化情境的关键因素。王老师的课堂不是"我讲你听"传统形式，而是互相尊重、和谐共生的方式。教师循循善诱，春风化雨，学生积极表达自己的思考和认识，同时也懂得尊重和倾听他人的观点，师生谦逊严谨、求真向善，真正落实立德树人的理念。师生感觉很自由，很舒适。在这样的课堂里，新颖、独特、深刻的见解不时呈现。"动物伦理""人道主义""换位思考""自由选择""道德绑架""思想观念凌驾""相互尊重""独立自由"等散发着批判性思维光芒的词汇不断涌现，"不要强加于人""多元""各是其是，各行其是，相安无事""规则"，这些既具体又抽象，既丰富又深刻的思想展示出来，师生形成共识，而不是被动接受简单的结论，这就是和谐的课堂文化情境中真正的深度学习。

总之，聚焦写作情境，开展基于真实情境下的问题解决式的写作指导，值得我们好好学习借鉴。

（黄尚喜，湖南省特级教师，正高级教师）

言语的森林
——王良生长语文课堂 12 例
（扫码看视频）

· 课例 3 ·
破阵子·为陈同甫赋壮词以寄之

· 课例 10 ·
同中求异

· 课例 12 ·
说说吃狗肉的那些事

寻找中国好课堂

丛书书目

言语的森林
　　——王良生长语文课堂 12 例

文化自信　以诗为魂
　　——首届中国诗词教学大会实录

情趣・智慧・创新
　　——支玉恒经典语文课堂 180 例

向美而生　诗哲一体
　　——王崧舟诗意语文经典课堂 13 例

教师生命中最好的时光
　　——王君青春语文代表课 11 例

唤醒诗心　传承风雅
　　——王海兴中小学对联诗词创作 30 课

绿色语文　诗意课堂
　　——赵谦翔绿色语文 12 例

行走的课堂
　　——张玉新原生态语文经典课堂 10 例

情思激荡　高潮迭起
　　——孙双金情智教育语文课堂 12 例

改变思维习惯　唤醒学习潜能
　　——王红梅全脑语文课堂 15 例

如歌的行板
　　——彭才华古诗文课堂 15 例

情味习作　至味文言
　　——罗才军问道课堂 12 例

和而不同　雅学课堂
　　——盛新凤和美课堂 24 例

名篇教学　余味悠长
　　——余映潮经典课文审美教学 16 例

推开窗儿望月
　　——祝禧文化语文经典课堂 15 例

去其浮华　归其本真
　　——汪智星本真语文课堂 18 例

让学生雄踞课堂的中央
　　——龚雄飞学本教学小学语文 12 讲

慧读教学
　　——张学伟统编语文课堂教学 16 例

切问近思　向真而行
　　——邱晓云求真语文课堂 16 例

人本共文本　花开总有时
　　——尤立增学情核心语文课堂 12 例

快乐的意义
　　——虞大明快乐教育经典课堂 18 例

云在青天水在瓶
　　——董一菲语文诗意课堂 15 例

无痕，教育的最高境界
　　——徐斌无痕教育数学课堂 18 例

玩出来的数学思维
　　——任勇品玩数学 108 例

让思维之花精彩绽放
　　——任勇名师指导初中数学 15 例

生成，让学生更精彩
　　——潘小明生成教学数学课堂 16 例

思维改变课堂
　　——唐彩斌小学几何图形金课 20 例

人人为师　个个向学
　　——贲友林学为中心数学课堂 15 例

当阳光亲吻乌云
　　——华应龙化错数学经典课堂 16 例

奠基学力　为学赋能
　　——张齐华为学习力而教数学课堂 10 例

让我先试一试
　　——邱学华尝试教学数学课堂 20 例

素养为根　为学而教
　　——赵艳辉践行学科素养创新课堂 15 例

度量天下
　　——俞正强小学数学计量单位教学 20 例

因材循导　自觉建构
　　——潘建明自觉教育初中数学课型 15 例

魅力教育　激活成长动力
　　——曾军良魅力初中物理教学 16 例